Daniela Lang

Soziale Kompetenz und Persönlichkeit

Zusammenhänge zwischen sozialer Kompetenz
und den Big Five der Persönlichkeit bei jungen Erwachsenen

meinen Eltern

Psychologie
Band 61
Herausgeber: Reinhold S. Jäger und Roland Arbinger

Verlag
Empirische Pädagogik e. V.
Bürgerstraße 23
76829 Landau
Telefon: +49 6341 906 180
Telefax: +49 6341 906 166
E-Mail: info@vep-landau.de
Homepage: www.vep-landau.de

Titelbild
© Harald Baron

Herstellung: Books on Demand GmbH, Norderstedt

Zitiervorschlag
Lang, D. (2009). Soziale Kompetenz und Persönlichkeit. Zusammenhänge zwischen sozialer Kompetenz und den Big Five der Persönlichkeit bei jungen Erwachsenen (Psychologie, Bd. 61). Landau: Verlag Empirische Pädagogik.

ISBN 978-3-937333-95-3

INHALTSVERZEICHNIS

1 Einleitung und Überblick

„... Sehr wichtig ist uns auch Ihre Persönlichkeit! Als Schulungsexperte mit Management-Qualitäten verstehen Sie es, andere zu begeistern, zu motivieren und zu führen. Sie sind stark in Kommunikation und Präsentation, setzen sich gerne mit anderen auseinander und besitzen „Biss", um Dinge auch über einen längeren Zeitraum hinweg konsequent weiter zu verfolgen. Wenn Sie zudem gut im Team arbeiten und sehr gute Englischkenntnisse mitbringen, möchten wir Sie gerne kennen lernen."

Aus einer Stellenanzeige für einen Mitarbeiter[1] im Bereich betriebliche Weiterbildung, www.monster.de, 21.02.2008

Wer kennt nicht solche oder ähnliche Stellenanzeigen? Gesucht werden Mitarbeiter, die neben ihrer fachlichen Qualifikation auch bestimmte Persönlichkeitseigenschaften mitbringen, beispielsweise extrovertiert und gewissenhaft sind. Gleichzeitig soll der gesuchte Mitarbeiter sowohl selbstständig als auch teamfähig sein, durchsetzungsfähig, er soll gut kommunizieren können, mit Konflikten souverän umgehen und dabei Andere führen und motivieren – sprich: über hohe soziale Kompetenz verfügen. Nicht nur bei der Personalauswahl, auch im Alltag spielen Persönlichkeit und soziale Kompetenz eines Menschen eine herausragende Rolle.

Doch was verbirgt sich hinter den Konzepten Persönlichkeit und soziale Kompetenz? Wie kann man die Persönlichkeit eines Menschen mit all seinen Facetten zutreffend beschreiben und erfassen? Was meint soziale Kompetenz? Bedeutet das, dass man mit anderen Menschen gut klar kommt oder dass man andere besonders geschickt manipulieren kann? Wie ist das Verhältnis dieser beiden Konstrukte: ist die soziale Kompetenz Teil der Persönlichkeit eines Menschen oder sind die beiden Konstrukte unabhängig voneinander? Gibt es Zusammenhänge zwischen einzelnen Persönlichkeitseigenschaften und bestimmten sozialen Fähigkeiten? Sind Frauen tatsächlich sozial kompetenter als Männer? Diesen und weiteren Fragen geht die vorliegende Arbeit nach.

Vor der Auseinandersetzung mit dem Konstrukt der sozialen Kompetenz gilt es, das allgemeine Konstrukt der Kompetenz näher zu erörtern. Kapitel 1 macht sich auf die Suche nach dem Kern des zunehmend inflationär gebrauchten Begriffs Kompetenz und seiner Verortung in der psychologischen Forschung. Der Kompetenzbegriff, wie er der vorliegenden Arbeit zugrunde liegt, wird definiert

---

[1] Im Interesse einer besseren Lesbarkeit wird darauf verzichtet, sowohl die männliche als auch die weibliche Form einer Personenbezeichnung explizit zu nennen. Wenn nicht anders vermerkt, beziehen sich die Begriffe jeweils auf beide Geschlechter.

und dabei von den Konstrukten Eigenschaft, Fähigkeit, Fertigkeit und Qualifikation abgegrenzt. Zudem werden die grundsätzlichen Erfassungsmöglichkeiten von Kompetenzen beschrieben. Der Schwerpunkt des Kapitels liegt jedoch auf einem bestimmten Teilbereich der Kompetenz, der sozialen Kompetenz (Kapitel 2.2). Die Begriffsbestimmung der sozialen Kompetenz fällt dabei aufgrund der Multidimensionalität des Konstrukts, der mangelnden sprachlichen Präzision und der spezifischen Blickwinkel bzw. unterschiedlichen Abstraktionsniveaus der Analysen verschiedener psychologischer Teilgebiete nicht leicht. Die einzelnen Bestimmungsstücke der sozialen Kompetenz werden aufgezeigt, dabei erfolgt auch eine Abgrenzung zu verwandten Konstrukten wie sozialer Intelligenz, interpersoneller Kompetenz oder sozialen Fertigkeiten. Im Anschluss werden auch hier die Erfassungsmöglichkeiten über Leistungstests, über das sichtbare Verhalten von Personen in sozialen Situationen in Form von Verhaltensbeobachtung oder Verhaltensbeschreibung sowie über komplexe Kompetenzindikatoren erläutert. Besondere Beachtung findet hierbei der Beurteilungsbogen smk nach Frey und Balzer (2003b; 2005), ein Fragebogen zur Selbsteinschätzung von sozialen und methodischen Kompetenzen, welcher in der empirischen Studie eingesetzt wird.

Kapitel 3 widmet sich dem zweiten großen Konstrukt der vorliegenden Arbeit: der Persönlichkeit. Unter der Vielzahl an Theorien zu diesem „Inbegriff der individuellen Merkmalsausprägungen eines Menschen" (Mummendey, 2003, S. 28) nimmt das sogenannte Fünf-Faktoren-Modell der Persönlichkeit eine herausragende Stellung ein. Die Faktoren Extraversion, Verträglichkeit, Gewissenhaftigkeit, Neurotizismus und Offenheit für Erfahrung beherrschen als „Big Five" die Forschung zur Persönlichkeit ähnlich wie die identisch titulierten Großwildarten Löwe, Leopard, Elefant, Nashorn und Büffel dies in der afrikanischen Steppe tun. Der Beschreibung dieser großen Fünf der Persönlichkeit folgt ein kurzer Blick auf ihre Entwicklungsgeschichte und die vielfältigen Anwendungsbereiche des Modells. Trotz seines bedeutenden Stellenwerts sollen jedoch auch die Probleme dieses Ansatzes nicht verschwiegen werden. Abschließend folgt ein Blick auf die mannigfaltigen Erfassungsinstrumente der Big Five, von denen die wichtigsten wie beispielsweise der NEO-PI-R nach Costa und McCrae (1992b) oder das Five Factor Personality Inventory (Hendriks, Hofstee & De Raad, 1999, 2002) als Vertreter der Erfassung über Fragebogen vorgestellt werden. Auch die in der empirischen Studie der vorliegenden Arbeit verwendete Erfassungsmethode über Adjektivskalen wird ausführlich erläutert.

Kapitel 3.2 beschreibt die Fünf-Faktoren-Theorie nach McCrae und Costa (1999). Die Autoren versuchen in ihrer Theorie die Menge der Befunde zum Fünf-Faktoren-Modell der Persönlichkeit zusammenzufassen und in einem theoretischen System darzustellen. Über die beschreibende Funktion des Modells hinaus sehen die Autoren ihre Theorie als erklärende Interpretation der empirisch gewonnenen Taxonomie.

Im Anschluss daran beinhaltet Kapitel 3.3 den psycho-lexikalischen Ansatz, der neben dem Fragebogenansatz die zweite große Forschungsrichtung der Big Five darstellt. Besondere Beachtung findet dabei der Ansatz von Ostendorf (1990), dessen Ziel die Überprüfung der Robustheit der Fünf-Faktoren-Struktur in der deutschen Sprache war. Im Rahmen dieses Ansatzes entwickelte Ostendorf die „minimal redundanten Skalen" (MRS), Adjektivskalen, welche die Grundlage für das in der vorliegenden Arbeit eingesetzte Instrument zur Erfassung der Persönlichkeit bilden.

In Kapitel 3.4 wird mit dem Circumplexmodell die gebräuchlichste Alternative zur hierarchischen Ordnung von Persönlichkeitseigenschaften vorgestellt. Es beschreibt die Beziehungsstruktur von interpersonellen Eigenschaftsbegriffen (Wiggins, 1979; Wiggins & Trapnell, 1996) und ist eher als Ergänzung denn als Alternative zum Fünf-Faktoren-Modell zu sehen.

Kapitel 1 stellt die Befundlage zu den Zusammenhängen zwischen den beiden Konstrukten Persönlichkeit und sozialer Kompetenz dar. Im Fokus stehen dabei auf der einen Seite die Persönlichkeitseigenschaften des Fünf-Faktoren-Modells und auf der anderen Seite Selbstständigkeit, Kooperationsfähigkeit, soziale Verantwortung, Konfliktfähigkeit, Kommunikationsfähigkeit, Führungsfähigkeit und situationsgerechtes Auftreten als Fähigkeitskonzepte der sozialen Kompetenz. Aus dieser Analyse werden in Kapitel 4.4 die Hypothesen für die anschließende empirische Studie abgeleitet.

Das methodische Vorgehen der Studie wird in Kapitel 5 vorgestellt. Es beinhaltet das Untersuchungsdesign sowie die Datenerhebung und einige methodische Besonderheiten der empirischen Arbeit.

Die Ergebnisse der Studie finden sich in Kapitel 1. Neben der Beschreibung der Messinstrumente finden sich hier die Zusammenhangsanalysen und Modellprüfungen.

In Kapitel 1 werden die Ergebnisse der empirischen Studie sowohl methodisch als auch mit Bezug auf die theoretischen Ausführungen diskutiert, abschließend werden in Kapitel 7.3 Implikationen für die weitere Forschung erörtert.

Aus Gründen der Lesbarkeit wurde im empirischen Teil auf die Darstellung einiger statistischer Auswertungen verzichtet. Der interessierte Leser sei dafür auf die dem Buch zugrunde liegende Originalarbeit verwiesen (http://kola.opus.hbz-nrw.de/volltexte/2008/340/).

2 Kompetenz

Vor der theoretischen Auseinandersetzung mit dem Konzept der sozialen Kompetenz gilt es, das allgemeine Konzept der Kompetenz näher zu erörtern. Was bedeutet Kompetenz, was beinhaltet kompetentes Handeln, wie ist das Konstrukt in der Psychologie verankert und welche Methoden der Erfassung von Kompetenz gibt es? Neben der allgemeinen Verortung des Konstrukts wird der Kompetenzbegriff erläutert, wie er der vorliegenden Untersuchung zugrunde liegt. Besondere Beachtung findet zudem der Zusammenhang zwischen Kompetenz und Persönlichkeit.

2.1 Das Konzept Kompetenz

2.1.1 Begriffsbestimmung

Der Begriff Kompetenz wird in den letzten Jahren zunehmend inflationär gebraucht (Weinert, 2001b, S. 45). Annähernd jeder Begriff wird durch den Zusatz „... kompetenz" aufgewertet, es gibt beispielsweise die Medienkompetenz oder die Führungskompetenz, die berufliche Kompetenz (Bergmann, 2003) oder auch die emotionale Kompetenz (Peters & Winzer, 2003). Zugrunde liegt dem Kompetenzbegriff allerdings kein einheitliches Verständnis, in der Literatur wird Kompetenz formal und inhaltlich recht unterschiedlich definiert und in der Folge davon auch unterschiedlich verwendet (Erpenbeck & von Rosenstiel, 2003).

Goldfried und D'Zurilla (1969) halten ein Verhalten für kompetent, wenn es für das Individuum zur Maximierung der positiven Konsequenzen und zur Minimierung der negativen Konsequenzen führt. Ein Kritikpunkt an dieser Sicht ist allerdings, dass die Konsequenzen für das Individuum nicht allein aus den dem Verhalten zugrunde liegenden Fähigkeiten folgen. Variablen der Situation beeinflussen entscheidend mit, welcher Art die Konsequenzen für das Individuum sind. Dasselbe Verhalten kann somit in einem Fall kompetent oder inkompetent sein, je nach Beeinflussung durch die Situationsvariablen.

Eine allgemein akzeptiertere Sichtweise versteht unter Kompetenz das Potenzial eines Individuums, bestimmte Verhaltensweisen zeigen zu können (Ford, 1985). Hier wird ganz explizit zwischen der Fähigkeit des Individuums und dem Verhalten in einer konkreten Situation unterschieden.

Nach Erpenbeck und von Rosenstiel (2003) ist der Kompetenzbegriff „theorierelativ", er hat demnach nur innerhalb einer bestimmten Theorie eine definierte Bedeutung. Außerhalb dieser Theorie sei er bedeutungslos. Brücke zur empirischen Beobachtung und Voraussetzung eines vernünftigen Messens sei ein Kompetenzmodell, anhand dessen theoretisch begründete empirische Vorhersagen ermöglicht werden. Die Aussage von Weinert (2001b, S. 46) zeigt jedoch die Problematik auf: "There are many different theoretical approaches, but no single common conceptual framework."

In der Psychologie wird Kompetenz vor allem in der Unterscheidung zur Performanz betrachtet. In der Sprachpsychologie definiert Chomsky (1962, 1980) Kompetenz für die Linguistik als abstraktes Wissen über eine Sprache, das zum Gebrauch dieser Sprache, der Performanz, in beliebigen Anwendungssituationen befähigt. Sprachliche Kompetenz ist demnach die Fähigkeit eines Menschen, mit begrenzten Grundelementen und Kombinationsregeln unendlich viele neue Sätze selbstorganisiert verstehen und bilden zu können. Dies wird erreicht über angeborene sprachliche Prinzipien, abstrakte Regeln und grundlegende kognitive Elemente kombiniert mit einem spezifischen Lernprozess. Chomskys Kompetenz-Performanz-Modell wird häufig in der Psycholinguistik und Entwicklungspsychologie verwendet. Wichtige Elemente dieses Modells sind seine Bereichsspezifität, ein angeborenes System modularer Prinzipien und Regeln, regelbasiertes Lernen und die Abhängigkeit der Performanz nicht nur von allgemeinen Prinzipien, sondern auch von Lernerfahrungen und dem gegenwärtigen situationalen Kontext des Handelnden. Die Übertragung von Chomskys Kompetenzkonzept auf nicht-sprachliche Gebiete erscheint aufgrund seiner Bereichsspezifität jedoch problematisch.

White (1959) definiert Kompetenz in der Motivationspsychologie als grundlegende Fähigkeit, die weder angeboren noch das Produkt von Reifungsprozessen ist, sondern selbstorganisiert vom Individuum entwickelt wurde. Kompetenz ist für ihn "effective interaction with the environment" (White, 1959, S. 317) und er spricht von einem intrinsischen Bedürfnis nach einem effektiven Handeln in der Umwelt.

Für Erpenbeck ist der Kompetenzbegriff ein Dispositionsbegriff (Erpenbeck, 1997; Erpenbeck & von Rosenstiel, 2003). Kompetenz sei die Disposition, selbstorganisiert zu handeln. Selbstorganisation sei demnach ein Bestandteil von Kompetenz, welcher auch die Unterscheidung zum Begriff Qualifikation ausmacht. Qualifikationen zeigen sich in normierbaren Situationen, bestehen aus aktuellem Wissen und Fertigkeiten, machen jedoch keine Aussage darüber, ob darüber hinaus auch kreativ und selbstorganisiert gehandelt werden könne (Erpenbeck, 2002; Erpenbeck & von Rosenstiel, 2003, S. XI). Selbstorganisation gehe darüber hinaus und beinhalte, dass das Individuum selbst Ziele setze, Pläne und Strategien zu ihrer Verwirklichung erprobe und aus dabei entstehenden Erfahrungen lerne.

Erpenbeck unterscheidet folgende grundlegende Kompetenzklassen bzw. Schlüsselkompetenzen: personale Kompetenzen (Disposition einer Person, reflexiv selbstorganisiert handeln zu können), aktivitäts- und umsetzungsorientierte Kompetenzen (Disposition einer Person, aktiv selbstorganisiert zu handeln und dieses Handeln auf die Umsetzung konkreter Pläne zu richten), fachlich-methodische Kompetenzen (Disposition einer Person, sachliche Probleme selbstorganisiert lösen zu können) und sozial-kommunikative Kompetenzen (Disposition, mit anderen kommunikativ und kooperativ selbstorganisiert zu handeln). Die Zuordnung von Einzel- oder Teilkompetenzen zu den aufgeführten Kompetenzklassen erfolgt recht unterschiedlich je nach Autor und dessen Wertmaßstab bzw. Verwertungsinteresse.

In der vorliegenden Arbeit wird unter Kompetenz das Potenzial verstanden, in konkreten Situationen erfolgreich handeln zu können. Kompetenzen sind relativ situationsstabil. Sie entsprechen unterschiedlichen kognitiven oder motorischen Schemata, welche in emotionale und motivationale Regelkreise eingebunden sind. Kompetenzen werden angeeignet und im Laufe der Zeit modifiziert (Maag Merki & Grob, 2005; Weinert, 2001a). Anders ausgedrückt: „Unter Kompetenzen werden alle Fähigkeiten, Wissensbestände und Denkmethoden verstanden, die ein Mensch in seinem Leben erwirbt und betätigt. [...] Mit dem Kompetenzbegriff werden diejenigen Fähigkeiten bezeichnet, die den Menschen sowohl in vertrauten als auch fremdartigen Situationen handlungsfähig machen“ (Weinberg, 1996, S. 3). Kompetenzen sind eben nicht angeboren, sondern werden im Laufe des Lebens durch einen aktiven Austausch der psycho-physischen Ausstattung mit der sozialen Konstellation entwickelt.

Im Gegensatz dazu steht die Performanz, das konkrete Handeln, welches immer auch von Merkmalen der jeweiligen Situation beeinflusst wird. Deshalb besteht zwischen Kompetenz und Performanz auch kein deterministischer, sondern ein stochastischer Zusammenhang. Das Vorhandensein bestimmter Kompetenzen erhöht die Wahrscheinlichkeit, Anforderungen, die sich aus aktuellen Existenzbedingungen ergeben, erfolgreich zu bewältigen. Sie sind notwendige, aber nicht hinreichende Voraussetzungen für produktives Bewältigungsverhalten. Für die diagnostische Erfassung von Kompetenz bedeutet diese Sichtweise folgendes: Auch wenn eine Person in einer Situation nicht das Verhalten mit den besten Konsequenzen zeigt, kann sie als kompetent gelten. Umgekehrt genügt nicht eine einzelne Verhaltensbeobachtung, um einer Person Kompetenz in diesem oder jenem Bereich zu attestieren. Mehrere Verhaltensbeobachtungen über unterschiedliche Situationen hinweg sind nötig, um eine solide Basis für eine Aussage über die Kompetenz einer Person und somit für eine Prognose zukünftigen Verhaltens dieser Person zu leisten. Denn erst dann kann man ausschließen, dass das Verhalten nicht auf Spezifika der Situation zurückzuführen ist. Konkretes kompetentes Verhalten in einer einzelnen Situation lässt also erst durch die Generalisierung über mehrere Beobachtungen einen Schluss auf eine zugrunde liegende Kompetenz zu. Kompetenz stellt „eine Disposition, aber keinesfalls eine Garantie für kompetentes Verhalten dar“ (Kanning, 2003, S. 13). Kompetentes Verhalten bezieht sich auf konkretes Verhalten in einer spezifischen Situation. Als wichtiger Punkt bleibt festzuhalten, dass Kompetenz Verhalten nicht vollständig determiniert, da Verhalten immer in eine Umwelt eingebunden ist, die wiederum das Ergebnis des Verhaltens beeinflusst (Lewis, 1997).

2.1.2 Erfassung von Kompetenz

Nach McClelland (1973) sind Kompetenzen nur in ihrer Anwendung, der tatsächlichen Performanz, aufzuklären. Gleiches gilt selbstverständlich für fast alle psychologischen Konstrukte wie beispielsweise Intelligenz oder Motivation. Kompetenz ist demnach immer eine Attribution aufgrund des Urteils eines Beobachters.

Die Kompetenzmessung bewegt sich innerhalb von zwei Polen: an einem Pol steht der Versuch, Kompetenzen wie naturwissenschaftliche Größen zu messen. Gesucht wird dabei nach objektiven Messverfahren, Fremdeinschätzungen werden gegenüber Selbsteinschätzungen bevorzugt. Dem gegensätzlichen Pol liegt die Annahme zugrunde, dass diese Objektivität für sozialwissenschaftliche Variablen nicht erreicht werden kann, objektive Erkenntnis hier unmöglich sei. Methodisch werden deshalb subjektive Kompetenzeinschätzungen bevorzugt, diese können ebenfalls quantifiziert und ausgewertet werden. Werden Kompetenzen auf der Basis selbstbezogener Kognitionen erfasst, wird davon ausgegangen, dass diese in einer bedeutsamen Beziehung zu den jeweiligen Kompetenzen und dem entsprechenden Verhalten stehen (Maag Merki & Grob, 2005).

In der Selbstkonzept- und Selbstregulationsforschung gelten selbstbezogene Kognitionen für die Ausgestaltung der eigenen subjektiven Handlungstheorie als zentral. Sie sind das Ergebnis gemachter Erfahrungen und strukturieren wie subjektive Handlungstheorien zukünftiges Handeln vor (Greve, 2000).

Das individuelle Verhalten wird sowohl von der Person als auch von der Situation beeinflusst. Hinzu kommen Rückkopplungseffekte zwischen Person und Situation in der Art, dass eine handelnde Person auf ihre Umwelt einwirkt, was wiederum eine Selektion bzw. Regulation der Situation zur Folge haben kann. Mit der Situation ist dabei nicht nur die objektive Situation gemeint, sondern auch die subjektive Interpretation der Situation durch die Person. Daraus ergibt sich die zentrale Rolle der subjektiven selbstbezogenen Kognitionen für die Erfassung der individuellen Handlungskompetenz (Maag Merki & Grob, 2005).

Trotz der zentralen Bedeutung der selbstbezogenen Kognitionen dürfen einige Nachteile dieser Art der Kompetenzerfassung nicht außer Acht gelassen werden. Selbstbeschreibungen sind in hohem Maße sensitiv gegenüber bewussten oder unbewussten Verfälschungen, sozialer Erwünschtheit oder relativer Standards (siehe u. a. Furnham, 1997; Hofmann & Kubinger, 2001), ihre Validität steht somit in Frage. Zudem hängt die Selbsteinschätzung der Kompetenz auch vom Selbstvertrauen einer Person ab (Kauffeld & Grote, 2000b). Aufgrund dessen bezeichnen einige Autoren subjektive Verfahren wie Selbstbeschreibungen zur Kompetenzmessung als suboptimal (Kauffeld, 2005) und fordern die Kopplung an konkrete Arbeitsaufgaben.

Kauffeld und Grote (2000) entwickelten deshalb das Kassler-Kompetenz-Raster (KKR) zur Messung der beruflichen Kompetenz von Mitarbeitern in Unternehmen. Berufliche Kompetenz setzt sich dabei zusammen aus Fach-, Methoden-, Sozial- und Selbstkompetenz. Das KKR basiert auf einem Gruppenansatz: Eine Gruppe von Mitarbeitern diskutiert 60-90 Minuten lang eine aktuelle Problemstellung. Dies wird auf Video aufgezeichnet und anhand eines Beobachtungsrasters ausgewertet. Soziale Kompetenz wird hier operationalisiert als positiv wertende Äußerungen gegenüber Personen oder ihren Handlugen (z. B. Lob, ermunternde Direktansprache) und dem Fehlen von negativ wertenden Äußerungen (z. B. Abwertung, Seitengespräche). In einer Studie zur Bedeutung der einzelnen Kompetenzfacetten (Kauffeld & Grote, 2000b) bei der Bewältigung von Optimierungsaufgaben kamen die Autoren zu dem Schluss, dass Sozialkompetenz nur geringe Effekte aufweist. „Wenn man an guten Lösungen interessiert ist, ist es nicht nötig, besonders nett zueinander zu sein. Es sollte jedoch vermieden werden, sich über andere sozial abwertend zu äußern.“ (Kauffeld & Grote, 2000b, S. 66) Einschränkend muss jedoch angemerkt werden, dass Sozialkompetenz hier stark verkürzt über wertende Äußerungen gegenüber anderen operationalisiert wird und auch das Kriterium „erfolgreiche Gruppendiskussion“ sehr spezifisch ist.

Festzuhalten bleibt, dass Kompetenzen nicht direkt prüfbar, sondern nur aus der Realisierung der Dispositionen erschließbar und evaluierbar sind (Erpenbeck, 1997). Studien belegen jedoch systematische Zusammenhänge zwischen dem Selbstkonzept eigener Kompetenzen und spezifischen Leistungsdaten (z. B. D. H. Rost & Hanses, 2000).

Selbstbeschreibungen zur Erfassung sozialer Kompetenzen

Auf der Basis eines transaktionalen Modells menschlicher Entwicklung und unter Bezugnahme auf die Selbsttheorie nach Epstein (1993) haben selbstbezogene Kognitionen zwei Funktionen für die menschliche Handlungsfähigkeit. Sie können zum einen als Schätzer für die proklamierten, nicht direkt messbaren Kompetenzen herangezogen werden. Dabei wird davon ausgegangen, dass Selbstkonzepte als stabilisierte Selbstbeschreibungen in kommunikativen Situationen aufgebaut und erworben wurden. Sie bilden in Form von Postulaten die Selbsttheorie des Individuums und werden in einer Befragung als summative Selbstevaluation wiedergegeben. Diese indirekt indizierten Kompetenzen werden in zukünftigen Situationen in Abhängigkeit situationaler Gegebenheiten in Handlung, Performanz, umgesetzt. Neben dieser indirekten Wirkung beeinflussen Selbstbeschreibungen auch direkt menschliche Handlungsfähigkeit: sie beeinflussen die subjektive Realität des Einzelnen durch ihre Wirkung auf die Informationsverarbeitung und Handlungsplanung und somit auf die potenziell erzeugbare Performanz (Kompetenz). Niedrige Selbsteinschätzungen eigener Fähigkeiten haben oft leistungshemmende Ängste vor Misserfolg und Vermeidungsverhalten bei der Bewältigung von Herausforderungen und selbstständig zu bearbeitenden Aufgaben zur Folge (Bandura, 1997). Diese verhaltenssteuernde Wirkung des Selbstkonzeptes wird auch als Selektionshypothese bezeichnet. Ergänzend dazu besagt die Sozialisationshypothese, dass sich (berufliche) Lernprozesse in Abhängigkeit von didaktischen Methoden und situationalen Kontexten auf den Erwerb von Kompetenzen auswirken und kognitive Repräsentationen der Kompetenzen das diesbezügliche Selbstkonzept bewirken (Sonntag & Schäfer-Rauser, 1993).

Ein kritischer Punkt bleibt die Validität von Selbsteinschätzungen. In einer Metaanalyse kommen Mabe und West (1982) zu dem Schluss, dass die Validität von Selbstbeurteilungen sehr stark von den erwarteten Konsequenzen abhängig ist. Gewinnbringend einzusetzen sind Selbstbeschreibungen vor allem dann, wenn keine negativen Folgen befürchtet werden müssen (vgl. Schuler, 2001; Schuler & Barthelme, 1995), wenn die Betroffenen durch die Daten keine Abwertung der eigenen Kompetenz oder negative Folgen beim beruflichen Aufstieg bzw. der Gehaltsentwicklung befürchten müssen. Doch selbst wenn Selbstbeurteilung einer Person objektiv fehlerhaft sein sollte, wäre diese Selbstbeurteilung subjektiv handlungsleitend (Frey, 2003).

Sonntag und Schäfer-Rauser (1993) entwickelten einen Fragebogen zur Selbsteinschätzung beruflicher Kompetenz (SBK). Ausgehend von der Erkenntnis, dass dem Versuch, globale Selbsteinschätzung mit spezifischem Verhalten in Beziehung zu setzen, kein Erfolg beschieden ist, konzipierten sie die drei spezifischeren Bereiche Fach-, Sozial- und Methodenkompetenz. Diese Einteilung entspricht nach Meinung der Autoren den normativen Setzungen der Bildungspolitik, wenn es auch keine empirische Klassifikation dieses Bereichs gibt. Sonntag und Schäfer-Rauser kommen zu dem Schluss, dass die Selbsteinschätzung beruflicher Fähigkeiten als erfolgversprechender Analysezugang genutzt werden kann, auch im Hinblick auf betriebliche Bildungs- und Fördermaßnahmen.

2.1.3 Kompetenz und Persönlichkeit

Verschiedene Autoren vertreten unterschiedliche Ansichten zum Zusammenhang zwischen Persönlichkeitseigenschaften und Kompetenzen. Manche halten Persönlichkeitseigenschaften von vornherein für Kompetenzen, andere grenzen beide Konzepte scharf voneinander ab (Meichenbaum, Butler & Gruson, 1981). Der entscheidende Unterschied zwischen Fähigkeiten/Kompetenzen und Persönlichkeitseigenschaften besteht darin, dass es bei Kompetenzen um maximale Leistung geht, bei Eigenschaften aber um typisches Verhalten (van der Zee, 2003).

Nach Erpenbeck und von Rosenstiel (2003, S. XXVIIIf.) werden die Begriffe folgendermaßen definiert:

Persönlichkeitseigenschaften

Als beschreibende oder erklärende Konstruktbegriffe bezeichnen sie Wesenszüge des Menschen, die operational oder methodisch vermittelt der Person und ihrem Verhalten relativ stabil und konsistent zugeordnet werden können (siehe Kapitel 3). Eigenschaften sind primär subjektzentriert.

Kompetenzen

Kompetenzen bezeichnen Selbstorganisationsdispositionen physischen und psychischen Handelns, wobei unter Dispositionen die bis zu einem bestimmten Handlungszeitpunkt entwickelten inneren Voraussetzungen zur Regulation der Tätigkeit verstanden werden. Damit umfassen Dispositionen nicht nur individuelle Anlagen, sondern auch Entwicklungsresultate. Kompetenzen sind eindeutig handlungszentriert.

Von Persönlichkeitseigenschaften und Kompetenzen werden die Begriffe Fertigkeiten, Fähigkeiten und Qualifikationen abgegrenzt.

Fertigkeiten

Fertigkeiten bezeichnen durch Übung automatisierte Komponenten von Tätigkeiten, meist auf sensumotorischem Gebiet, unter geringer Bewusstseinskontrolle und in stereotypen Anforderungsbereichen. Fertigkeiten sind handlungszentriert.

Fähigkeiten

Fähigkeiten bezeichnen verfestigte Systeme verallgemeinerter psycho-physischer Handlungsprozesse, einschließlich der zur Ausführung erforderlichen inneren psychischen Bedingungen und der Eigenschaften, die den Tätigkeitsvollzug steuern. Unterschieden werden allgemeine (z. B. flexibilitätsbezogene), bereichsspezifische (z. B. sprachliche) und berufsspezifische (z. B. handwerkliche) Fähigkeiten. Fähigkeiten sind handlungszentriert.

Qualifikationen

Qualifikationen bezeichnen klar umrissene Komplexe von Kenntnissen, Fertigkeiten und Fähigkeiten, über die Personen bei der Ausübung beruflicher Tätigkeiten verfügen müssen. Qualifikationen sind ebenfalls handlungszentriert und können über Zertifizierungsprozeduren überprüft werden.

Daraus ergibt sich für die Autoren (Erpenbeck & von Rosenstiel, 2003, S. XXIXf.): „Eine Messung psychischer Eigenschaften kann ein Indiz für das Vorhandensein einer Selbstorganisationsdisposition und damit einer Kompetenz sein – ob sie tatsächlich vorhanden ist, lässt sich erst im Handlungszusammenhang beurteilen. Extraversion kann beispielsweise ein Indiz für das Vorhandensein sozial-kommunikativer Kompetenz sein, ist aber keine notwendige Voraussetzung dieser Kompetenz. Persönlichkeitseigenschaften können daher nicht unmittelbar auf die Diagnose von Kompetenz angewandt werden [...]. Um von Persönlichkeitseigenschaften auf Kompetenzen zu schließen, ist stets eine Übersetzungsleistung erforderlich."

Persönlichkeitseigenschaften und Handlungsfähigkeiten lassen jedoch Rückschlüsse auf Kompetenzen zu, sind also als Kompetenzmessverfahren nutzbar. Verfahren direkter Kompetenzmessung sind allerdings zusätzlich notwendig. Die Erfassung von Persönlichkeitseigenschaften ist im Allgemeinen situationsübergreifend, stabil und weniger spezifisch als die Erfassung von Kompetenzen (Kauffeld & Grote, 2000a). Die individuelle Handlungskompetenz ist eng mit Persönlichkeitseigenschaften verbunden. „Persönlichkeitseigenschaften schaffen dabei die Grundlagen für menschliche Verhaltensweisen [...] und beeinflussen gleichzeitig die Entwicklungsfähigkeit der individuellen Kompetenzelemente" (Staudt & Kriegesmann, 1999, S. 37), sind gleichsam ein Regulativ für den Aufbau weiterer Erfahrungen.

Nach Weinert (2001b) sollte der Kompetenzbegriff nur angewendet werden, wenn ...

- es um die Bewältigung komplexer Anforderungen geht, bei denen kognitive, motivationale, ethische, willensmäßige und soziale Komponenten notwendig sind,
- der Komplexitätsgrad der Anforderungen hoch ist, da es ansonsten Fertigkeiten anstatt Kompetenzen sind und
- Lernprozesse Voraussetzung zur Bewältigung sind.

Der Begriff Metakompetenzen sollte nur verwendet werden, wenn es um Wissen über die eigenen Kompetenzen geht. Der Begriff der Schlüsselkompetenzen sollte nur verwendet werden, wenn es um die Bewältigung vieler unterschiedlicher aber gleich wichtiger Anforderungen geht. Schlüsselkompetenz ist als Konzept genauso vage wie das Konzept der Kompetenz generell. In den letzten Jahren wurden allein in der deutschen Literatur über 650 sogenannte Schlüsselkompetenzen im beruflichen Bereich vorgeschlagen. Verlockend bei diesem Ansatz ist, dass es scheinbar nur wenige zentrale Kompetenzen zu finden gilt, mit deren Hilfe die komplexen Anforderungen der heutigen (Arbeits-)Welt bewältigbar sein sollen. Das Problem der Schlüsselkompetenzen ist jedoch folgendes: definiert man einige wenige abstrakte Schlüsselkompetenzen, so ist dies theoretisch befriedigend und sie decken ein breites Spektrum möglichen kompetenten Verhaltens ab, aber sie sind praktisch nicht verwendbar, da sie kaum tatsächlich mit kompetentem Verhalten zusammenhängen. Definiert man konkrete Schlüsselkomptenzen, so ist der Zusammenhang zu kompetentem Verhalten klarer, aber die Definition bleibt theoretisch unbefriedigend, da sie nur einen kleinen Ausschnitt möglicher Kompetenzen abdeckt und daher kaum den Begriff Schlüsselkompetenz rechtfertigt.

Die am häufigsten identifizierten Schlüsselkompetenzen sind nach Weinert (2001b) mündliche sowie schriftliche Beherrschung der Muttersprache, mathematisches Wissen, Lesekompetenz zur schnellen Aneignung geschriebener Information, Beherrschung mindestens einer Fremdsprache, Medienkompetenz, Lernstrategien, soziale Kompetenzen, divergentes Denken, kritisches Hinterfragen und Selbstkritik. Schuler bezeichnet gerade den Begriff der Schlüsselkompetenzen bzw. Schlüsselqualifikationen (siehe Reetz, 1990) „als Beispiel für die unzureichende Klärung und beliebige Verwendung und Auslegung der Terminologie im Zusammenhang mit sozialer Kompetenz“ (Schuler & Barthelme, 1995, S. 88).

Im Folgenden steht ein Teilbereich von Kompetenz, die soziale Kompetenz, im Mittelpunkt. Ansätze zur sozialen Kompetenz sind, was die Dimensionen betrifft, meist sowohl inhaltlich als auch hinsichtlich des Abstraktionsniveaus sehr heterogen. Die meisten Ansätze beziehen sich jedoch auf allgemeine Kompetenzen. Diese stellen eine Teilmenge gängiger Persönlichkeitsmerkmale dar, denn alle zeitlich überdauernden Kompetenzen können auch als Aspekte der Persönlichkeit definiert werden – die Umkehrung gilt jedoch nicht (Kanning, 2003).

Soziale Kompetenzen werden auch gerne im Sinne von Riemann (1997) als ein Komplex von Persönlichkeitsfähigkeiten verstanden. Sie können dabei als Subkategorie von Persönlichkeitsmerkmalen aufgefasst werden, welche je nach Anforderung durch Handlungsregulation in Verhalten umgesetzt werden. Die Persönlichkeit ist entscheidend bei der Entwicklung sozial kompetenten Verhaltens, langfristig kann dieses Verhalten wiederum sogar zu einer Veränderung der Persönlichkeit führen, beispielsweise können sehr introvertierte Personen durch sozial kompetentes Verhalten positive Erfahrungen in sozialen Situationen machen und somit extrovertierter werden (Kanning, 2006).

2.2 Soziale Kompetenz

Soziale Kompetenz wird als berufliche Anforderung in beinahe jeder Stellenbeschreibung genannt. Für die Entwicklung und Erhaltung beruflicher Handlungskompetenz sind sensumotorische, kognitive und soziale Fähigkeiten und Fertigkeiten erforderlich (Sonntag, 1989).

Nach Rosenstiel (1992, S. 87f.) sprechen unter anderem folgende Gründe für einen erhöhten Handlungsbedarf in der Entwicklung von Sozialkompetenzen, speziell der Fähigkeit zur Kommunikation, welche für ihn eine zentrale Größe der Sozialkompetenz darstellt:

- Manuelle Tätigkeiten verlieren zunehmend an Bedeutung, Kommunikationsfähigkeit wird zu einer neuen Arbeitstugend.
- Die Zunahme der Komplexität von Problemen erfordert Teamarbeit, damit einhergehend ebenfalls eine verstärkte Fähigkeit zur Kommunikation.
- Die Intensivierung der Konkurrenz und die zunehmende Austauschbarkeit der Produkte fordert eine verstärkte Kundenorientierung in allen Unternehmensbereichen.
- Bei der Führung von Mitarbeitern treten Befehl und Auftrag zugunsten von Zielvereinbarungen im Rahmen von Mitarbeitergesprächen oder Teambesprechungen zurück, die Mittel zwischenmenschlicher Kommunikation spielen eine immer größere Rolle.
- Der Anteil von Frauen in Unternehmen steigt, somit auch die Anforderung zur Kommunikationsfähigkeit in geschlechtsgemischten Arbeitsgruppen.
- Durch internationale Kooperationen bzw. Fusionen nimmt die Notwendigkeit zu, mit Menschen aus anderen Kulturen und mit anderen Muttersprachen zu kooperieren, was eine spezifische kommunikative Kompetenz erfordert.
- Die Erweiterung der Handlungsspielräume durch Schaffung ganzheitlicher Arbeitsabläufe erfordert zunehmend Mehrqualifikation (siehe auch Bastians & Runde, 2002).

Zudem erfordern neue Technologien sowie die Implementierung von Gruppenarbeit und Projektteams in Wirtschaft und Verwaltung die Umgestaltung von Arbeitstätigkeiten, was ein erhöhtes Maß an Informations-, Koordinations- und Abstimmungsvorgängen nötig macht (Schuler & Barthelme, 1995).

Schuler (1992) konnte zeigen, dass bei Auszubildenden die Erfassung der sozialen Kompetenz ein eignungsdiagnostisches Kriterium zur Vorhersage des Ausbildungserfolgs ist.

2.2.1 Begriffsbestimmung

Das Konstrukt der sozialen Kompetenz geht aus einer langen Forschungstradition, der Forschung zur sozialen Intelligenz hervor. Die ursprünglichen Verfahren zur Messung der sozialen Intelligenz bzw. Kompetenz sind jedoch aufgrund ihres mangelnden Bezugs zu sozialen Situationen unzureichend (Schuler & Barthelme, 1995).

Trotz der intensiven Auseinandersetzung in unzähligen Forschungsarbeiten zu dem Konstrukt soziale Kompetenz ist eine allgemein akzeptierte Definition nicht auszumachen. Ein Grund dafür ist sicherlich die Verortung der Forschung in verschiedenen Teildisziplinen der Psychologie, was fachspezifische Akzentuierungen mit sich bringt (Kanning, 2002a). Versucht man das Gemeinsame aller Positionen zu ermitteln, so ist der kleinste gemeinsame Bestandteil wohl, dass soziale Kompetenz etwas mit wie auch immer gearteten zwischenmenschlichen Interaktionen zu tun hat, alltagspsychologisch beschreibt es die Fähigkeit, gut mit anderen Menschen zurecht zu kommen. Einigkeit besteht zudem bei der Feststellung der Multidimensionalität des Konstruktes (Kanning, 2003; Schneider, Ackermann & Kanfer, 1996). Alle über diese beiden Grundbestandteile hinausgehenden Aspekte werden von Vertretern unterschiedlicher psychologischer Disziplinen vehement diskutiert, z. B. die Zeitstabilität oder Situationsspezifität des Konzeptes.

Gründe dafür liegen nicht nur in der Multidimensionalität des Konstrukts, auch mangelnde sprachliche Präzision und spezifische Blickwinkel bzw. unterschiedliche Abstraktionsniveaus der Analysen verschiedener psychologischer Teilgebiete tragen zur Verwirrung bei. Eine Abgrenzung zu Begriffen wie soziale Fertigkeit, Interaktionsfertigkeit oder interpersonelle Kompetenz ist bei den meisten Autoren nicht zu finden. Zumeist wird unter dem Begriff soziale Kompetenz eine mehr oder weniger willkürliche, in den besten Fällen noch augenscheinvalide Zusammenstellung verschiedener Dimensionen verstanden, die weder theoretisch noch empirisch ausreichend fundiert ist. Je nach Bedarf scheinen eine Reihe von Verhaltensweisen oder Merkmalen zu Kategorien zusammengefasst und mal mehr, mal weniger kreativ bezeichnet zu werden. Viel geändert scheint sich seit 1975 nicht zu haben, als Argyle (1975, S. 323) feststellte: „Wir wissen jedoch nicht, ob soziale Kompetenz ein allgemeiner Persönlichkeitszug ist. Alles was wir im Moment tun können, ist, die Möglichkeit offen zu lassen, dass es einen allgemeinen Faktor soziale Kompetenz geben könnte, und Kompetenz als ein Profil spezifischer Fähigkeiten zu betrachten." Trotz jahrzehntelanger Forschung wissen wir herzlich wenig über die Strukturen und Prozesse sozial kompetenten Verhaltens. Wichtige Quellen interindividueller Unterschiede für sozial kompetentes Handeln sind (noch) nicht identifiziert und in einem Modell integriert (Asendorpf, 1999). Eine Ursache ist dabei die Komplexität des Konstrukts. Es wirkt eine Vielzahl an motivationalen, kognitiven und emotionalen Prozessen an sozial kompetentem Handeln mit, darüber hinaus findet in sozialen Situationen auch jeweils eine Rückkopplung zwischen Handelndem und Interaktionspartnern statt. Einigkeit herrscht dahingehend, dass soziale Kompetenz individuelle Differenzen in der Bewältigung sozialer Situationen beschreibt. Ein Definitionsversuch von Riemann und Allgöwer (1993, S. 153): „Soziale Kompetenz wird Personen zugeschrieben, die in der Lage sind, so mit anderen Personen zu interagieren, dass dieses Verhalten ein Maximum an positiven und ein Minimum an negativen Konsequenzen für eine der an der Interaktion beteiligten Personen mit sich bringt. Darüber hinaus muss das Interaktionsverhalten mindestens als akzeptabel gelten.“ Bei dieser Definition bleibt wie auch in allen nachfolgenden das Kriterium für sozial kompetentes Handeln unklar und schwammig. Hinsch und Pfingsten (2002, S. 11) definieren das Konstrukt auf einer funktionalen Ebene als „Verfügbarkeit und Anwendung von kognitiven, emotionalen und motorischen Verhaltensweisen, die in bestimmten sozialen Situationen zu einem langfristig günstigen Verhältnis von positiven und negativen Konsequenzen führen.“ In diesen Definitionen klingen zwei wesentliche Bestimmungsstücke des Konstrukts an: Zweckrationalität und Situations-angemessenheit, die allerdings jeweils vom Kontext bestimmt wird. Schuler und Barthelme (1995, S. 81) nennen die folgenden vier Bestimmungsstücke sozialer Kompetenz:

1. Soziale Kompetenz einer Person zeigt sich in der Art und Weise ihres interpersonalen Handelns.
2. Situationsspezifität: die Situationsangemessenheit eines Verhaltens definiert sich im Wesentlichen anhand von Regeln und Erwartungen an das Verhalten Anderer, realisiert in Form von Normen oder Rollenvorgaben.
3. Zielrealisierung: ein wichtiger Faktor bei der Steuerung des eigenen Verhaltens ist ein individuelles Ziel, das in der Interaktion angesteuert und verfolgt wird.
4. Zweckrationalität: Die Auswahl der Mittel zur Zielrealisierung ist sozial akzeptiert und zweckmäßig.

Soziale Kompetenz ist ein Teilbereich der Kompetenz einer Person. Neben den zwei eher groben Bestimmungsstücken „zwischenmenschliche Interaktion“ und „Multidimensionalität“ gilt es nun, diesen Bereich der Kompetenz genauer zu bestimmen. Soziale Kompetenz ist die „Gesamtheit des Wissens, der Fähigkeiten und Fertigkeiten einer Person, welche die Qualität des eigenen Sozialverhaltens [...] fördert. Sozial kompetentes Verhalten trägt in einer spezifischen Situation dazu bei, die eigenen Ziele zu verwirklichen, wobei gleichzeitig die soziale Akzeptanz des Verhaltens gewahrt wird“ (Kanning, 2003, S. 15). Im Folgenden werden die einzelnen Bestimmungsstücke der Definition näher erläutert.

Die Definition unterscheidet zwischen Wissen, Fähigkeiten und Fertigkeiten (siehe Kapitel 2.1.3). Die Komponente Wissen beinhaltet die kognitiven Aspekte sozialer Kompetenz: allgemeine Regeln menschlichen Zusammenlebens und menschlichen Verhaltens. Ein Beispiel wäre das Wissen, dass man sich für ein Geschenk beim Schenkenden bedankt. Der Begriff Fähigkeiten bezieht sich auf elementare Kompetenzen, durchaus in Richtung auf Persönlichkeitsmerkmale, z. B. die Unterscheidung zwischen den grundlegenden Traits Extraversion und Introversion (Eysenck & Eysenck, 1968). „Der typische Extravertierte ist gesellig, mag Veranstaltungen gern, hat viele Freunde, braucht Menschen mit denen er sprechen kann (…) Der typische Introvertierte ist ruhig, eine eher zurückhaltende Person, introspektiv, liebt Bücher mehr als Menschen; er ist reserviert und distanziert, außer bei sehr engen Freunden (…)" (Eggert, 1974, S. 11). Fertigkeiten sind dagegen konkrete, erlernte Kompetenzen wie beispielsweise das Aussprechen des Wortes „Danke" nach dem Erhalt eines Geschenks.

Inhaltlich verweist die Definition auf die zwei zentralen Dimensionen sozialer Kompetenz: Durchsetzungsfähigkeit und Anpassungsfähigkeit.

Durchsetzungsfähigkeit ist umschrieben mit der Verwirklichung der eigenen Ziele. Gemeint ist die Fähigkeit einer Person, sich in sozialen Interaktionen erfolgreich für die eigenen Interessen einsetzen zu können, die eigenen Interessen gegenüber anderen zu wahren. Diese Dimension wird vor allem in der klinischen Psychologie in der Forschung und Behandlung von sozialer Ängstlichkeit akzentuiert (Hinsch & Pfingsten, 2002; Ullrich & Ullrich de Muynck, 1999). Diese Forschungsrichtung stellt eher den Handelnden als die Rolle möglicher Interaktionspartner heraus.

Die Dimension Anpassungsfähigkeit wird vor allem von der Entwicklungspsychologie als zentraler Aspekt behandelt. Mit Blick auf die Sozialisation wird die Entwicklung sozialer Kompetenzen vor allem als Anpassung des Individuums an die Umwelt gesehen. Diese Anpassung geschieht über Lernprozesse. Eine andere Bezeichnung dieses Faktors lautet Beziehungsfähigkeit (Asendorpf, 1999) und beschreibt die Fähigkeit, positive Beziehungen mit anderen einzugehen und aufrecht zu erhalten. Sozial kompetentes Verhalten stellt demnach einen Kompromiss zwischen Anpassung und Durchsetzung dar, eigene Interessen werden in sozialen Interaktionen verwirklicht, ohne dabei die Interessen der Interaktionspartner zu verletzen.

Euler und Reemtsma-Theis (1999) definieren Sozialkompetenzen in einem Modell des sozial-kommunikativen Handelns als Handlungskompetenzen, die ein sozial-kommunikatives Handeln über unterschiedliche Inhalte in spezifischen Situationen ermöglichen. Dabei gehen auch sie von einer Ausrichtung des Handelns zwischen den Polen Anpassung und Durchsetzung aus. Handlungskompetenzen definieren die Autoren wiederum als „Verhaltensmöglichkeiten eines Menschen, die auf mittlere Sicht konstant bleiben und insofern seinem Handeln eine gewisse Kontinuität verleihen. Sie charakterisieren in diesem Sinne nicht einmalige Verhaltensweisen, sondern Dispositionen für ein stabiles, regelmäßiges Handeln in bestimmten Typen von Situationen" (Euler & Reemtsma-Theis, 1999, S. 173). Auch hier gelten Handlungskompetenzen als inneres Potenzial, das nur über wiederholte Beobachtung äußeren Verhaltens erschlossen werden kann. Diese Handlungskompetenzen resultieren aus den Erfahrungen eines Individuums in der Bewältigung seiner Umwelt. Handlungskompetenzen bestehen aus den drei Komponenten Verhalten, Inhalt und Situation. Verhalten meint die Aktivität, über die eine Kompetenz realisiert wird (z. B. sprechen), Inhalt meint den Gegenstand der Verhaltenskomponente und die Situationskomponente spezifiziert die Rahmenbedingungen (z. B. einen Konflikt, eine Teamsituation). Hier liegt auch der Unterschied zu Persönlichkeitseigenschaften, welche sich allein auf die Verhaltenskomponente beschränken. Einzelne Dimensionen der sozialen Kompetenz wie Teamfähigkeit oder Konfliktfähigkeit konkretisieren sich vorwiegend über die Situationskomponente.

Greenspan und Gransfield ordnen die sozialen Kompetenzen in ein Modell der generellen Kompetenz (siehe Abbildung 1) ein, welches von den Autoren im Rahmen der Forschung zu Entwicklungsverzögerungen entwickelt wurde.

Abbildung 1: Modell der generellen Kompetenz (Greenspan & Gransfield, 1992)*

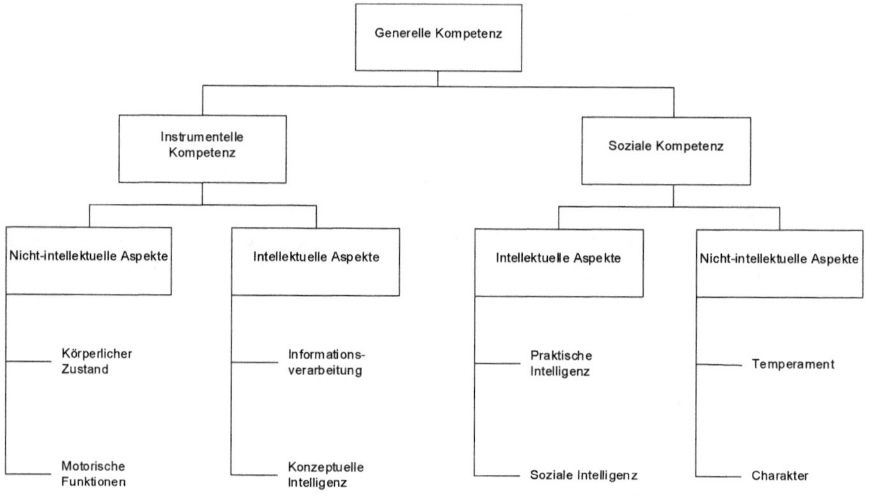

*S. 447

Soziale Kompetenz wird von Greenspan und Gransfield unterteilt in intellektuelle und nicht-intellektuelle Aspekte. Zu den intellektuellen Aspekten zählt die praktische Intelligenz, von den Autoren als "activities of daily living" (S. 449) definiert. Im Sinne von Neisser (1976) drückt sich praktische Intelligenz im erfolgreichen bzw. nicht-erfolgreichen Handeln in natürlichen Situationen aus, nämlich dann, wenn Personen kurz- und langfristige Ziele und Pläne berücksichtigen müssen sowie Emotionen, Gefühle und Bedürfnisse mit in die Problemlösung einfließen. Nach Wagner und Sternberg (1986) ist wesentlicher Bestandteil der praktischen Intelligenz das nicht verbalisierte Wissen der Person ("tacit knowledge"). Sternberg beschreibt damit Kompetenzen, mit realen Problemen umzugehen ("real-world-competencies").

Der Begriff soziale Intelligenz geht auf Thorndike zurück und bezeichnet "the ability to understand and manage men and women, boys and girls – to act wisely in human relation" (Thorndike, 1920, S. 228). Greenspan (1992, S. 449) definiert soziale Intelligenz wie folgt: "[Social intelligence] refers to a person's ability to understand and to deal effectively with social and interpersonal objects and events. Included in this construct are such variables as role-taking, empathetic judgment, person perception, moral judgement, referential communication, and interpersonal tactics." Soziale Intelligenz gilt in Sternbergs Intelligenztheorie neben der akademischen Intelligenz und der praktischen Intelligenz als dritte grundlegende Form menschlicher Intelligenz. Obwohl einige Autoren den Begriff mit sozialer Kompetenz gleichsetzen (Marlowe, 1986; Sowarka, 1995), ist er doch nur die kognitive Facette (beispielsweise Personwahrnehmung) der sozialer Kompetenz. Erfasst wird die soziale Intelligenz meist mit Hilfe von Leistungstests und abstrakten Problemlöseaufgaben wie beispielsweise die Zuordnung sprachlicher Äußerungen zu passenden psychischen Zuständen oder Gedächtnisleistungen für Gesichter (B. Becker, 2003; O'Sullivan & Guilford, 1966). Die Ergebnisse derartiger Messungen korrelieren allerdings weder mit Selbst- noch mit Fremdbeobachtungen sozialen Verhaltens, während sich gleichzeitig hohe Zusammenhänge zur allgemeinen Intelligenz belegen lassen (Brown & Anthony, 1990; Riggio, Messamer & Throckmorton, 1991). Die Prognose tatsächlichen Sozialverhaltens ist damit gelinde gesagt fragwürdig.

Ein weiteres verwandtes Konzept stellt die emotionale Intelligenz dar (Matthews, Zeidner & Roberts, 2003; Mayer, Salovey & Caruso, 2001; Salovey & Mayer, 1989-1990). Damit wird die Fähigkeit bezeichnet, die eigenen Emotionen sowie die Emotionen anderer Menschen einzuschätzen und dieses Wissen zur Regulation der eigenen Emotionen oder der Emotionen anderer einzusetzen. Emotionale Intelligenz ermöglicht zudem, Emotionen zur Steuerung von Aufmerksamkeit, Motivation, Planung und Problemlösung zu nutzen und letztlich zur Steuerung des eigenen Verhaltens und des Verhaltens anderer (gewinnbringend) einzusetzen. Auch dieses Konzept stellt nur eine Teilmenge sozialer Kompetenz dar, behaviorale und kognitive Aspekte fehlen. Einzelne Komponenten des Konstrukts weisen zudem eine hohe Heterogenität auf. Interessanterweise weist emotionale Intelligenz höhere Zusammenhänge zu Persönlichkeitseigenschaften auf als zu allgemeiner Intelligenz (van der Zee, 2003), und einige Autoren plädieren sogar für die Abschaffung dieses „irreführenden und unnötigen" Konstrukts (Schuler, 2002, S. 139), da sie es für „rückschrittlich, irreführend, ignorant und unnötig" halten.

Das Konstrukt der interpersonalen Kompetenzen bezeichnet nach Buhrmester (1996; Buhrmester, Furman, Wittenberg & Reis, 1988) die Teilmenge sozialer Kompetenzen, die in Interaktionen in engeren persönlichen Beziehungen zum Einsatz kommen. Es beinhaltet die Fähigkeit, Interaktionen zu initiieren, sich selbst anderen Menschen gegenüber zu öffnen, andere emotional zu unterstützen, eigene Interessen zu vertreten und Konflikte friedfertig zu lösen.

Neben praktischer, sozialer und emotionaler Intelligenz sowie den interpersonalen Kompetenzen gelten die sozialen Fertigkeiten („social skills") als fünftes verwandtes Konzept. Der Begriff wird für sehr spezifische, erlernte soziale Kompetenzen (R. E. Becker & Heimberg, 1988) verwendet. Generell sind nicht alle sozialen Kompetenzen in jeder Situation gleich wichtig. Die Bandbreite sozialer Interaktion reicht vom small talk mit der Verkäuferin am Marktstand bis zur Grundsatzdiskussion mit dem Lebenspartner oder dem Therapiegespräch mit einem depressiven Patienten. Becker et al. definieren social skills jedoch ausschließlich situationsspezifisch. Als eine Teilmenge sozialer Kompetenz weisen soziale Fertigkeiten im Vergleich zu Fähigkeiten ein geringeres Abstraktionsniveau auf und werden im Laufe des Lebens durch Lernprozesse erworben.

Karkoschka (1998, S. 27) bestimmt folgende Arbeitsdefinition von sozialer Kompetenz: „Sozial kompetente Menschen orientieren sich in sozialen Interaktionen an ihren Zielen und versuchen, durch Auswahl angemessener Mittel diese Ziele zu erreichen. Welche Mittel / Vorgehensweisen in einer bestimmten sozialen Situation als angemessen zu werten sind, bedarf einer ausführlichen Situationsanalyse. Somit lässt sich sozial kompetentes Verhalten immer nur für eine bestimmte Tätigkeit / Aufgabe / Situation bestimmen." Im Allgemeinen impliziert der Begriff Kompetenz jedoch eine relative Unabhängigkeit von den Rahmenbedingungen einer spezifischen Situation, ähnlich wie auch Persönlichkeitseigenschaften (Kanning, 2002b).

Kompetenzen können in beschränktem Maße verändert werden. Dies findet vor allem im Bereich der klinischen Psychologie statt, beispielsweise im Training von sozial-ängstlichen Personen (Ullrich & Ullrich de Muynck, 1999). Diese Trainings zielen vor allem auf die individuelle Fähigkeit zu differenzierter Situations-wahrnehmung und kognitiver Erfassung von Verhaltenswirkungen oder Übung sozialer Fertigkeiten. Im betrieblichen Umfeld finden Trainings zu sozialen Kompetenzen beispielsweise als Verkaufstraining für Außendienstmitarbeiter (Schuler & Barthelme, 1995) statt.

2.2.2 Dimensionen sozialer Kompetenz

Bei der Beschreibung des Konzepts soziale Kompetenz steht man vor dem Problem der Vielzahl der in der Literatur aufgeführten Facetten. Oft werden Synonyme für die gleichen Facetten verwendet, zudem arbeiten verschiedenste Autoren auf unterschiedlichen Abstraktionsniveaus. Kanning (2002a; 2002b) versucht eine inhaltliche Sortierung anstatt einer bloßen Auflistung einzelner Dimensionen (siehe Abbildung 2).

Abbildung 2: Integration diverser Kompetenzkataloge nach Kanning (2003)

<table>
<tr><th>perzeptiv-kognitiver Bereich</th><th>motivational-emotionaler Bereich</th></tr>
<tr><td>- Selbstaufmerksamkeit
- Personenwahrnehmung
- Perspektivenübernahme
- Kontrollüberzeugung
- Entscheidungsfreudigkeit</td><td>- Emotionale Stabilität
- Prosozialität
- Wertepluralismus</td></tr>
<tr><th colspan="2">behavioraler Bereich</th></tr>
<tr><td colspan="2">- Extraversion
- Durchsetzungsfähigkeit
- Handlungsflexibilität
- Kommunikationsstil (Unterstützung, Bewertung, Zuhören ...)
- Konfliktverhalten
- Selbststeuerung (Verhaltenskontrolle, Selbstdarstellung)</td></tr>
</table>

Dies stellt jedoch keine gesicherte empirische Taxonomie sozialer Kompetenzen dar, lediglich eine „auf qualitativem Wege gewonnene Quintessenz“ (Kanning, 2003, S. 22) des derzeitigen Forschungsstandes.

Die Komponenten sozialer Kompetenz lassen sich nach Schuler (1995) in zwei Gruppen aufteilen. Die erste Gruppe weist einen konkreten Verhaltensbezug auf, dazu gehören:

- Kommunikationsfähigkeit: verbale und nonverbale Fähigkeiten, interaktive Fähigkeiten wie Kontaktaufnahme und -aufrechterhaltung, Rollenverständnis oder Übernahme von Rollen sowie sozial-kognitive Fähigkeiten wie Sensibilität für Aufnahme und Interpretation von Informationen und für ablaufende soziale Prozesse.

- Kooperations- und Koordinationsfähigkeit: Kooperation als Tätigsein von zwei oder mehr Individuen, das planvoll miteinander abgestimmt ist und Zielerreichung aller Beteiligten gewährleistet, erfordert beispielsweise Abstimmungen, Anpassungen oder Vergleiche.
- Konfliktfähigkeit: Konflikte frühzeitig erkennen und Möglichkeiten der Konfliktlösung aktiv angehen.
- Teamfähigkeit: Das Konstrukt überschneidet sich häufig mit Kommunikationsfähigkeit, Kooperationsfähigkeit oder Konfliktfähigkeit. Teamfähigkeit lässt sich als Zusammenfassung mehrerer Facetten sozialer Kompetenz für den Spezialfall der Interaktion innerhalb einer Gruppe definieren.

Die zweite Gruppe beschreibt Facetten, die für das Zustandekommen des Verhaltens notwendig sind.

- Interpersonale Flexibilität: Fähigkeit, sein Verhalten an sich verändernde interpersonale Situationen anzupassen.
- Rollenflexibilität: diese Facette beschreibt die Fähigkeit, das eigene Verhalten an den Erfordernissen der Situation zu orientieren.
- Sensibilität: die kognitive Einschätzung anderer Personen oder sozialer Situationen setzt eine sensible und differenzierte Wahrnehmung voraus.
- Empathie: Empathie oder auch soziale Einsicht bezeichnet die Fähigkeit, sich in das Denken und Handeln anderer Menschen hinein zu versetzen und Reaktionen, Gefühle und Verhaltensweisen zu antizipieren.
- Durchsetzungsfähigkeit: bezeichnet die Fähigkeit, mit Hilfe sozialer Beeinflussungsmechanismen eigene Ziele zu realisieren. Nach Six (1995) handelt es sich dabei um eine Persönlichkeitsvariable bzw. Persönlichkeitsdimension.

Schuler kommt zu dem Schluss „gewisse Persönlichkeitscharakteristika begünstigen oder hemmen die Aneignung und das routinierte Zeigen bestimmter Verhaltensfertigkeiten, die durch Übung ausgebildet werden, und erst das komplizierte Ineinandergreifen beider Bereiche lässt sozial kompetentes Verhalten in Erscheinung treten“ (Schuler & Barthelme, 1995, S. 87).

Einige Autoren beschreiben sozial kompetentes Handeln auf Basis der Handlungstheorie (Greif, 1997; Hinsch & Pfingsten, 2002). Auf eine Analyse der sozialen Situation und der Ziele des Individuums folgt die Auswahl des Verhaltens aus dem individuellen Verhaltensrepertoire, dieses Verhalten wird umgesetzt und die Konsequenzen der Handlung im Hinblick auf die Zielerreichung evaluiert.

2.2.3 Erfassung sozialer Kompetenz

> „Ein allumfassendes Instrument, das sich gleichsam wie der Hase aus dem Zylinder ziehen lässt und soziale Kompetenz als Ganzes zu messen vermag, gibt es nicht und wird es sicherlich auch niemals geben“ (Kanning, 2003, S. 30).

Zur Erfassung der sozialen Kompetenz gibt es nach Kanning (siehe auch Bastians & Runde, 2002; Kanning, 2003; Kanning & Holling, 2004) grundsätzlich drei verschiedene Zugänge. Soziale Kompetenzen können direkt erfasst werden über Leistungstests, diese beschränken sich jedoch auf die Erfassung kognitiver sozialer Kompetenzen. Andere Zugänge erfassen soziale Kompetenzen über das sichtbare Verhalten von Personen in sozialen Situationen, dabei gibt es die Möglichkeit der Verhaltensbeobachtung und der Verhaltensbeschreibung. Eine dritte Möglichkeit der Erfassung sozialer Kompetenzen besteht in der Messung komplexer Kompetenzindikatoren, die soziale Kompetenz wird über die Konsequenzen des Sozialverhaltens erschlossen.

Im Folgenden werden die Verfahren kurz dargestellt, der Schwerpunkt liegt dabei bei Verfahren zur Verhaltensbeschreibung. Einen Überblick über die Validität eignungsdiagnostischer Verfahren bietet auch Karkoschka (1998).

2.2.3.1 Leistungstests

Bei kognitiven Leistungstests bearbeiten die Probanden Aufgaben mit richtigen und falschen Lösungsmöglichkeiten. Ziel ist hierbei nicht die Einschätzung des eigenen Verhaltens, sondern die Erfassung kognitiver Grundlagen des Sozialverhaltens wie beispielsweise das Wissen um soziale Normen oder Prozesse der Kommunikation im Allgemeinen. Traditionell werden derartige Tests zur Erfassung der sozialen Intelligenz eingesetzt, obwohl diese fast nie als unabhängiges Konstrukt nachgewiesen wurde, sondern starke Überschneidungen zu allgemeiner Intelligenz aufweist. Ein Beispiel für einen Leistungstest ist der Test zur Dekodierung nonverbaler Informationen (Sternberg & Smith, 1985). Probanden werden gebeten, Bilder von jeweils zwei Personen dahingehend zu beurteilen, ob diese in einer Partnerschaft leben oder sich vorher noch nie gesehen haben. Eine Variante davon zeigt wiederum Bilder von zwei Personen, wobei der Proband zu entscheiden hat, welche der Personen die Führungskraft und welche den Mitarbeiter darstellt. Das Verfahren testet somit die soziale Wahrnehmung. Bei Tests zu diesem Bereich geht es meist (wie in diesem Fall) um die Identifikation emotionaler Zustände von Personen oder von verbal beschriebenen psychischen Zuständen. Einschränkend muss angemerkt werden, dass die Autoren in ihrer Studie zwar die interne Validität, nicht jedoch die externe Validität bestätigen konnten: Korrelationen mit Verfahren wie dem George Washington Social Intelligence Test (F. A. Moss, Hunt, Omwake & Ronning, 1927) oder dem Social Insight Test (Chapin, 1967) waren nicht signifikant. Die Dekodierung nonverbaler Informationen kann somit nicht uneingeschränkt als Aspekt sozialer Intelligenz betrachtet werden.

Ein Klassiker ist auch der „Social Intelligence Test“ (F. A. Moss et al., 1927). Er enthält beispielsweise Aufgaben zur Beurteilung sozialer Situationen, Gedächtnisaufgaben für Namen und Bilder, Aufgaben zur Interpretation der Mimik und er prüft das Wissen über Prinzipien menschlichen Verhaltens.

Neben der Erfassung der sozialen Wahrnehmung und von Gedächtnis- bzw. Wissensleistung wird in einigen Tests auch schlussfolgerndes Denken geprüft. Dabei müssen Bilder zu einer sinnvollen Geschichte geordnet oder Bildfolgen ergänzt werden (Tewes, Rossmann & Schallberger, 2000). Eine interessante Variation ist die Vorgabe von Filmszenen beruflicher Situationen (Kern & Müller, 1980; Schuler, Diemand & Moser, 1993), die standardisiert allen Teilnehmern vorgegeben werden und über die soziale Wahnehmungs- und Urteilskompetenz sowie soziale Analysefähigkeit getestet werden soll. Das Verfahren wird zur Eignungsdiagnostik eingesetzt und bietet neben der plastischen Darstellung sozialer Situationen und damit der Realitätsnähe auch den Vorteil einer hohen Auswertungsobjektivität anhand differenzierter Checklisten, welche das Verfahren jedoch auch aufwändig machen. Der Einsatz neuer Medien allein bringt allerdings noch keine Verbesserungen der Gütekriterien mit sich. Die Antworten der Teilnehmer korrelieren stark mit ihrer verbalen Intelligenz.

Trotz vielfältiger Bemühungen hat sich die Erfassung sozialer Kompetenz mittels klassischer Testverfahren als wenig erfolgreich erwiesen. Wissensfragen sind zwar weniger anfällig für die Tendenz zur sozial erwünschten Selbstdarstellung als beispielsweise Selbstbeschreibungen, viele Verfahren konnten jedoch nicht erfolgreich validiert werden. Sie erfassen zwar kognitive Leistung, diese hat jedoch wenig mit tatsächlichem Sozialverhalten zu tun (J. U. Schmidt, 1995). Diese kognitive Leistung stellt zusammen dem Wissen um soziale Verhaltensnormen zwar eine notwendige, nicht aber hinreichende Bedingung für sozial kompetentes Verhalten dar. Die amerikanischen Verfahren wurden weder für deutsche Verhältnisse standardisiert, noch wurden für Deutschland analoge Verfahren entwickelt, mit Ausnahme des Tests der sozialen Intelligenz (Amelang, Schwarz & Wegemund, 1989), der auf dem Act Frequency Approach basiert. Der Versuch der Messung von sozialer Kompetenz mit intelligenztestähnlichen Aufgaben, d. h. mit überwiegend abstrakten und dekontextualisierten Items, kann somit als gescheitert gelten.

2.2.3.2 Komplexe Kompetenzindikatoren

Erhebungsverfahren in diesem Bereich arbeiten mit abstrakten Daten, aus denen sich indirekte Hinweise auf die soziale Kompetenz ergeben sollen. Die Konsequenzen des Sozialverhaltens, beeinflusst von der Kompetenz des Akteurs aber auch vom Verhalten der Interaktionspartner und von Situationsspezifika, bilden die Grundlage. Anwendungsgebiet ist vor allem die klinische Psychologie, dabei kommen sowohl (biographische) Fragebögen als auch Interviews, Tagebücher (Laireiter & Thiele, 1995) oder soziometrische Verfahren (Mattejat & Scholz, 1994; Petillon, 1980) zum Einsatz. Der soziometrische Test für 3.-7. Klassen nach Petillon ist beispielsweise ein sehr einfaches Verfahren, bei dem alle Schüler einer Klasse auf einen Zettel schreiben, neben wem sie besonders gern und neben wem sie gar nicht sitzen möchten. Der Test wird sowohl graphisch als auch (für soziometrische Verfahren ungewöhnlich) quantitativ anhand von Normwerten ausgewertet, damit kann ein Soziogramm einer Schulklasse aufgestellt werden.

Eine weitere Variante ist die Entwicklungsaufgabe bzw. das Entwicklungsportfolio (Lissmann, 2002). Wachstum und Veränderung von Kompetenz soll hierbei anhand eines vom Probanden entwickelten Produkts aufgezeigt werden. Probleme dieses Ansatzes liegen hierbei in der Festlegung der Beurteilungskriterien und den oft mangelhaften Testgütekriterien. Zudem ist der Aufwand zur Herstellung derartiger Portfolios recht hoch.

Die möglichen Aussagen dieser Erhebungsmethoden sind jedoch im Vergleich zu den anderen beschriebenen Methoden eher global, beispielsweise über die soziale Interaktion oder die Qualität der Sozialkontakte einer Person. Über einzelne Kompetenzdimensionen lassen sich keine Aussagen machen. Zudem weisen soziometrische Verfahren aufgrund der geringen Standardisierung eine geringe Objektivität und Reliabilität auf. Als Ausgangspunkt für Hypothesen scheinen sie jedoch recht nützlich, gegebenenfalls können sie durch differenziertere Diagnosen ergänzt werden.

2.2.3.3 Verhaltensbeobachtung

Bei diesen Verfahren wird das Verhalten einer Person in sozialen Situationen beobachtet, z. B. über Rollenspiele (z. B. Behavioral Role Play Test, McFall & Marston, 1970). Über die Beobachtung des Verhaltens in vielen unterschiedlichen Situationen wird auf die soziale Kompetenz der Person geschlossen. Gleiches Verhalten in unterschiedlichen Situationen deutet auf zugrunde liegende Kompetenzen hin, das unmittelbare Sozialverhalten verkörpert dabei die Datenbasis der Diagnose.

Die Beobachtung kann wie in anderen Bereichen als Selbst- oder Fremdbeobachtung, offen oder verdeckt, teilnehmend oder nicht-teilnehmend, mit einem oder mehreren Beobachtern stattfinden. Die Verfahren sind dabei in unterschiedlichem Maß standardisiert.

Selbstbeobachtung findet überwiegend in der klinischen Praxis statt, mit dem Ziel ganz konkretes Verhalten in einer exakt beschriebenen Situation zu erhalten und Patienten zur Selbstreflexion anzuregen, meist im Hinblick auf Defizite in der Handlungskompetenz. Oft wird damit auch das Selbst- und Fremdbild gegenübergestellt. Neben der Beobachtung in natürlichen Settings (z. B. mit Hilfe der Tagebuchmethode) gibt es auch die Beobachtung in künstlichen Settings, beispielsweise in therapeutischen Rollenspielen.

Ein Paradebeispiel künstlicher Beobachtungssettings aus dem organisationspsychologischen Kontext ist das Assessment Center. In Rollenspielen mit oder ohne konföderierte Spieler werden dabei Interaktionen, die sich im Alltag nur schwer beobachten lassen, in einer künstlichen Umgebung simuliert, beispielsweise ein Verkaufsgespräch mit einem Kunden. Auf eine ausführliche Darstellung der Methode Assessment Center soll an dieser Stelle verzichtet werden (siehe Guldin & Schuler, 1997; Jansen & Stoop, 2001; Kleinmann, 1997; Lievens & Conway, 2001; Scholz & Schuler, 1993; Schuler & Stehle, 1992; Tziner, Meir, Dahan & Birati, 1994). In dieser Methode wird jedoch auf einen kritischen Punkt der Beobachtung eingegangen: aus einer einzelnen Beobachtung lässt sich noch nicht auf zugrunde liegende Kompetenzen schließen. Deshalb werden verschiedene Dimensionen sozialer Kompetenzen in mehreren Situationen mit verschiedenen Methoden erfasst: neben Rollenspielen werden Gruppendiskussionen, Fallübungen oder Präsentationsaufgaben eingesetzt (Multitrait-Multimethod-Prinzip). Die Qualität der im Assessment Center gewonnenen Diagnose hängt jedoch stark von der Qualifikation der Beobachter ab. Diese sollten mindestens einen Tag in einer Beobachterschulung vorbereitet werden, nicht mehr als drei Dimensionen pro Übung beobachten und das Verhältnis Beobachter – Kandidaten sollte mindestens 1:2 sein.

Ein Problem dieser Methode ist, dass die Beurteilungen innerhalb einer Situation hoch zwischen verschiedenen Beurteilungsdimensionen korrelieren, innerhalb einer Beurteilungsdimension jedoch nur gering zwischen den Situationen. Unterstellt man, dass Beurteilungsdimensionen sozialen Kompetenzen entsprechen sollen, widerspricht dies der Annahme situationsstabiler Kompetenzen als Grundlage sozialkompetenten Verhaltens. Das Assessment Center ist insgesamt zwar eine recht aufwändige Methode der Verhaltensbeobachtung, deren Einsatz sich trotz einiger Probleme bezüglich der Konstruktvalidierung (Kleinmann, 1997) lohnt.

Eines der wenigen standardisierten Beobachtungsverfahren ist das Kassler-Kompetenz-Raster (Kauffeld, 2000). Das Verfahren wird in der Personalentwicklung zur Diagnose von Handlungskompetenzen (Fach-, Sozial-, Methoden- und Selbstkompetenz) von Mitarbeitern in Gruppen eingesetzt. Eine Arbeitsgruppe bekommt ein realitätsnahes Problem vorgelegt und wird 90 Minuten bei der Lösung dieses Problems gefilmt. Die Daten werden transkribiert, kategorisiert und man erhält mit relativ wenigen Daten dieser einen Verhaltensstichprobe eine Bewertung der Kompetenzen. Das Verfahren an sich ist zwar mit einigem Aufwand und Kosten verbunden, bietet aber differenzierte Bewertungen konkreten Verhaltens und damit einen guten Ausgangspunkt für Verhaltenstrainings. Allerdings sind die hohe Situationsspezifität dieser Verfahren, der oft angezweifelte Realismus, die mangelhafte Standardisierung und einige irritierende Befunde zur Interrater-Reliabilität problematisch.

2.2.3.4 Verhaltensbeschreibung

Bei der Verhaltensbeschreibung wird das ursprüngliche Verhalten retrospektiv sprachlich zusammengefasst. Die Information wird in gewisser Weise gefiltert und dann erst diagnostisch aufbereitet. Verhaltensbeschreibungen können von der Person selbst (Selbstbeschreibung) oder durch eine andere Person (Fremdbeschreibung, z. B. durch Lebenspartner, Kollegen, Vorgesetzte) vorgenommen werden, Analyseebene können Kollektive (z. B. eine Arbeitsgruppe oder Schulklasse) oder weitaus häufiger Individuen sein. Items können sich auf einzelne Situationen beziehen oder über mehrere Situationen hinweg generalisiert sein (z. B. „Im Allgemeinen lerne ich gern neue Menschen kennen.“). Generell sind Selbstberichte sozialer Kompetenz eher als „personality capabilities“ (Paulhus & Martin, 1988) aufzufassen statt als Maß der Performanz in sozialen Situationen.

Millbrook, Farrell und Curran (1986) gingen der Frage nach, ob soziale Kompetenzen besser durch einzelne Verhaltensweisen oder Verhaltensbeobachtungen auf aggregiertem Niveau oder Fragebögen erfasst werden können. Die Ergebnisse ihrer Studie zeigten, dass Mikroverhaltensweisen stark mit Globalratings zusammen hängen.

Die Verhaltensbeschreibung kann mit Hilfe von Interviews (z. B. das situationale Interview nach Latham, Saari, Pursell & Campion, 1980; oder das multimodale Interview nach Schuler, 1992) oder Fragebögen erfasst werden.

Häufig erfassen Verfahren nur Teilbereiche sozialer Kompetenz wie Unsicherheit (Ullrich & Ullrich, 1977) oder Assertivität (Skatsche, Brandau & Ruch, 1982) oder sie erfassen neben sozialer Kompetenz noch andere Konstrukte (Stumpf, Angleitner, Wieck, Jackson & Beloch-Til, 1985). Es gibt noch kein einhellig gutes Verfahren zur Erfassung allgemeiner sozialer Kompetenz, was angesichts des Fehlens einer allgemein akzeptierten Taxonomie und Theorie jedoch wenig überrascht. In verschiedenen Anwendungsfeldern der Psycholgie werden unterschiedliche Verfahren eingesetzt (zur Übersicht Brähler, Holling, Leutner & Petermann, 2002; Kanning, 2003): in der klinischen Psycholgie beispielsweise der Interaktions-Angst-Fragebogen (P. Becker, 1997b) oder die Ratingskala für soziale Kompetenz (Fydrich & Bürgener, 1999), in der Personaldiagnostik das Bochumer Inventar zur berufsbezogenen Persönlichkeitsbeschreibung (Hossiep & Paschen, 1998). Häufig werden neben seriösen Messinstrumenten in der organisationspsychologischen Praxis jedoch auch Einschätzungsskalen eingesetzt, mit einer recht willkürlichen Zusammenstellung der Kompetenzbereiche und ohne differenzierte Anforderungsanalyse (Kanning, 2003). Oft wird ein Kompetenzbereich auch nur durch ein einziges Item repräsentiert, mit negativen Folgen für die Reliabilität des Bogens. Während die klinische Psychologie naturgemäß eher an gestörtem Verhalten interessiert ist, geht es in der Organisationspsycholgie um die durchschnittliche Ausprägung sozialer Kompetenzen.

Die Verfahren liegen in Paper-Pencil-Form vor, zum Teil gibt es jedoch auch eine computergestützte Version mit dem Vorteil einer schnellen und objektiven Auswertung. Anhand des multimedialen Verfahrens ISIS (Runde, Bastians, Kluge & Wübbelmann, 1999) wurde gezeigt, dass „auch die rechnergestützte Präsentation und Auswertung eines Testverfahrens zur Erfassung sozialer Kompetenzen zu guten Ergebnissen hinsichtlich der Gütekriterien und zu hoher Akzeptanz seitens der Probanden führen kann“ (Bastians & Runde, 2002, S. 194).

Nahezu alle Fragebögen dienen vorwiegend der Statusdiagnostik. Prinzipiell lassen sich die Verfahren zwar auch zur Veränderungsmessung einsetzen, bei abstrakt formulierten Items lassen sich jedoch nur massive Veränderungen erfassen. Für bereichsspezifische Veränderungen sind die meisten Instrumente zu wenig sensitiv. Für die Veränderungsmessung sind Fragebögen demnach eine eher konservative Methode.

Die meisten Fragebögen arbeiten mit Ratingskalen. Bei einigen werden jedoch auch Situationen geschildert mit vorgegebenen Reaktionsalternativen (Fragebögen Kooperation und Wettbewerb, Littig & Saldern, 1989). Motowidlo, Dunnette und Carter (1990) entwickelten Simulationen von Arbeitssituationen mit jeweils fünf alternativen Reaktionsmöglichkeiten. Sie konnten zeigen, dass auch in diesen „low fidelity“ Situationen soziale Kompetenz bzw. Performanz vorhergesagt werden kann.

Ein gutes Beispiel für ein Selbsteinschätzungsverfahren ist der Interpersonal Competence Questionnaire (ICQ) von Buhrmester (1988), ins Deutsche übersetzt von Riemann und Allgöwer (1993). Er misst aussschließlich soziale Kompetenz und erfasst folgende fünf Aufgabenbereiche der erfolgreichen Gestaltung sozialer Beziehungen: Initiierung von Interaktionen und Beziehungen („Wie gut gelingt Ihnen Folgendes: Eine neue Bekanntschaft fragen oder ihr vorschlagen, sich zu treffen um etwas gemeinsam zu unternehmen, z. B. gemeinsam auszugehen."), Behauptung persönlicher Rechte und die Fähigkeit andere zu kritisieren („Wie gut gelingt Ihnen Folgendes: Einem Freund / einer Freundin sagen, dass Sie die Art, wie Sie von ihm / ihr behandelt werden, nicht mögen."), Preisgabe persönlicher Informationen („Wie gut gelingt Ihnen Folgendes: Während eines Gesprächs mit jemandem, den Sie gerade erst kennen gelernt haben, Persönliches preisgeben."), emotionale Unterstützung anderer („Wie gut gelingt Ihnen Folgendes: Einem guten Freund / einer guten Freundin helfen, seine / ihre Gedanken und Gefühle bezüglich einer wichtigen Lebensentscheidung zu ordnen, z. B. bei der Berufswahl.") und effektive Handhabung interpersonaler Konflikte („Wie gut gelingt Ihnen Folgendes: Wenn eine Uneinigkeit mit einem guten Freund / einer guten Freundin in einen handfesten Streit umzukippen droht, zugeben zu können, dass Sie eventuell im Unrecht sind."). Die Faktorenstruktur ist stabil, die Bereiche werden über jeweils acht Items erfasst, wobei die interne Konsistenz zwischen .77 und .87 liegt, die Skalen korrelieren zwischen .20 und .52.

Vor- und Nachteile der Selbstbeschreibung

Die anthropologische Grundannahme der Selbstkonzepttheorie ist, dass Menschen in der Reflexion von Erfahrungen über ihre eigene Person ein Bild von sich selbst entwickeln, dementsprechend sie ihr Verhalten einrichten, sich selbst darstellen und von anderen wahrgenommen werden möchten. Menschen verhalten sich so, dass ihr Selbstkonzept erhalten bleibt oder gesteigert wird.

Die Qualität der Verhaltensbeschreibung hängt stark von der Fähigkeit und dem Willen des Beschreibenden ab, systematische Fehler oder Verzerrungen in der Urteilsbildung zu vermeiden. Gefahren der Verzerrung bestehen durch selektive Wahrnehmung von Personen, Stereotype, hypothesengeleitete Urteilsbildung oder soziale Erwünschtheit des Antwortverhaltens. Diese Einflüsse können zum Teil durch die Art der Instruktion, bestimmter Itemformate oder auch Kontrollskalen verbessert werden. Derartige Vorgehensweisen sind jedoch bei den Verfahren zur sozialen Kompetenz eher selten. Kanning (2002b) hält beispielsweise Lügenitems für kein geeignetes Mittel, um sozial erwünschtes Verhalten zu messen.

Trotz dieser Gefahren hat die Methode entscheidende Vorteile: zum einen ist sie das ökonomischste Verfahren zur Erfassung sozialer Kompetenzen. Fragebögen sind wenig personal- und kostenintensiv. Zum anderen erfährt man durch sie das Selbstbild der Personen, was einige theoretische Ansätze als handlungsleitend ansehen und vor allem in der klinischen Psycholgie von Interesse ist. Außerdem ist ein Vergleich zwischen Selbst- und Fremdbild der Personen möglich.

Hinsichtlich der klassischen Gütekriterien ergibt sich ein positives Bild: Durchführungs- und Auswertungs- und Interpretationsobjektivität sind durch Standardisierung in annähernd allen Fällen (außer bei der Randgruppe projektiver Verfahren) gegeben. Aussagen zur Validität, vor allem zur prognostischen Validität, sind schwieriger und fallen bei verschiedenen Verfahren recht unterschiedlich aus.

Mit Blick auf die Vor- und Nachteile der dargestellten Erhebungsmethoden zu sozialen Kompetenzen und hinsichtlich der in der vorliegenden Studie enorm großen Stichprobe wird hier ein Verfahren aus dem Bereich der Verhaltensbeschreibung gewählt, der Beurteilungsbogen zu Sozial- und Methodenkompetenzen (smk, siehe Kapitel 5.2.1) nach Frey und Balzer (2003b). Das Verfahren bietet die Möglichkeit der Gruppendurchführung, der Materialaufwand wird durch die Vorgabe im Internet auf null gesetzt, die Handhabbarkeit ist sehr gut, der Auswertungsaufwand hält sich im Rahmen. Diese „ökonomische Validität" darf neben inhaltlicher, prognostischer oder Konstruktvalidität nicht unterschätzt werden.

In der Persönlichkeits- und Einstellungsforschung hat der Fragebogen als Erhebungsmethode seit Jahrzehnten eine herausragende Stellung (Mummendey, 2003). Die Kennwerte von Fragebögen, ob zur sozialen Kompetenz oder auch Persönlichkeitsfragebögen, erreichen nach Ansicht von Mummendey jedoch nicht das Niveau „objektiver Tests" (Mummendey, 2003, S. 19), sollten deshalb auch nicht als standardisierte, geeichte Instrumente zur Individualdiagnostik eingesetzt werden. Fragebögen bleiben subjektive Verfahren mit allen Nachteilen wie Verfälschbarkeit, aber auch mit den oben aufgeführten Vorteilen in der Selbstkonzeptforschung, da Individuen hier in quantifizierbarer Form darstellen können, wie sie sich selbst sehen und von anderen gesehen werden wollen.

3 Persönlichkeit

Persönlichkeit ist definiert als „Inbegriff der individuellen Merkmalsausprägungen eines Menschen“ (Mummendey, 2003, S. 28). Diese Merkmalsausprägungen oder eben Persönlichkeitseigenschaften, sogenannte Traits, sind mehr oder weniger abstrakte Eigenschaften, die stabile und intersituativ konsistente Verhaltensunterschiede im typischen Verhalten oder in typischen Verhaltenstendenzen abbilden (Bartussek, 1991, S. 1). Guilford definiert Trait einfach als “any distinguishable, relative enduring way in which one individual varies from others” (Guilford, 1959, S. 6). Traits sind “dimensions of individual differences in tendencies to show consistent patterns of thoughts, feelings, and actions … over time as well as across situations” (McCrae & Costa, 1990, S. 23-24). Einige Traittheoretiker halten Traits für Prädispositionen, für konservative Vertreter sind sie einfach deskriptive Dimensionen, die Muster von beobachtbarem Verhalten beschreibend zusammenfassen und dabei die Persönlichkeit ausmachen.

Persönlichkeitstheorien machen hypothetische Aussagen über die Struktur und die Funktionsweise individueller Persönlichkeiten. Die Ziele dieser Theorien sind dabei identisch mit den allgemeinen Zielen der Psychologie: zum einen ein Verständnis des Aufbaus, der Ursprünge und Korrelate der Persönlichkeit und zum anderen Vorhersagen zu ermöglichen von Verhaltensweisen und Lebensereignissen auf der Basis dessen, was wir über Persönlichkeit wissen. Unter der Vielzahl von Persönlichkeitstheorien nimmt das sogenannte Fünf-Faktoren-Modell der Persönlichkeit eine herausragende Stellung ein.

3.1 Das Fünf-Faktoren-Modell

> “The Big Five taxonomy captures, at a broad level of abstraction, the commonalities among most of the existing systems of personality description, and provides an integrative descriptive model for personality research.” (John & Srivastava, 1999, S. 131)

> “The Big Five basic factors of personality traits therefor form the best working hypothesis we will have for personality-taxonomic work in the near future.” (De Raad, 1998, S. 122)

Das Fünf-Faktoren-Modell geht davon aus, dass fünf weitgehend unabhängige Dimensionen von Persönlichkeitseigenschaften existieren: Extraversion, Verträglichkeit, Gewissenhaftigkeit, Neurotizismus und Offenheit für Erfahrungen / Intellekt. Dieses Modell der Persönlichkeitseigenschaften verdankt seine Bedeutung und seine herausragende Position innerhalb der Persönlichkeitspsychologie zwei

Forschungstraditionen: dem psycho-lexikalischen Ansatz und dem Fragebogenansatz (De Raad & Perugini, 2002a). Obwohl die Begriffe „Big Five Modell“ und „Fünf-Faktoren-Modell“ oft synonym gebraucht werden, stammen sie eigentlich aus den zwei oben genannten unterschiedlichen Forschungsrichtungen: der eine aus dem psycho-lexikalischen Ansatz, der andere aus der Forschung mit Fragebögen. Beide Ansätze zusammen brachten jedoch eine weitgehend identische Faktorenstruktur hervor, “that mark a point of no return for personality psychology” (De Raad & Perugini, 2002a, S. 1). Im Folgenden werden die Begriffe deshalb ebenfalls weitgehend synonym verwendet. Davon abgehoben wird jedoch der Begriff der „Fünf-Faktoren-Theorie“ (McCrae & Costa, 1999), da dieser Ansatz über das Fünf-Faktoren-Modell hinausgeht (siehe Kapitel 3.2).

Das Fünf-Faktoren-Modell besteht aus einer fundierten Zusammenstellung einiger grundlegender Konzepte, mit denen Persönlichkeitseigenschaften auf einem abstrakten Niveau beschrieben werden können. Dank des umfassenden Charakters des psycho-lexikalischen Ansatzes bietet es “a peg for almost every hole” (De Raad, 1998, S. 119).

Das Big Five Modell ist ab den späten achtziger Jahren populär geworden (Digman, 1990; John, 1990) und hat in den letzten zwanzig Jahren die Persönlichkeitspsychologie stark beeinflusst. Die Big Five fungieren als Referenzmodell unter den Persönlichkeitsmodellen (De Raad & Perugini, 2002a; Rolland, 2002). Die fünf Faktoren verfügen über eine beachtliche Reliabilität sowie Validität und bleiben während des Erwachsenenlebens relativ stabil (McCrae & Costa, 1990, 2003). Sie stehen allerdings auch im Zentrum feindseliger Auseinandersetzungen (siehe Kapitel 3.1.5). Die meisten Alternativmodelle stimmen jedoch in weiten Teilen mit dem Big Five Modell überein, basieren zum Teil sogar darauf, ordnen die fünf Dimensionen lediglich anders an oder fügen weitere Dimensionen hinzu (Rolland, 1996).

Das Modell geht davon aus, dass es fünf grundlegende Dimensionen der Persönlichkeit gibt, die den Eigenschaftsbegriffen zugrunde liegen, mit denen die Menschen sich und andere beschreiben. Die fünf Faktoren stellen eine Taxonomie, ein Klassifikationssystem ähnlich dem Periodensystem der Elemente in der Chemie dar. Mit seiner Hilfe können Menschen beschrieben werden und zwar so, dass die wichtigsten Unterscheidungsdimensionen berücksichtigt werden.

Das Modell ist vorwiegend deskriptiv. Es stellt keine Theorie dar, sondern beschreibt lediglich ein Phänomen, das potentiell allgemeingültig ist (Ostendorf & Angleitner, 1994b). Ostendorf und Angleitner (1994b) halten den Mangel an Theorie jedoch nicht unbedingt für eine Schwäche. Für sie gehen Taxonomien der Analyse kausaler Beziehungen voraus, sie stellen eine gute Basis zur Formulierung korrekter Theorien dar. Als Vertreter des lexikalischen Ansatzes sehen sie das Modell lediglich als Bezugsrahmen für die Taxonomie phänotypischer Persönlichkeitseigenschaften.

Den Mangel an theoretischer Fundierung versuchen einige Autoren zu beheben, indem sie die Dimensionen in eine Beziehung zu konsistenten Arten von Interaktionen setzen (evolutionäre Basis, Rolland, 2002) oder auch den Versuch unternehmen, die Big Five in eine Theorie einzubetten, so geschehen von Costa und McCrae (1999, siehe Kapitel 3.2).

Das Fünf-Faktoren-Modell stellt ein umfangreiches, valides und benutzerfreundliches System der Persönlichkeitsbeschreibung dar, mit Hilfe dessen sich Forscher und Praktiker in einer gemeinsamen Sprache über Persönlichkeit verständigen können (Ostendorf & Angleitner, 2004). Diese Taxonomie wurde nie als umfassende Theorie zur Persönlichkeit konzipiert, sondern rein als Strukturmodell zur Ordnung und Strukturierung von Persönlichkeitseigenschaften. In diesem Sinne ist es auch ein beschreibendes Modell, kein im engeren Sinne erklärendes. Es konzentriert sich mehr auf Regelmäßigkeiten im Verhalten, weniger auf dynamische Prozesse oder Entwicklungen. Zudem fokussiert das Modell Variablen anstatt Individuen (John & Srivastava, 1999). Der Vorteil der Big Five liegt eindeutig in ihrer enormen Breite, weniger in ihrer Genauigkeit.

Es bleibt festzustellen, dass die Big Five nomothetische Dimensionen sind, die aus Korrelationen der Persönlichkeitscharakteristika zwischen, nicht innerhalb eines Individuums entstanden sind. Sie stellen eine generelle Struktur der Eigenschaften über eine Stichprobe von Personen hinweg dar. Idiographische Analysen sind notwendig, um die spezifische Konfiguration und dynamische Organisation der Persönlichkeitseigenschaften eines Individuums zu erklären. Es muss noch untersucht werden, auf welche Art und Weise sich die Big Five Dimensionen zu einer kohärenten Persönlichkeit eines Individuums kombinieren und ob es Gruppen von Individuen gibt, die ähnliche Konfigurationen dieser Dimensionen besitzen (John, 1990).

Der Titel „Big Five“ spiegelt ursprünglich bei Goldberg (1981) keine besondere intrinsische Größe wider, sondern bezieht sich auf die extreme Breite der Faktoren. Obwohl in der Forschung Einigkeit herrscht bezüglich der Robustheit und Replizierbarkeit der Fünf-Faktoren-Struktur (Borkenau & Ostendorf, 1993), gibt es große Unterschiede in der adäquaten Benennung der fünf Faktoren. Digman (1990) gibt hierzu einen Überblick (siehe Tabelle 1).

Tabelle 1: Benennung der fünf Faktoren nach Digman (1990)*

Autor	I	II	III	IV[2]	V
Fiske (1949)	social adaptability	conformity	will to achieve	emotional control	inquiring intellect
Eysenck (1970)	extraversion	psychoticism		neuroticism	
Tupes & Christal (1961)	surgency	agreeable-ness	dependability	emotionality	culture
*Norman*** *(1963)*	*surgency (extraversion)*	*agreeable-ness*	*conscentious-ness*	*emotional stability (vs. neuroticism)*	*culture*
Borgatta (1964)	assertiveness	likeability	task interest	emotionality	intelligence
Cattell (1957)	exvia	cortertia	superego strength	anxiety	intelligence
Guilford (1975)	social activity	paranoid disposition	thinking introversion	emotional stability	
Digman (1988)	extraversion	friendly compliance	will to achieve	neuroticism	intellect
Hogan (1986)	sociability & ambition	likeability	prudence	adjustment	intellectance
Costa & McCrae (1985)	extraversion	agreeable-ness	conscentious-ness	neuroticism	openness
Peabody & Goldberg (1989)	power	love	work	affect	intellect
Goldberg (1990)	*surgency*	*agree-ableness*	*conscentious-ness*	*emotional stability*	*intellect*
Buss & Plomin (1984)	activity	sociability	impulsivity	emotionality	
Tellegen (1985)	positive emotionality		constraint	negative emotionality	
Lorr (1986)	interpersonal involvement	level of socialization	self-control	emotional stability	independent
Amelang & Borkenau (1982)	*Extraversion*	*Dominanz*	*Selbstkon-trolle*	*Neuroti-zismus*	*Unabhängig-keit der Mei-nungsbildung*

[2] In der psycholexikalischen Tradition wird dieser Faktor eher Emotional Stability genannt, in der Tradition der Fragebogen eher Neurotizismus (De Raad, 2000, S. 95).

Autor	I	II	III	IV[3]	V
De Raad et al. (1988)	*extraversion*	*agreeable-ness vs. cold-heartedness*	*conscentious-ness*	*dominant-assured*	*intellec-tance-culture*
Ostendorf (1990)	*surgency / extraversion*	*agreeable-ness*	*conscentious-ness*	*emotional stability*	*culture*

* S. 423 Tabelle 1, ergänzt durch die Autorin
** Traditionelle Etikettierung der Faktoren

Angesichts dieser Vielzahl an Faktoren bzw. Faktorenbezeichnungen ist es nicht verwunderlich, dass neben vielen anderen Autoren John (1990, S. 78) die Frage stellte "which Big Five?" oder "whose Big Five?" oder in anderen Worten "It may appear as if each group of investigators has its own Big Five" (John, 1990, S. 78). Einige Variationen können sich bei derart breiten Dimensionen wie den Big Five natürlich immer ergeben. Unterschiede in den Faktorenlösungen entstehen auch, wenn Forscher unterschiedliche Variable als Ausgangspunkte benutzen oder nur bestimmte Teile des Bedeutungsspektrums eines Faktors erfassen. Zudem unterscheiden sich Forscher manchmal auch in ihren Faktorenbezeichnungen, obwohl sich die Struktur und der Inhalt der Faktoren nicht unterscheiden (siehe auch Kline & Barrett, 1983). Ein Beispiel sind die Faktoren seelische Gesundheit und Verhaltenskontrolle von Becker (2000) und die Konstrukte Neurotizismus und Introversion. Nach Kline (1987) gibt es angesichts deren Korrelationen und auch der Reliabilitäten keine Zweifel, dass sie identisch sind. Eine gemeinsame Vorgabe der interessierenden Konstrukte mit gleichzeitigem Einsetzen von Markiervariablen für jedes der Konstrukte "quickly reveals the same factor masquerading under different names as well as different factors under the same name" (Kline, 1987, S. 28).

John (1990) ist deshalb der Meinung, dass die Gemeinsamkeiten größer seien als sie auf den ersten Blick erscheinen. Er unternahm den Versuch, die verschiedenen Interpretationen der Faktoren in einer gemeinsamen Sprache konzeptionell abzubilden. Dazu nutzte er die 300 Items der Adjective Check List (Gough & Heilbrun, 1983). Diese Liste wurde ursprünglich entwickelt um die Eindrücke von Beobachtern von Personen in Gruppeninteraktionen einzufangen. Sie wird sehr vielseitig zur Beschreibung von realen oder imaginären Personen, Individuen oder Gruppen eingesetzt. Die aus dem Itempool gewonnenen Instrumente weisen gute konvergente Validität zum NEO-PI-R bzw. NEO-FFI auf (FormyDuval, Williams, Patterson & Fogle, 1995), dem wohl bekanntesten Fragebogen zur Er-

[3] In der psycholexikalischen Tradition wird dieser Faktor eher Emotional Stability genannt, in der Tradition der Fragebogen eher Neurotizismus (De Raad, 2000, S. 95).

fassung der Big Five (siehe Kapitel 3.1.6). John ließ die Adjektive dieser Liste von zehn geschulten Gutachtern den Kerndefinitionen der fünf Faktoren zuordnen. 112 Begriffe ließen sich eindeutig zuordnen und diese Markiervariablen dienten weiteren zehn Gutachtern zur Beurteilung von 280 Männern und Frauen. Das besondere an seinem Vorgehen war, dass die Beurteilung durch Gutachter aufgrund intensiver Beobachtung und Interviews geschah und nicht wie in den meisten vorangegangenen Studien über Selbst- und Bekanntenbeurteilung. Die resultierenden Facetten (prototypischen Beschreibungen) können nach Meinung des Autors als Bezugssystem dienen, um die Gemeinsamkeiten und Unterschiede zwischen den alternativen Konzeptionen der Big Five zu etablieren.

Trotzdem bleibt die Frage, welche Namen, Nummern oder Initialen man als Bezeichnung verwenden sollte. Am umstrittensten ist der fünfte Faktor "Culture, Openness to experience, Intellect" (De Raad & Van Heck, 1994): die Bezeichnung "Intellect" (Peabody & Goldberg, 1989) scheint nach neueren Befunden zu knapp, "Openness to experience" (Costa & McCrae, 1985) ist zwar breiter, als Begriff aber recht vage. Auch über die Bezeichnungen der anderen Faktoren kann man ausgiebig diskutieren, bessere Bezeichnungen für die Faktoren zu finden erscheint jedoch recht schwierig. John (1990) schlägt deshalb vor, bei den traditionellen Bezeichnungen zu bleiben, da diese den Vorteil haben, dass sie allgemein bekannt sind und benutzt werden. Entweder kann man seiner Ansicht nach die römischen Ziffern als Bezeichnung der Faktoren verwenden (und sich dabei merken, für was diese stehen) oder man nutzt folgende Eselsbrücke (Robert McCrae, zitiert nach John, 1990, S. 96):

E: Extraversion, Energy, Enthusiasm (I)

A: Agreeableness, Altruism, Affection (II)

C: Conscentiousness, Control, Constraint (III)

N: Neuroticism, Negative Affectivity, Nervousness (IV)

O: Openness, Originality, Open-Mindedness (IV)

Die Initialen ergeben als Anagramm den "OCEAN" der Persönlichkeitsdimensionen.

Saucier (1998) ist der Meinung, das Problem der Bezeichnung der fünf Faktoren liegt in ihrem hohen Abstraktionsgrad. "Broad factors have the disadvantage of being in effect composed of many variables, and thus possessing some definitional ambiguity. As an alternative to seeking one perfect label, it may be best to think of each of the Big Five as a parsimonious composite of more specific attributes, like affection and patience" (Saucier, 1998, S. 264). Er identifizierte im

NEO-FFI 13 Subkomponenten, sogenannte Facetten, die weitestgehend den Inhalten der 30 Subskalen des NEO-PI-R entsprechen und die damit ein differenzierteres Bild einer Person ermöglichen als die fünf breiten Faktoren höherer Ordnung. Saucier und Ostendorf (1999) schlagen in einer sprachübergreifenden Studie auf Grundlage von englischen und deutschen Adjektiven 18 Subkomponenten vor, die "a more finely faceted, replicated model for the Big Five" darstellen (Saucier & Ostendorf, 1999, S. 625). An dieser Stelle erscheint es jedoch notwendig, zunächst einmal die fünf breiten Faktoren näher zu betrachten.

3.1.1 Begriffsbestimmung

Obwohl es unter den meisten Autoren einen weitgehenden Konsens darüber gibt, dass sich die wichtigsten Persönlichkeitseigenschaften mit Hilfe fünf orthogonaler Faktoren darstellen lassen (Digman, 1990; Goldberg, 1990; John, 1990), gibt es immer noch keine Übereinstimmung bezüglich einer angemessenen Beschreibung der Faktoren. Alle Faktoren werden als Kontinuen angesehen und sind bipolar (Viswesvaran & Ones, 2000). Sie sollten nicht als Typen oder Kategorien missverstanden werden.

Das am häufigsten zur Messung der Big Five eingesetzte Instrument ist der NEO-PI-R, der seit 2004 in einer überarbeiteten Fassung vorliegt (Ostendorf & Angleitner, 2004). Die Beschreibung der Faktoren stützt sich an dieser Stelle auf dieses Erfassungsinstrument. Wie bereits erwähnt, unterscheiden sich Forscher im Fünf-Faktoren-Modell jedoch in ihrer Definition der fünf Faktoren, speziell die Unterfacetten sind zumeist umstritten.

Extraversion (Extraversion, Surgency)

Extraversion ist eine klassische Dimension, die in fast allen multidimensionalen Persönlichkeitsinventaren vorkommt. Sie spiegelt die Quantität und Intensität der (sozialen) Beziehungen zur Umwelt wider. Extraversion bezieht sich auf die Tendenz, mit Vertrauen und Enthusiasmus Kontakt zur Umwelt zu suchen und Erfahrungen positiv auszuleben.

Personen mit einer hohen Ausprägung in diesem Bereich sind gesellig, gesprächig, freundlich und aktiv. Sie fühlen sich in Gesellschaft anderer wohl, sind durchsetzungsfähig, selbstbewusst und optimistisch. Sie sind im Allgemeinen gute Unterhalter. Im Gegensatz dazu werden Personen mit einer niedrigen Ausprägung als introvertiert bezeichnet: sie sind zurückhaltend, ruhig und bedachtsam. Sie bevorzugen es allein zu sein, sind dabei aber nicht unglücklich oder pessimistisch, es fehlt schlicht die überschäumende Haltung der Extravertierten.

Unterfacetten des Faktors sind Herzlichkeit, Geselligkeit, Durchsetzungsfähigkeit, Aktivität, Erlebnishunger und Frohsinn.

Verträglichkeit (Agreeableness)

Verträglichkeit beschreibt die Art der Beziehungen zu anderen. Die Dimension weist eine starke interpersonelle Komponente auf, ähnlich wie Extraversion. Sie unterscheidet sich von Extraversion, indem sie mehr die Qualität der Beziehung betrachtet (Freundlichkeit/Empathie versus Zynismus/Feindseligkeit). Mit einer hohen Ausprägung ist eine Person hilfsbereit, entgegenkommend, gutmütig und begegnet anderen Menschen mit Wohlwollen. Sie neigt bei Auseinandersetzungen dazu nachzugeben. Mit einer niedrigen Merkmalsausprägung ist eine Person egozentrisch, misstrauisch, zeigt wenig kooperatives Verhalten und ist wettbewerbsorientiert.

Unterfacetten des Faktors sind Vertrauen, Freimütigkeit, Altruismus, Entgegenkommen, Bescheidenheit und Gutherzigkeit.

Gewissenhaftigkeit (Conscientiousness)

Gewissenhaftigkeit beinhaltet Aspekte wie Beständigkeit des Verhaltens und Impulskontrolle sowie Elemente wie Erfolgs- und Aufgabenorientierung, Organisation und Gründlichkeit.

Personen mit einer hohen Ausprägung in diesem Bereich sind zielstrebig, willensstark und entschlossen. Sie sind ordentlich und pflichtbewusst. Personen mit einer geringen Ausprägung verfolgen ihre Ziele mit weniger Engagement, sind eher unordentlich, nachlässig, inkonsequent und unzuverlässig.

Unterfacetten des Faktors sind Kompetenz, Ordnungsliebe, Pflichtbewusstsein, Leistungsstreben, Selbstdisziplin und Besonnenheit.

Neurotizismus (Neuroticism)

Neurotizismus ist ebenfalls eine klassische Dimension, die auch in den meisten Persönlichkeitsmodellen auftaucht. Dieser Faktor beschreibt, wie stark positive und negative Emotionen erlebt werden. Neurotizismus beschreibt die Neigung, die Realität als problematisch, bedrohlich und schwierig wahrzunehmen oder zu konstruieren und negative Emotionen (z. B. Angst, Ärger, Scham) zu empfinden. Eine hohe Ausprägung in dieser Skala bedeutet, dass eine Person generell empfindlicher, leichter aus dem Gleichgewicht zu bringen ist und in Stresssituationen eher verärgert, traurig, verlegen, ängstlich, beschämt, erschüttert oder besorgt reagiert. Personen mit einer niedrigen Ausprägung in diesem Bereich beschreiben sich als ausgeglichen, robust, emotional stabil und nicht leicht aus der Fassung zu bringen. Sie erleben Gefühlszustände nicht sehr stark.

Unterfacetten des Faktors sind: Reizbarkeit, Ängstlichkeit, Depression, Befangenheit, Impulsivität und Verletzlichkeit.

Offenheit für Erfahrungen / Kultur / Intellekt (Openness to experience, Culture Intellect)

Offenheit subsummiert Verhaltensweisen wie die aktive Suche nach und die Vorliebe für neue Erfahrungen. Dies zeigt sich in einem weiten Interessensbereich und einem Verlangen nach neuen und ungewöhnlichen Erfahrungen.

Eine hohe Merkmalsausprägung bedeutet Interesse an neuen Erfahrungen, Erlebnissen und Eindrücken. Die Personen haben eine rege Phantasie, lassen sich auf neue Ideen ein und sind unkonventionell in ihren Wertvorstellungen. Personen mit einer niedrigen Merkmalsausprägung sind eher konventionell und konservativ eingestellt. Sie ziehen Bewährtes dem Neuen vor und ihr Interessensbereich ist eingeschränkt.

Unterfacetten des Faktors sind Phantasie, Ästhetik, Gefühle, Handlungen, Ideen und Werte.

Die alternative Bezeichnung Intellekt für diesen fünften Faktor betont den Aspekt der Kompetenz, die Bezeichnung Offenheit für Erfahrungen hingegen betont Motive und Interessen (Trapnell, 1994). In der Tradition des lexikalischen Ansatzes wird der Begriff Intellekt bevorzugt. McCrae als Vertreter des Fragebogenansatzes hält dies zwar für „verständlich" (1994, S. 253), für ihn ist jedoch Offenheit für Erfahrung ein geeignetes Label für den fünften Faktor, da dieser seiner Ansicht nach eine Präferenz für Neues und Andersartiges beschreibt, das fast jeden Aspekt des Lebens umfasst wie beispielsweise politische Ansichten, musikalische Präferenzen oder auch Sexualität (siehe dazu auch R. L. Piedmont & Aycock, 2007).

Die Faktoren Verträglichkeit und Gewissenhaftigkeit werden auch als so genannte Charakterfaktoren bezeichnet, die Faktoren Extraversion, Neurotizismus und Offenheit für Erfahrungen als Temperamentfaktoren (Ten Berge & De Raad, 2002).

Neurotizismus enthält negative Gefühle wie z. B. Angst, Reizbarkeit und nervöse Anspannung. Extraversion und Verträglichkeit beinhalten interpersonale Wesenszüge, d. h. was Menschen miteinander und einander tun. Der Faktor Gewissenhaftigkeit beschreibt aufgaben- und zielgerichtetes Verhalten und die sozial erforderliche Triebkontrolle. Offenheit für Erfahrungen enthält Breite und Komplexität des mentalen Lebens eines Menschen wie z. B. proaktive Suche nach Erfahrungen und Toleranz gegenüber Unbekanntem (Pervin, Cervone & John, 2005).

Die fünf Faktoren umfassen hingegen keine Einstellungen, Werthaltungen, gesundheits- und sexualitätsbezogene Eigenschaften sowie stark sozial erwünschte oder unerwünschte Eigenschaften (Asendorpf, 1999).

3.1.2 Entwicklung der Big Five

Einen guten Überblick über die Forschung zum Fünf-Faktoren-Modell bieten Ostendorf und Angleitner (1994b, siehe Abbildung 3). Die Forschung zu diesem Modell steht vorwiegend in der Tradition des lexikalischen Ansatzes (siehe Kapitel 3.3).

Abbildung 3: Historischer Überblick nach Ostendorf und Angleitner (1994b)*

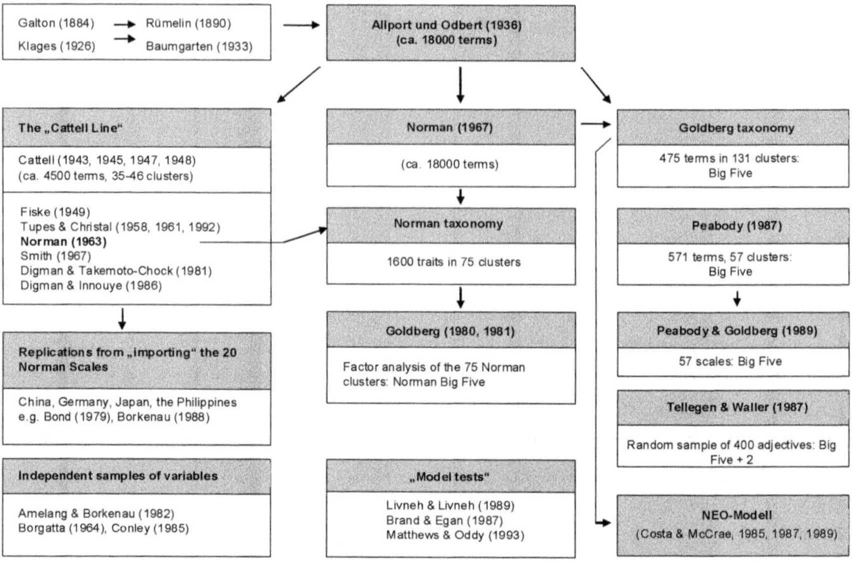

* S. 178

Nachdem Klages bereits (1926) darauf hingewiesen hatte, dass eine sorgfältige Analyse der Sprache das Verständnis von Persönlichkeit fördere, durchsuchten Allport und sein Kollege Odbert (1936) das 550 000 Worte umfassende Websters New International Dictionary aus dem Jahr 1925 "[to] distinguish the behavior of one human being from that of another" (Allport & Odbert, 1936, S. 24). Das Ergebnis war eine Liste von Adjektiven, Substantiven und Partizipien, die Persönlichkeitseigenschaften beschreiben: die Liste umfasste 17 953 Worte – diese Liste erschien "like a semantic nightmare". Die Untergruppe "personal traits", persönlichkeitsbeschreibende Begriffe, die konsistente und stabile Formen der Anpassung eines Individuums an seine Umgebung beschreiben, beinhaltete immerhin noch 4504 Worte und bildete zusammen mit einer kleinen Gruppe "passing activities and temporary states" die Grundlage für Cattells Persönlichkeitsmodell (Cattell, 1943). Die dritte und vierte Kategorie waren "evaluative judgments" und "physical characteristics".

Cattells Ziel war die Erfassung und Beschreibung der Gesamtpersönlichkeit. Sein System beruht auf Faktorenanalysen von Peer Ratings von Collegestudenten, später wurden sowohl Q-Daten (Questionnaires) als auch O-Daten (objektive Tests) und L-Daten (Live records) zugrunde gelegt. Er fand 35 Cluster von Variablen, die jeweils 6-12 Elemente enthielten. "The system, however, was of daunting complexity, employing a minimum of 16 primary factors and 8 second-order factors" (Digman, 1990, S. 419). Cattell interpretierte diese Faktoren als kausale Determinanten der Persönlichkeit. Bereits Banks (1948) bot eine einfachere Analyse von Cattells Korrelationen an. Fiske (1949) konnte die komplexen Faktoren von Cattell ebenfalls nicht replizieren, er fand fünf Faktoren, die den heutigen Big Five Faktoren schon recht ähnlich waren.

Ende der 50er Jahre unternahm Tupes für die U. S. Air Force den Versuch, die Leistungsfähigkeit ihrer Offiziere vorherzusagen. Tupes und Christal (1961) berichteten die Ergebnisse ihrer Faktorenanalysen der 35 bipolaren Skalen von Cattell mit eigenen Stichproben und einer Reanalyse jeweils zweier veröffentlichter Korrelationsmatrizen von Cattell und Fiske (1949). Sie kamen wie Fiske auf fünf Faktoren: Surgency, Agreeableness, Dependability, Emotional Stability and Culture (Tupes und Christal, 1961 zitiert nach Digman, 1990). Die Veröffentlichung ihrer Ergebnisse in einem technischen Bericht der U. S. Air Force blieb jedoch weitgehend unbeachtet. Erst 1992 wurden sie noch einmal im Journal of Personality veröffentlicht (Tupes & Christal, 1992). Bereits zu diesem frühen Zeitpunkt meinten die Autoren Konsistenz und Stabilität der fünf Faktoren zu erkennen. Tupes und Christal können somit auch als „Väter" des Fünf-Faktoren-Modells bezeichnet werden.

Ergebnisse vieler weiterer Studien (siehe linker Strang des Schaubilds, z. B. Reanalysen nach Digman & Takemoto-Chock, 1981) bestätigten die fünffaktorielle Struktur. Letztlich waren jedoch die Grundlage dieser Studien immer die 35 Variablencluster von Cattell, die von ihm in einer nicht nachvollziehbaren Art und Weise ("nonreplicable way", Ostendorf & Angleitner, 1994b, S. 179) zusammengestellt wurden und deshalb nicht repräsentativ für die gesamte Breite der Persönlichkeit sein müssen.

Norman (1967) reduzierte die Liste von Allport und Odbert (1936) auf 2800 gebräuchliche Eigenschaftsworte. Gesundheitsbezogene Bezeichnungen oder stark wertende Bezeichnungen (z. B. bösartig) schloss er aus, da seiner Meinung nach diese Eigenschaften nicht gut zwischen Personen differenzieren. Studenten beurteilten sich selbst anhand dieser Begriffe und bewerteten deren Verständlichkeit. Das Ergebnis war eine Liste von 1556 Eigenschaftsworten. Norman ordnete diese Eigenschaftsworte anhand ihrer semantischen Ähnlichkeit den 10 Polen des Fünf-

Faktoren-Modells zu und gruppierte sie in 75 Synonymcluster. Faktorenanalysen ergaben eine klare Replikation der fünf Faktoren, die „Norman Big Five".

Goldberg (1981) replizierte ebenfalls die Big Five, indem er die (leicht veränderten) Synonymcluster von Norman verschiedenen Faktorenanalysen unterzog. Bei diesen Replikationen muss jedoch stets beachtet werden, dass die Big Five bereits als Sortierkriterium herangezogen wurden (Ostendorf & Angleitner, 1994b). Goldberg war auch der erste Autor, der die fünf Faktoren als die „Big Five" bezeichnete (Goldberg, 1981, S. 159). Goldberg (1990) reduzierte im Anschluss Normans Liste auf 339 Adjektive und 100 Cluster. Wörter, die sich auf Einstellungen, Werthaltungen, soziale Rollen oder Sexualität bezogen, wurden ausgeschlossen. Auch bei Goldberg beurteilten Studenten sich selbst und Bekannte in diesen Eigenschaftsworten, er bestätigte auch hier die Robustheit der Faktoren. Goldberg schlägt vor, die Adjektive in späteren Studien als Big-Five-Markiervariablen einzusetzen.

Peabody (1987) suchte ähnlich wie Norman unabhängig von Cattells Variablen nach einer repräsentativen Beschreibung der Persönlichkeit. Peabody nutzte eine interessante Methodenvariante, die Adjektivquartette (Bsp.: frank – discreet – indiscreet – secretive, nähere Erläuterungen siehe Peabody, 1987). Peabody baute auf der Vorarbeit von Cattell, Norman und Goldberg auf und erstellte aus drei existierenden Listen 571 englische Traitbegriffe. Er klassifizierte für seine Untersuchungen letztlich 57 semantisch und evaluativ gegensätzliche Skalen. Faktorenanalysen ergaben sechs Faktoren, wobei allerdings die drei ersten Faktoren dominierten. Trotzdem geht der Autor von einer hohen Ähnlichkeit zu den „Big Five" aus.

Die Ergebnisse dieser Studie und weiterer Studien von Peabody und Goldberg (1989) mit ihrer rationalen Variablenselektion und ihren von Cattell unabhängigen Variablensätzen bestätigten die Struktur der Big Five, wenn sich die Bezeichnung der Faktoren auch von denen anderer Autoren unterschied und diese eher als „Varianten der Big Five" interpretiert werden können (siehe Tabelle 1).

Generell konnte die Fünf-Faktoren-Struktur zumeist in den Studien bestätigt werden, in denen unselektierte Itemstichproben und Stichproben mit möglichst breitem Inhalt faktorisiert wurden (Borkenau & Ostendorf, 1990; Ostendorf & Angleitner, 1994b). Eine ausführlichere Darstellung der historischen Entwicklung des Fünf-Faktoren-Modells findet sich in John, Angleitner und Ostendorf (1988), Digman (1990), John (1990), Ostendorf (1990) oder Ostendorf und Angleitner (1994b).

Zusammenfassung

Es wird deutlich, dass Untersuchungen der fünf Faktoren überwiegend in der Form stattfanden, dass eigenschaftsbeschreibende Begriffe in Form von Ratingskalen Probanden zur Selbst- oder Bekanntenbeurteilung vorgegeben wurden (Ostendorf, 1990). In den allermeisten Studien, wovon die oben aufgeführten nur eine kleine Auswahl darstellen, wurde eine Fünf-Faktoren-Struktur gefunden, zumindest wurden immer Varianten der Big Five Faktoren gefunden. Es wurde kein anderer robuster Faktor unter den ersten fünf Faktoren ermittelt, der sich inhaltlich nicht durch die traditionellen Faktoren erklären hätte lassen. Die Frage nach der hinreichenden Anzahl an Faktoren bleibt jedoch aktuell. Beispielsweise wird die Hinzunahme eines weiteren Faktors diskutiert, der in Beziehung zu Moral und Ehrlichkeit steht (Ashton, Lee & Son, 2000).

3.1.3 Anwendungsbereich des Modells

Borkenau & Ostendorf (1993) geben folgende Empfehlungen für den Anwendungsbereich von Messinstrumenten, die auf dem Fünf-Faktoren-Modell basieren: diese Instrumente sollten eingesetzt werden, „wenn weniger an spezifischen Persönlichkeitskonstrukten Interesse besteht als vielmehr an einer groben, aber vollständigen Erfassung der Bereiche individueller Unterschiede“ (Borkenau & Ostendorf, 1993, S. 8). Sie bezeichnen diese Art der Instrumente als Breitbandverfahren, die einen „Überblick über die Ausprägung der Probanden auf den wichtigsten Dimensionen individueller Persönlichkeitsunterschiede“ (Borkenau & Ostendorf, 1993, S. 8) bieten. Costa und McCrae empfehlen darüber hinaus psychologische Beratung, klinische Psychologie und psychiatrische Diagnose als Einsatzbereich des NEO-PI-R sowie des NEO-FFI (Costa und McCrae, zitiert nach Amelang & Bartussek, 2001). Die Autoren befürworten einen Einsatz der Fragebögen zur Persönlichkeitsbeschreibung von Erwachsenen und Jugendlichen ab 17 Jahren.

Der für die vorliegende Untersuchung weitaus interessantere Anwendungsbereich ist der berufliche Bereich (siehe Kapitel 3.1.4). Persönlichkeitsmerkmale haben generell einen bedeutsamen Einfluss auf das berufliche Verhalten und den beruflichen Erfolg einer Person und damit mittelbar auch auf den Erfolg des Unternehmens (Ostendorf & Angleitner, 2004). Im Folgenden wird kurz auf den Einsatz im beruflichen Bereich eingegangen.

Es gibt deutliche Zusammenhänge zwischen Persönlichkeitseigenschaften und Berufsinteressen (De Fruyt & Mervielde, 1996): Personen mit einer hohen Merkmalsausprägung in Offenheit wählen eher künstlerische und forschungsorientierte Berufe (z. B. freie Autoren, Journalisten), Personen in Verkaufsberufen haben im

Allgemeinen hohe Werte im Bereich Extraversion. Gewissenhaftigkeit erwies sich generell als guter Prädiktor für die berufliche Entwicklung.

In einer Metaanalyse untersuchten Judge, Heller und Mount (2002) die Beziehung zwischen Persönlichkeitsmerkmalen und Berufszufriedenheit. Hohe berufliche Zufriedenheit korreliert mit hohen Werten in Extraversion und Gewissenhaftigkeit sowie mit niedrigen Werten in Neurotizismus. Die Korrelationen betrugen für Extraversion .25, Gewissenhaftigkeit .26, Neurotizismus -.29. Für Verträglichkeit und für Offenheit konnten keine signifikanten Korrelationen festgestellt werden.

Hogan und Ones (1997) halten das Fünf-Faktoren-Modell für hilfreich zur Vorhersage beruflicher Leistungen. Der praktische Wert für den Arbeitgeber wird jedoch auch angezweifelt, eine Studie über Persönlichkeitsinventare am Arbeitsplatz erbrachte eher schwache und verwirrende Ergebnisse (Anderson & Ones, 2003). Untersucht wurde die Konstruktvalidität dreier gängiger Persönlichkeitsverfahren im beruflichen Kontext: das Hogan Personality Inventory (HPI), der Occupational Personality Questionnaire (OPQ) und der Business Personality Indicator (BPI). Bei allen Verfahren waren die Reliabilitäten der Skalen geringer als in den Testhandbüchern berichtet und die Faktorenstruktur konnte nicht repliziert werden. Anderson und Ones raten deshalb zur Vorsicht beim Einsatz von Persönlichkeitsinventaren im Personalauswahlprozess. Auch Schmitt, Gooding, Noe und Kirsch (1984) kamen in einer Metaanalyse zu dem Schluss, dass Persönlichkeitsinventare eine geringere prognostische Validität aufweisen als kognitive Fähigkeitstests oder Arbeitsproben.

3.1.3.1 Einsatz bei Jugendlichen

Mit nur wenigen Ausnahmen basieren die Arbeiten zum Fünf-Faktoren-Modell der Persönlichkeit auf Studien mit Erwachsenen.

Digman (1989) jedoch untersuchte die Eignung der Big Five zur Beschreibung von Persönlichkeitseigenschaften von Kindern und Jugendlichen. Es zeigte sich, dass sich Lehrerurteile über Jugendliche gut in einer Fünf-Faktoren-Struktur abbilden lassen, ein Befund, den Asendorpf und van Aaken (1999) in Bezug auf Elternbeurteilungen 12-jähriger Kinder bestätigten. Die Big Five beschreiben demnach auch die Persönlichkeit von Kindern (s. auch Asendorpf, 1999). Mervielde und De Fruyt (1999) entwickelten das Hierarchical Personality Inventory for Children (HiPIC, siehe Kapitel 3.1.6), ein Inventar zur Beschreibung individueller Unterschiede zwischen Kindern im Alter von sechs bis zwölf Jahren. Unter die fünf höheren Bereiche Extraversion, Gutmütigkeit, Gewissenhaftigkeit, emotionale Stabilität und Phantasie sind 144 Items subsummiert, die konzeptionell und empirisch den Big Five zugeordnet werden können.

Costa und McCrae (2002) konnten zeigen, dass die Mittelwerte von Jugendlichen in den Faktoren Extraversion, Verträglichkeit, Gewissenhaftigkeit und Neurotizismus denen der Erwachsenenpopulation gleichen. Kleine altersbedingte Effekte scheint es dennoch zu geben: Vor allem ältere Erwachsene weisen geringere Werte in Neurotizismus, Extraversion und Offenheit sowie höhere Werte in Verträglichkeit und Gewissenhaftigkeit auf als junge Erwachsene Anfang zwanzig. Kulturübergreifend scheinen Menschen mit zunehmendem Alter gewissenhafter zu werden (McCrae & Costa, 2003; McCrae et al., 2000).

Eine estnische Forschergruppe (Allik, Laidra, Realo & Pullmann, 2004) gab eine estnische Übersetzung des NEO-FFI in einer Gruppe von 2650 Jugendlichen vor. Die Mittelwerte in den Faktoren Verträglichkeit und Gewissenhaftigkeit sanken im Durchschnitt in dieser Querschnittsuntersuchung zwischen 12 und 18 Jahren, die Werte im Faktor Offenheit stiegen in diesem Zeitraum an. Die Fünf-Faktoren-Struktur war bereits in der Stichprobe der 12-jährigen feststellbar, die über Selbsteinschätzung erfasste Struktur der Persönlichkeitseigenschaften differenzierte sich aber erst im Alter von 14 bis 15 Jahren. Im Alter von 16 Jahren ist die Persönlichkeitsstruktur nach Meinung der Autoren praktisch nicht mehr von Erwachsenen zu unterscheiden. Allik et al. schließen aus den Ergebnissen, “that a certain amount of mental ability is required for observing one's personality dispositions and for formulating reliable self-reports on the basis of these observations” (Allik et al., 2004, S. 458). Dies steht im Einklang mit dem Befund, dass intelligentere Individuen eine größere Differenzierung der Persönlichkeit aufweisen (Brand, Egan & Deary, 1994).

Im Übergang von der Kindheit zum jungen Erwachsenenalter finden große Veränderungen statt, beispielsweise der Auszug aus dem Elternhaus, erste ernsthafte Partnerschaften oder der Eintritt ins Berufsleben. Untersuchungen zur Stabilität der Persönlichkeit in dieser Zeit zeigen, dass sich die Gewissenhaftigkeit eher erhöht und Neurotizismus vermindert (Asendorpf & Wilpers, 1998; Neyer & Asendorpf, 2001), während die Befunde zu Extraversion nicht eindeutig sind (Carmichael & McGue, 1994; McGue, Bacon & Lykken, 1993; Robins, Fraley, Roberts & Trzesniewski, 2001; Viken, Rose, Kaprio & Koskenvuo, 1994).

In einer Längsschnittstudie über 2,5 Jahre an Collegestudenten mit einem Durchschnittsalter von 21 Jahren zum ersten Messzeitpunkt ergaben sich deutliche Veränderungen der Mittelwerte in den Big Five: Extraversion, Verträglichkeit, Gewissenhaftigkeit und Offenheit erhöhten sich zum zweiten Messzeitpunkt (Vaidya, Gray, Haig & Watson, 2002).

An einer Stichprobe bestehend aus belgischen Jugendlichen konnte die Fünf-Faktoren-Struktur gut repliziert werden (De Fruyt, Mervielde, Hoekstra & Rolland, 2000). Mit Ausnahme der emotionalen Stabilität gelang dies auch Baker,

Victor, Chambers und Halverson (2004) mithilfe konfirmatorischer Faktorenanalysen in einer Multitrait-Multimethod Matrix, die Erhebungsmethoden waren dabei Selbstbeschreibung sowie Beschreibung durch Gleichaltrige und Lehrer.

Generell besteht weitgehende Einigkeit darüber, dass die Persönlichkeit im Alter von 18 bis 30 Jahren weniger stabil ist. Grund dafür scheinen wichtige Lebensereignisse wie der Auszug aus dem Elternhaus, Eintritt in den Arbeitsmarkt bzw. Antritt eines (Universitäts-)Studiums oder auch Heirat zu sein (Haan, Millsap & Hartka, 1986). Nichtsdestotrotz spricht angesichts der dargestellten Ergebnisse nichts gegen die Gültigkeit des Fünf-Faktoren-Modells bei jungen Erwachsenen.

3.1.3.2 Kulturübergreifende Gültigkeit

Die kulturübergreifende Gültigkeit ist einer der größten aktuellen Streitpunkte innerhalb des Big Five Modells (Blumberg, 2001; Rolland, 2002). Die Faktoren des Modells wurden ursprünglich in der amerikanisch-englischen Sprache gefunden, bis in die 90er Jahre waren sprachübergreifende Studien recht selten. Einige Autoren wie beispielsweise Goldberg postulieren jedoch, dass es sich um universelle Persönlichkeitsfaktoren handelt.

Es gibt zwei Hauptforschungsrichtungen zu diesem Streitpunkt (Rolland, 2002). Die emische Richtung versucht die spezifischen Konstrukte einer einzelnen Kultur zu entdecken, indem spezifisches linguistisches Material gesammelt wird. Die etische Richtung überprüft, ob die Konstrukte, welche man in einer spezifischen Kultur gefunden hat, in einem anderen Kontext wieder gefunden werden können und versucht damit Allgemeingültiges zu entdecken. Studien, die auf einem psycho-lexikalischen Ansatz basieren, beruhen meist auf den emischen Ansatz, Studien, die Markiervariablen oder standardisierte Instrumente zur Erfassung der Big Five (Kapitel 3.1.6) benutzen, sind meist dem etischen Ansatz zuzuordnen.

Die Verallgemeinerbarkeit der fünf Faktoren erscheint vor allem im emischen Ansatz und im psycho-lexikalischen Bereich der Forschung problematisch. Für Ostendorf und Angleitner (1994b) ist es bei der Frage nach der Universalität der Big Five nicht ausreichend, Instrumente wie Cattells Variablenliste oder die Norman Skalen in andere Sprachen zu übersetzen und die Fünf-Faktoren-Struktur zu replizieren. Die grundlegende Annahme des lexikalischen Ansatzes macht es im Gegenteil notwendig, das Vokabular einer Sprachgemeinschaft hinsichtlich der Beschreibung der Persönlichkeit zu analysieren. Dass dabei nicht zwangsläufig unterschiedliche Strukturen gefunden werden, zeigt eine Untersuchung von Hofstee, Kiers, De Raad, Goldberg und Ostendorf (1997). Im holländischen und deutschen Sprachraum ist die Faktorenstruktur weitgehend konsistent: Es ergeben sich Kongruenzkoeffizienten mit einer durchschnittlichen Höhe von .73 bis .80

(Hofstee et al., 1997, S. 24) und dies auch mit der Faktorenstruktur aus dem amerikanisch-englischen Sprachraum (siehe dazu auch Angleitner, Ostendorf & John, 1990). Mlačić (Mlacic & Goldberg, 2007; Mlacic & Ostendorf, 2005) kommt in seinen Studien zur Struktur und Taxonomie von kroatischen persönlichkeitsbeschreibenden Adjektiven zu ähnlichen Ergebnissen. Die kulturübergreifende Invarianz individueller Unterschiede scheint auch in diesem Ansatz größer zu sein als dies Anthropologen postulieren. De Raad stellt jedoch fest, dass es "cross-Atlantic cultural differences" gibt: jeglicher Vergleich von Ergebnissen zur Persönlichkeitsstruktur in einer europäischen Sprache mit Ergebnissen in amerikanisch-englischer Sprache ergibt geringere Kongruenzen als Vergleiche von Ergebnissen verschiedener europäischer Sprachen (Peabody & De Raad, 2002). Seiner Meinung nach ist es generell unwahrscheinlich, dass eine und nur eine kulturübergreifend valide Eigenschaftsstruktur gefunden werden kann. Realistischer sei es, in unterschiedlichen Sprachen nach akzeptablen Entsprechungen der Big Five Faktoren zu suchen. "The simplistic (a posteriori) basis of FFM[4], as it is derived from colloquial usage of language, makes the model and its tools intrinsically bound to the culture and language that spawned it. Different cultures and different languages should give rise to other models that have little chance of being five in number nor of having any of the factors resemble those derived from the linguistic / social network of Middle-Class Americans" (Botwin, 1996, S. 864). De Raad (2000) fasst die Ergebnisse von Studien zur kulturübergreifenden Gültigkeit der Big Five im psycho-lexikalischen Ansatz folgendermaßen zusammen: die Konturen der hypothetischen Big Five sind in jeder einzelnen nationalen Eigenschaftsstruktur zu erkennen, "the one and only", die autorisierte kulturübergreifend gültige Eigenschaftsstruktur scheint jedoch unmöglich zu finden.

In der Tradition einer etischen Forschungsrichtung unter der Nutzung „importierter" Instrumente hat sich die Fünf-Faktoren-Struktur bewährt. Es gibt aber auch alternative Modelle mit sechs (Ashton et al., 2004; Saucier, Georgiades, Tsaousis & Goldberg, 2005), sieben (Tellegen & Waller, 1987) oder auch nur einem Faktor (Boies, Lee, Ashton, Pascal & Nicol, 2001). Caprara (1994) sowie Szirmák und de Raad (1994) konnten im Italienischen und im Ungarischen nur einige der fünf Faktoren wieder finden. Caprara fand acht Faktoren (Neurotizismus, Extraversion, Offenheit, Empathie, Ordentlichkeit, Aktivität, Vertrauen, Männlichkeit), wobei "although not perfectly identified, all the NEO-PI factors emerged in one form or another" (Caprara, Barbaranelli & Comrey, 1995, S. 193). Szirmák und de Raad (1994) konnten die ersten vier Faktoren identifizieren, Barbaranelli und Caprara (1996) ebenso. Terraciano (2003) gelang jedoch mit kleinen Änderungen

[4] FFM = five factor model, Fünf-Faktoren-Modell

in der Übersetzung des NEO-PI-R eine enge Replikation der amerikanischen Faktorenstruktur. Perugini und Leone (1996) entwickelten eine Adjektivliste (SACBIF) zur Messung der Big Five in italienischer Sprache mit den klassischen fünf Faktoren und erzielten gute Reliabilität und konvergente Validität mit dem NEO-PI. In grober Verallgemeinerung kann man feststellen, dass in der italienischen und ungarischen Sprache moralische Eigenschaften stärker repräsentiert sind, während es in der deutschen Sprache intellektuelle Aspekte sind (De Raad, 1998). In Spanien hingegen konnten Studien mit Persönlichkeitsfragebögen die interne Struktur der Instrumente bestätigen, die erhaltene spanische Fünf-Faktoren-Struktur war der von Costa und McCrae sehr ähnlich (Silva et al., 1994). Die Big Five wurden generell in der spanischen Sprache recht gut repliziert (Aluja, Garcia, Rossier & Garcia, 2005; Boehm, Asendorpf & Avia, 2002).

Ergebnisse zur Faktorenstruktur des NEO-PI-R, in 16 verschiedenen Kulturen und Sprachen (unter anderem Deutsch, Niederländisch, Englisch, Französisch, Ungarisch, Italienisch, Tschechisch, Polnisch, Türkisch, Hebräisch, Koreanisch) von Rolland (2002) zeigen, dass Neurotizismus, Offenheit und Gewissenhaftigkeit gut kulturübergreifend verallgemeinerbar sind. Extraversion und Verträglichkeit scheinen sensibler in Bezug auf den kulturellen Kontext zu sein, einige Facetten der Dimensionen laden auf anderen Dimensionen. De Raad (1998) kommt hingegen zu dem Schluss, dass vor allem die Verallgemeinerbarkeit des fünften Faktors Kultur / Offenheit / Intellekt problematisch sei. Dies findet sich auch bei McCrae (2001; siehe auch McCrae & Costa, 1997; McCrae & Terracciano, 2005), der in einem Überblick kulturübergreifende Studien zum NEO-PI-R in 26 Kulturen aus den Jahren 1992 bis 2000 zusammenfasst. Er kommt zu dem Schluss, dass Reliabilität, Konstruktvalidität und Faktorenstruktur mit Einschränkungen im Faktor Offenheit in allen Versionen des NEO-PI-R angemessen ist. Eine Schlussfolgerung, zu der auch Saucier, Hampson und Goldberg (2000) kommen. Die drei Faktoren Extraversion, Verträglichkeit und Gewissenhaftigkeit waren in fast allen Studien wieder zu finden, Neurotizismus und Offenheit hingegen weniger zuverlässig.

Anzumerken bleibt, dass Studien über die kulturübergreifende Replizierbarkeit lediglich aussagen, ob eine bestimmte Faktorenstruktur wiedergefunden wird. Sie treffen keine Aussage darüber, ob in anderen Kulturen andere Vorstellungen zur Definition des Individuums bedeutend sind (Pervin et al., 2005). Die aufgeführten Studien beschränken sich vorwiegend auf die westliche Kultur (selbst da gibt es keine völlige Übereinstimmung), komplett andere Vorstellungen der Persönlichkeit existieren in Ländern wie Bali, in welchem Vorstellungen von Individualität in dieser Art nicht vorkommen (Geertz, 1973).

3.1.4 Stellenwert der Big Five

Das Fünf-Faktoren-Modell wird in unzähligen Bereichen der Forschung eingesetzt: von der Beurteilung von Gesichtern (Henss, 1995) über die Konstruktvalidierung von Lernstrategien (Blickle, 1996, 1997) bis hin zum Vergleich von Polararbeitern mit einer Normpopulation (Steel, Suedfeld, Peri & Palinkas, 1997).

Das Fünf-Faktoren-Modell wurde zusammen mit anderen Systemen zur Beschreibung der Persönlichkeit und gut etablierten Tests unterschiedlicher theoretischer Fundierungen vorgegeben, um die postulierte fünffaktorielle Struktur zu prüfen (u. a. Digman, 1990; John, 1990; McCrae, 1989). McCrae, Costa & Busch (1986) verglichen beispielsweise den NEO-PI mit dem California Q-Set. Die Faktorenanalyse des California Q-Set ergab fünf Faktoren, die denen des NEO-PI entsprachen. Die Korrelationen der Faktoren des California Q-Set und des NEO-PI lagen zwischen .31 und .73 und waren durchgängig signifikant. Im Vergleich mit dem Minnesota Multiphasic Personality Inventory (MMPI) ließen sich vier der fünf Faktoren (Extraversion, Verträglichkeit, Neurotizismus und Offenheit für Erfahrungen) identifizieren (Costa, Busch, Zonderman & McCrae, 1986). Ziel dieser Studien war, das Fünf-Faktoren-Modell als Referenzmodell zu etablieren, das Forschungsergebnisse aus verschiedenen Traditionen der Persönlichkeitsforschung vergleichbar macht und integriert (Amelang & Bartussek, 2001). Eysencks Faktor Psychotizismus korreliert beispielsweise substantiell negativ mit den Faktoren Verträglichkeit und Gewissenhaftigkeit.

Andere Konzepte erfassen aufgrund einer bestimmten Theorie oder Problemorientierung nur Ausschnitte der Gesamtpersönlichkeit, weniger abstrakte Merkmale oder ähnliche Faktoren unter anderem Namen. Aufgrund des umfassenden Charakters und der Verwendung der alltäglichen Sprache des Fünf-Faktoren-Modells dient das System als "standard medium of communication" (De Raad, 1998, S. 120). Das Modell dient zudem der Entwicklung von Instrumenten zur Erfassung der Persönlichkeit (siehe Kapitel 3.1.6), es dient als Klassifikationssystem, als Grundlage zur Bildung von Theorien oder als „Landkarte" für die Einordnung der vielfältigen Forschung zu Persönlichkeit.

O'Connor (2002) untersuchte in einem quantitativen Überblick, wie umfassend das Fünf-Faktoren-Modell in Relation zu gängigen Persönlichkeitsinventaren ist. Die Varianzaufklärung sowie vergleichende Faktorenanalysen zeigen, dass mit dem Fünf-Faktoren-Modell die Faktoren der meisten Persönlichkeitsinventare gut repliziert werden können.

Prädiktive Validität des Fünf-Faktoren-Modells

Die Validität des Modells wurde sowohl innerhalb des psycho-lexikalischen Ansatzes wie auch mit Hilfe faktorenanalytischer Studien auf Item- und Skalenebene untersucht. Ostendorf und Angleitner (2004) ziehen das Fazit, dass die Konvergenz zwischen Adjektivfaktoren und Faktoren aus Fragebögen beeindruckend ist.

Rammstedt (2007) konnte zeigen, dass die fünf Faktoren für einen großen Bereich sozialwissenschaftlicher Variablen wie politisches Interesse und Engagement, Freizeitaktivitäten oder körperliche und seelische Gesundheit zusätzliche Varianzaufklärung bringen und somit die prädiktive Validität sozialwissenschaftlicher Untersuchungen deutlich erhöhen können.

Der meistuntersuchte Bereich ist jedoch die berufliche Leistung. Im Zeitraum zwischen 1990 und 2002 beschäftigten sich nicht weniger als 16 Metaanalysen mit dem Zusammenhang zwischen Persönlichkeit (erfasst über das Fünf-Faktoren-Modell) und beruflicher Leistung. Dies hat vor allem folgende drei Gründe: die Entwicklung der Methode der Metaanalyse, die Etablierung des Fünf-Faktoren-Modells als Bezugsrahmen für Persönlichkeit und einem Einstellungswandel: Der Persönlichkeit wird aktuell wieder eine hohe Bedeutung für die Eignung und Leistung in Schule und Beruf zugesprochen.

Barrick und Mount (1991) untersuchten in ihrer viel zitierten Metaanalyse die prädiktive Validität von Persönlichkeitseigenschaften in Bezug auf die berufliche Leistung. Kriterien waren dabei berufliche Gesamtleistung und Leistung in beruflichen Ausbildungsprogrammen von Polizisten, Managern und Verkäufern. Vor allem der Faktor Gewissenhaftigkeit zeigte über alle Untersuchungsgruppen in allen Kriterien der beruflichen Leistung gute prädiktive Validität. Extraversion war vor allem in den Gruppen der Manager und Verkäufer ein valider Prädiktor. Die Ergebnisse dieser Studie hatten zur Folge, dass Persönlichkeitseigenschaften wieder Eingang in den Bereich der Arbeits-, Betriebs- und Organisationspsychologie fanden. Eine spätere Studie (Barrick, Mount & Judge, 2001) bestätigte die Ergebnisse. Tett, Jackson und Rothstein (1991) fanden in ihrer Metaanalyse Korrelationen zwischen emotionaler Stabilität und beruflicher Leistung, für Verträglichkeit und Offenheit für Erfahrungen waren die Korrelationen (.33 bzw. .27) sogar noch höher als für Gewissenhaftigkeit (.18). Die Unterschiede in den Ergebnissen der Studien von Tett et al. und Barrick und Mount wurden an anderer Stelle bereits ausgiebig diskutiert (Ones, Mount, Barrick & Hunter, 1994). Der wichtigste Punkt ist dabei sicherlich, dass es Barrick und Mount vor allem um das Verständnis auf Konstruktebene ging, während Tett et al. die Bedingungen untersuchten, unter denen Persönlichkeit berufliche Leistung am besten vorhersagt.

Gewissenhaftigkeit, Verträglichkeit und emotionale Stabilität korrelieren positiv mit beruflicher Leistung bei Berufen, die zwischenmenschliche Interaktion erfordern (Hough, 1992; Mount, Barrick & Stewart, 1998). Dabei sind die Faktoren emotionale Stabilität und Verträglichkeit sogar noch wichtiger in den Jobs, die Teamwork erfordern, als in den Jobs, in denen allein dyadische Interaktionen mit anderen erforderlich sind. Kleven und Jenssen (2001) fanden Korrelationen von .22 zwischen der Leistung des Teams und dem Faktor Verträglichkeit, .16 für Gewissenhaftigkeit und .15 für emotionale Stabilität.

Zusammenfassend erwiesen sich vor allem Gewissenhaftigkeit und mit Einschränkungen emotionale Stabilität und Extraversion als berufsübergreifend relevant (Borkenau et al., 2005; Salgado, 1997, 2003; F. L. Schmidt & Hunter, 1998). Hurtz und Donovan (2000) schätzten in ihrer Metaanalyse die durchschnittliche kriteriumsbezogene Validität für die Beziehung zwischen Gewissenhaftigkeit und Berufserfolg auf .22. Die spezifische Betrachtung der Unterfacetten Leistungsorientierung, Ordentlichkeit, Zuverlässigkeit und Umsichtigkeit erbringt dabei keine weitere Verbesserung (Dudley, Orvis, Lebiecki & Cortina, 2006).

Differenzierter zu betrachten ist die Bedeutung der Faktoren Offenheit und Verträglichkeit: Offenheit erscheint wichtig für Trainingserfolge, Verträglichkeit hat einen positiven Einfluss auf die Zusammenarbeit in Teams (siehe Kapitel 1). Der allgemeine Berufserfolg kann zwar mit Intelligenztests besser vorhergesagt werden, aber laut Schmidt und Hunter (1998) steigern Tests zur Gewissenhaftigkeit und Integrität die Validität der Vorhersage des Berufserfolgs um bis zu 27 %.

Hinsichtlich der Vorhersage des Führungserfolgs weisen Tests zu den Dimensionen des Fünf-Faktoren-Modells Validitäten auf, die denen von Intelligenztests in nichts nachstehen (Judge, Bono, Ilies & Gerhardt, 2002; Judge, Colbert & Ilies, 2004).

Als ein Problem dieser Metaanalysen ist jedoch zu beachten, dass in den eingegangenen Studien z. T. mit Instrumenten gearbeitet wurde, die nicht dazu gedacht waren, die Big Five als solche zu erfassen. Zudem ergaben die Studien, dass Probanden die Faktoren Extraversion, Gewissenhaftigkeit und Neurotizismus im Allgemeinen gut einschätzen können, Verträglichkeit und Offenheit anscheinend jedoch weniger gut. Als Einschränkung sollte hier auch erwähnt werden, dass die zitierten Befunde überwiegend aus den USA stammen und nicht ohne weiteres auf andere Länder bzw. Kulturkreise übertragbar sind. Hinzu kommt, dass Persönlichkeitsinventare (z. B. der NEO-FFI) generell sehr anfällig gegenüber Verfälschungstendenzen sind (Furnham, 1997). Kanning und Holling (2001) untersuchten Struktur, Reliabilität und Validität des NEO-FFI in der Personalauswahlsituation, es ging dabei um den Aufstieg aus dem mittleren in den gehobenen Polizeidienst. Die Autoren kommen zu dem Schluss, dass die Bewerber zwar sozial erwünscht antworten, dieses Antwortverhalten jedoch keine Minderung der Validität (überprüft anhand biographischer Daten) des Verfahrens darstellt.

Reliabilität der Big Five

Viswesvaran und Ones (2000) untersuchten in einer Meta-Analyse die Reliabilität von Persönlichkeitsskalen zu den Big Five Faktoren (erhoben in 25 verschiedenen, gängigen Persönlichkeitsinventaren) an 848 Stabilitätskoeffizienten und 1 359 Werten der internen Konsistenz. Die Mittelwerte der nach Häufigkeit gewichteten Stabilitätskoeffizienten und der internen Konsistenzen betrugen für emotionale Stabilität .75 und .78, für Extraversion .76 und .78, für Offenheit für Erfahrungen .71 und .73, für Verträglichkeit .69 und .75 sowie für Gewissenhaftigkeit .72 und .78. Die durchschnittliche Inter-Item-Korrelation lag zwischen .12 und .18. Die Werte variierten demnach kaum zwischen den einzelnen Dimensionen und sind durchweg zufrieden stellend, auch wenn bei der Beantwortung der Frage, welcher Wert für einen Reliabilitätskoeffizienten akzeptabel ist, der Kontext des Untersuchungszwecks des Inventars beachtet werden muss. Nunnally (1967) gibt als Untergrenze eines ausreichenden Reliabilitätswerts .60 bis .50 für neue Messinstrumente an, in der zweiten Auflage seines Buches allerdings einen Wert größer als .70, einen Wert den auch Jäger (Jäger & Petermann, 1995, S. 453) als Grenzwert zur Unterscheidung von Screeningtests ($r < .70$) und Entscheidungstests ($r > .70$) festlegt. Nach Viswesvaran und Ones (2000) zeigen die Ergebnisse, dass die Big Five stabile Persönlichkeitseigenschaften darstellen.

Die zeitliche Stabilität von Persönlichkeit überprüfte Conley (1985) in einer Längsschnittstudie über 50 Jahre. Seine Ergebnisse zeigen, dass es ein Set von Persönlichkeitseigenschaften gibt, das über verschiedene Methoden (z. B. Selbst- und Fremdeinschätzung) generalisierbar ist und im Erwachsenenalter hohe Stabilität aufweist.

Bazana und Stelmack (2004) untersuchten in ihrer Metaanalyse die Stabilität von Persönlichkeitsfaktoren, wobei ihnen das Fünf-Faktoren-Modell nach Costa und McCrae als Bezugsrahmen diente. Eingang fanden 81 Längsschnittstudien mit etablierten Persönlichkeitsinventaren, bei denen die Messungen mindestens ein Jahr auseinander lagen. Nicht berücksichtigt wurden Studien mit klinischen Stichproben oder Kindern unter zehn Jahren. Die zeitliche Stabilität der fünf Faktoren anhand von Pearsons Test-Retest-Korrelationskoeffizient betrug für Neurotizismus .52, für Extraversion .59, für Offenheit für Erfahrungen .52, für Verträglichkeit .48 und für Gewissenhaftigkeit .50. Je größer die Intervalle zwischen Test und Retest, desto mehr nahm die durchschnittliche Stabilität über alle Traits hinweg ab. Weibliche Probanden wiesen höhere Stabilität in Bezug auf Neurotizismus und Extraversion auf, jedoch geringere Stabilität in Bezug auf Offenheit für Erfahrungen und Gewissenhaftigkeit. Die Stabilität war bei jüngeren Probanden geringer als bei älteren. Insgesamt zeigten die Resultate jedoch eine hohe Stabilität von Persönlichkeitseigensschaften über die Lebensspanne hinweg.

3.1.5 Probleme des Ansatzes

Es gibt eine nicht unbeträchtliche Anzahl von Forschern, die das Fünf-Faktoren-Modell vehement kritisieren (Andresen, 1995; P. Becker, 1996a, 1999; Block, 1995; Eysenck, 1991; Pervin, 1994).

> "Reducing the enormous number of trait descriptors [...] to a small number of workable factors is a monumental undertaking, and the identification of five (plus or minus two) reliable factors is a finding worth celebrating. But in our eagerness to accept and profit from this accomplishment, it would be foolish to assume that *an* answer – *this* answer – is *the* answer" (Briggs, 1989, S. 247).

Oder wie De Raad (2002a, S. 18) es ausdrückt: "the Big Five are far from definitive".
Hough (1997) führt folgende drei Kritikpunkte auf:

1. Das Fünf-Faktoren-Modell ist nicht allumfassend

Die Kritik richtet sich unter anderem auf die genaue Anzahl der Faktoren. Tellegen und Waller (Tellegen, 1993; 1987; Waller, 1999) postulieren beispielsweise die „Big Five + 2", also sieben Faktoren. Die zwei zusätzlichen sogenannten evaluativen Faktoren sind in ihrem Ansatz positive und negative Valenz. Ashton und Lee (2005) plädieren für einen sechsten Faktor Ehrlichkeit/Bescheidenheit, Hough (1992) postuliert sogar neun Faktoren: affiliation, potency, achievement, dependability, adjustment, agreeableness, intellectance, rugged individualism und locus of control. Im Allgemeinen werden jedoch selten mehr als sechs Faktoren gefunden (Hooker & McAdams, 2003), wobei sich der Streit um die Anzahl der Faktoren mit Faktorenanalysen allein nicht beilegen lassen wird.

Becker (1999) schlägt zum Beispiel aufgrund einer Studie mit dem NEO-FFI (Costa & McCrae, 1989), den 45 MR-Skalen von Ostendorf (1990) und dem Hamburger Persönlichkeitsinventar (Andresen, 1995) ein Circumplexmodell mit sechs Faktoren (sechster Faktor: Hedonismus/Spontanität) und zwei übergeordneten Faktoren („The Big Two": psychische Gesundheit und Verhaltenskontrolle) vor. Dieses System hat nach Meinung des Autors folgende Vorteile: die Korrelationen zwischen den einzelnen Faktoren werden anhand deren Position im Circumplex sichtbar, mithilfe der zwei übergeordneten Faktoren können acht verschiedene, klinisch relevante Persönlichkeitstypen identifiziert werden und es lassen sich die Persönlichkeitsstörungen aus dem DSM-IV und ICD-10 einordnen (Schroeder, Wormworth & Livesley, 1992).

2. Das Fünf-Faktoren-Modell ist methodengebunden

Das Fünf-Faktoren-Modell wurde mithilfe von Faktorenanalysen entwickelt und es wird auch mit dieser Methode evaluiert. Die Ergebnisse von Faktorenanalysen variieren jedoch unter anderem in Abhängigkeit der einbezogenen Variablen, Stichprobencharakteristika, Extraktions- und Rotationsmethoden und der Reliabilität der Messungen. Der Nachweis des Modells mit anderen Methoden wird gefordert (Hough, 1997).

DeYoung (DeYoung, 2006; DeYoung, Quilty & Peterson, 2007) kritisiert zwar die Big Five nicht als solche, postuliert jedoch aufgrund von Multi-Trait-Multi-Method-Modellen zwei übergreifende Faktoren: den Faktor Stabilität, bestehend aus Neurotizismus (umgepolt), Verträglichkeit sowie Gewissenhaftigkeit und den Faktor Plastizität aus Extraversion und Offenheit/Intellekt.

3. Die Konstrukte im Fünf-Faktoren-Modell sind konfundiert

Hogan (1983; 1986) postuliert, dass im Faktor Extraversion „Geselligkeit" und „Strebsamkeit" konfundiert sind. Nach Hough (1992; 1997) ist „Leistungsstreben" konfundiert im Faktor Extraversion und im Faktor Gewissenhaftigkeit.

Neben diesen drei Kritikpunkten wird von Hough als ein weiterer Kritikpunkt angeführt, dass die Ebene der Erfassung des Modells derart hoch ist, die Konstrukte derart heterogen, dass dadurch das Verständnis und die Vorhersage des Verhaltens nicht möglich ist (Hough, 1997).

Zudem herrscht große Uneinigkeit bezüglich der Bezeichnung und inhaltlichen Bedeutung der Faktoren. Speziell der fünfte Faktor „Kultur", „Intellekt" oder „Offenheit für Erfahrungen" wurde und wird heiß diskutiert. Ein ganzes Sonderheft des European Journal of Personality widmet sich ausschließlich diesem Faktor (De Raad & Van Heck, 1994). "Neither label is truly satisfactory, however, because Intellect is too narrow and Openness, while broad enough, is somewhat vague" (John & Srivastava, 1999, S. 120).

Hinzu kommt, dass das Fünf-Faktoren-Modell seinen Ursprung im lexikalischen Ansatz hat, es ist, wie bereits erwähnt, nicht theoretisch begründet, sondern durch Analysen der Sprache eher „entdeckt" worden. Es handelt sich um relativ abstrakte Konstruktionen, die Becker (1995, 1999) zum Teil zurecht kritisiert (siehe auch Kapitel 3.3). Eysenck (1991) kritisiert neben dieser mangelnden theoretischen Fundierung zudem noch den fehlenden Bezug zu biologischen Grundlagen, diese werden in den letzten Jahren jedoch zunehmend untersucht (siehe Kapitel 3.2).

Das Modell macht zudem keinerlei Aussagen zur Entwicklung der Persönlichkeit von der Kindheit zum Erwachsenenalter (Digman, 1997).

De Raad (1998) fasst die Kritik am Fünf-Faktoren-Modell in folgenden Punkten zusammen: die Einfachheit des Modells (nur fünf Faktoren, nur Dispositionen/ Traits), den Status der Faktoren als Basisfaktoren und ihre Universalität, den einseitigen Einsatz von Adjektiven, generell der Einsatz gewöhnlicher Sprache für wissenschaftliche Zwecke und die Abwesenheit jeglicher Theorie. Bis auf den letzten Punkt könnte man alle Punkte jedoch auch als positive Aspekte des Modells verstehen.

Fazit

> "At a minimum, research on the five-factor model has given us a useful set of very broad dimensions that characterize individual differences. These dimensions can be measured with high reliability and impressive validity. Taken together, they provide a good answer to the question of personality structure" (Digman, 1990, S. 436).

Letztlich weist das Fünf-Faktoren-Modell folgende Vorzüge auf (Andresen, 1995, S. 211):

- eine repräsentative Berücksichtigung adjektivistischer Eigenschaftsbegriffe,
- einen hohen Replikationsgrad,
- Erklärung aller allgemein relevanten Persönlichkeitsskalen der Literatur,
- gute Übereinstimmung der Dimensionen zwischen Selbst- und Fremdrating-verfahren,
- weitgehende kulturübergreifende Übereinstimmung der fünf Faktoren.

Ob das Modell wirklich ein "empirical fact, like the fact that there are seven continents on earth [...] or eight classes of vertebrates" (McCrae & John, 1992, S. 194) ist, wird die weitere Forschung zeigen. Aufschluss darüber könnte beispielsweise die Beschäftigung mit der durch die fünf Faktoren nicht aufgeklärten Varianz geben.

Zumindest scheint Übereinstimmung zu herrschen, dass "the broad Big Five factors provide parsimony and fulfill an integrative function. Any more specific personality construct is likely to correlate substantially with at least one of the Big Five and can be grouped with other constructs that can also relate most highly to the same Big Five factor" (Saucier & Ostendorf, 1999).

3.1.6 Erfassung der Big Five

Dieses Kapitel erhebt keinen Anspruch auf vollständige Darstellung aller Instrumente zur Erfassung der Big Five. Im Folgenden werden nur einige für die vorliegende Arbeit wichtige Erhebungsinstrumente aufgeführt und kurz beschrieben, weitere Verfahren finden sich beispielsweise bei De Raad und Perugini (2002b).

3.1.6.1 Fragebogen

Der NEO-PI-R nach Costa und McCrae

Costa und McCrae (1985, 1989) entwickelten einen Persönlichkeitsfragebogen zum Fünf-Faktoren-Modell. Ausgangspunkt waren die zwei etablierten Faktoren Extraversion („Extraversion") und Neurotizismus („Neuroticism") von Eysenck, dem die Autoren als weiteren Faktor Offenheit für Erfahrungen ("open versus closed experience") hinzufügten. Dieses NEO-Inventory (McCrae & Costa, 1983) beinhaltete für jeden Faktor sechs Facetten mit jeweils 8 Items. Die Autoren ergänzten das Instrument aufgrund der Befundlage zum Fünf-Faktoren-Modell (Digman & Takemoto-Chock, 1981; Goldberg, 1981) mit 40 Variablen von Goldberg und 40 eigenen Variablen um die beiden Faktoren Verträglichkeit („Agreeableness") und Gewissenhaftigkeit („Conscentiousness") zum NEO-PI. Die überarbeitete Form des Fragebogens, der NEO-PI-R, liegt seit 1992 vor (Costa & McCrae, 1992b). Der NEO-PI-R enthält 240 Items in Aussageform mit einer fünfstufigen Antwortskala "strongly disagree – disagree – neutral – agree – strongly agree". Der Fragebogen kann sowohl zur Selbst- als auch zur Fremdbeurteilung eingesetzt werden, für diese unterschiedlichen Zwecke existiert jeweils eine eigene Form. Zu diesem Persönlichkeitsinventar liegt eine deutsche Version vor (Ostendorf & Angleitner, 2004), ebenso wie für die Kurzversion, den NEO-FFI (Borkenau & Ostendorf, 1993). Die Kurzversion umfasst 60 Items und es gibt sie nur in der Version der Selbstbeschreibung.

Der NEO-PI-R ist inzwischen zu einem Standardinventar zur Erhebung der Big Five geworden (De Fruyt & Furnham, 2000) und wird von einigen Autoren als das beste Fragebogeninstrument zur Messung der Big Five angesehen (Ostendorf & Angleitner, 1994a). Es ist ein reliables und gut validiertes Instrument, das Antwortformat und die Iteminhalte sind allerdings nicht gut entwickelt (Botwin, 1996).

Der NEO-PI-R unterscheidet sich von den meisten adjektivbasierten Operationalisierungen des Fünf-Faktoren-Modells in zwei Punkten: der fünfte Faktor wird in den meisten lexikalisch basierten Instrumenten Intellekt genannt und erfasst die kognitiven Fähigkeiten einer Person, während Faktor V im NEO-PI-R Offenheit für Erfahrungen genannt wird und ein weiteres Spektrum an Konstrukten umfasst. Der zweite Unterschied besteht darin, dass die meisten Instrumente auf Adjektivbasis nur die fünf breiten Faktoren erfassen, während der NEO-PI-R auf einem hierarchischen Modell basiert und für jeden Faktor sechs spezifische Unterfacetten definiert (Costa, McCrae & Jónsson, 2002).

Das Five Factor Personality Inventory (FFPI)

Dieser Fragebogen wurde in den drei Sprachen Holländisch, Deutsch und Englisch gleichzeitig entwickelt (Hendriks et al., 1999; 2002), wobei das Abridged Big 5 Circumplex Model (AB5C, Hofstee, De Raad & Goldberg, 1992) die theoretische Grundlage bietet. Ein Pool von 914 Items, die das AB5C System repräsentieren, bildete die Ausgangslage für das schlussendlich 100 Items umfassende Instrument. Ausgewählt wurden nur Items, für die es in allen drei Sprachen klare und eindeutige Übersetzungen gab. Die Items beziehen sich auf offenkundiges Verhalten und erfassen folgende fünf breite Dimensionen interindividueller Unterschiede im Verhalten: Extraversion, Verträglichkeit, Gewissenhaftigkeit, emotionale Stabilität und Autonomie. Die endgültigen Items sind in der dritten Person singular formuliert, so dass der FFPI sowohl zur Selbsteinschätzung als auch zur Fremdeinschätzung verwendet werden kann. Aufgrund des unterschiedlichen Entstehungshintergrunds, Konstruktion und Bezeichnung des fünften Faktors können der NEO-PI-R und der FFPI jedoch nicht als äquivalente Inventare zur Erhebung der Big Five angesehen werden (De Fruyt & Furnham, 2000).

Big Five Questionnaire (BFQ)

Der BFQ wurde innerhalb der psycho-lexikalischen Forschung in Italien entwickelt (Barbaranelli & Caprara, 2002; Caprara, Barbaranelli, Borgogni & Perugini, 1993). Die Autoren definierten zuerst die fünf Faktoren, wobei sie den ersten Faktor aufgrund der Ergebnisse der lexikalischen Forschung als „Energy“ bezeichneten. Anschließend entwickelten sie die Facetten zu jedem Faktor und die jeweiligen Items für jede Facette. Das Vorgehen kann somit als top-down-Ansatz bezeichnet werden.

Hierarchical Personality Inventory for Children (HiPIC)

In einer Art Erweiterung des lexikalischen Ansatzes untersuchten Kohnstamm, Halverson, Mervielde und Havill (1998) freie Beschreibungen der Persönlichkeit von Kindern durch ihre Eltern (“Can you tell me what you think is characteristic of your child?”). Diese Vorgehensweise ermöglicht eine Untersuchung des aktiven im Gegensatz zum passiven Wortschatz zur Beschreibung der Persönlichkeit. Die Ergebnisse zeigen, dass annähernd 80 % aller freien Beschreibungen als Beispiele für die Big Five Faktoren klassifiziert werden konnten. Dieser Itempool führte zur Entwicklung des HiPIC.

Nonverbal Personality Questionnaire (NPQ)

Paunonen, Ashton und Jackson (2001) entwickelten einen Fragebogen zur Erfassung der Persönlichkeit, dessen Items aus Cartoon-ähnlichen Bildern bestehen.

Die Bilder enthalten jeweils Personen, die ein bestimmtes Verhalten in einer bestimmten Situation zeigen. Durch diese nonverbale Art der Erfassung möchten die Autoren das Problem lösen, dass Selbst- oder Fremdbeschreibungen weniger das konsistente Verhalten, sondern viel eher Konsistenzen in der jeweiligen Sprache widerspiegeln.

Adolescent Personal Style Inventory (APSI)

Für Jugendliche im Alter von 11 bis 17 Jahren wurde ein Verfahren entwickelt, dessen Items zur Erfassung der Big Five speziell für diese Zielgruppe adaptiert wurden (Lounsbury et al., 2003). Interne Konsistenz, Übereinstimmung mit Einschätzung von Lehrern und Kriteriumsvalidität sind zufrieden stellend.

Auf spezifische deutschsprachige Verfahren zur Erfassung der Persönlichkeit wie den Gießen-Test (P. Becker, 1997a), den Trierer Persönlichkeitsfragebogen (P. Becker, 1989), das Freiburger Persönlichkeitsinventar (Fahrenberg, Hampel & Selg, 2001), das Big Five Inventory (F. R. Lang, Lüdtke & Asendorpf, 2001) oder das Bochumer Inventar zur berufsbezogenen Persönlichkeitsbeschreibung (Hossiep & Paschen, 1998) wird an dieser Stelle nicht eingegangen. Zu Untersuchungen zur Konstruktvalidität des Fünf-Faktoren-Modells anhand dieser Verfahren siehe Ostendorf und Angleitner (2004).

3.1.6.2 Adjektivskalen

Eine der bekanntesten Adjektivlisten zur Erfassung der Big Five ist die Adjective Check List (ACL, FormyDuval, Williams & Bassett, 2002; FormyDuval et al., 1995; Gough & Heilbrun, 1980). Die Liste umfasst 300 Items und wurde ursprünglich für den Einsatz in reinen Forschungsstudien konzipiert, weniger zur individuellen Persönlichkeitserfassung. Die Adjektive der Liste entsprechen den Big Five zu .97 bzw. zu .98. Da ein Umfang von 300 Items doch ein wenig zu unhandlich für die meisten Forschungsvorhaben ist, werden im Folgenden einige Kurzversionen zur Erfassung der bekannten fünf Faktoren vorgestellt.

Kurzversionen haben neben den wohl wichtigsten Vorteilen der Zeit- und Kostenersparnis noch weitere positive Wirkungen: sie erhöhen die Teilnahmebereitschaft von Probanden in Längsschnittstudien oder Studien mit gleichzeitiger Erfassung von mehreren Konstrukten, ebenso in Untersuchungen mit Kindern. Sie sind ausreichend für Screening-Verfahren und reduzieren die Redundanz von Items, was zur Reduzierung von Müdigkeit, Langeweile oder Frustration der Probanden beiträgt (Herzberg & Brahler, 2006).

Natürlich sollte man sich auch über die Nachteile von Kurzversionen im Klaren sein. Mit diesen Instrumenten ist es ungleich schwerer gute Reliabilitäten und eine Erfassung aller Aspekte eines theoretischen Konstrukts und damit Validität zu erreichen. Dennoch stellen Kurzformen von Instrumenten speziell in den oben angeführten Fällen eine wertvolle empirische Erhebungsmethode dar.

Kurzversionen zur Erfassung der Big Five

> *"If very short and simple questionnaire scales do the same job, why use long and elaborate ones?"* (Burisch, 1984, S. 82)

In den letzten Jahren wurden von verschiedenen Autoren Kurzversionen zur Messung der Big Five entwickelt (z. B. Saucier, 1994; Shafer, 1999a).

Langford (2003) analysierte in einer Studie die prädiktive Validität einiger Versionen von Shafer, darunter eine 30 bipolare Items umfassende Version, zwei daraus entwickelte Versionen mit 15 bzw. fünf bipolaren Items und eine Version, in der die 60 Adjektive zu fünf Items geclustert wurden. Die Ergebnisse zeigen eine gute prädiktive Validität aller vier Inventare in Bezug auf Kriterien wie berufliche Zufriedenheit, Zufriedenheit in der Beziehung oder beruflichen Stress, sowie gute Werte in Reliabilität und Validität bei der Version mit 30 bipolaren Items. Es zeigte sich nur eine kleine Verringerung der prädiktiven Validität bei Abnahme der Itemanzahl. Diese Ergebnisse legitimieren den Gebrauch der gekürzten Inventare, wenn die Zeit zum Ausfüllen eines längeren Inventars fehlt, denn die Bearbeitungszeit für den NEO-PI-R beträgt beispielsweise etwa 45 Minuten. Ein weiterer Befund (Goldberg & Kilkowski, 1985) zeigt, dass Eigenschaftswortpaare die Bedeutung der Ratingskala klarer spezifizieren als einzelne Eigenschaftswörter. Die Wortpaare reduzieren den Interpretationsspielraum der Probanden und führen somit zu konsistenteren Anworten. DeYoung (2006) stellte fest, dass einzelne Eigenschaftswörter zu geringeren Übereinstimmungen zwischen Ratern führen.

Konfirmatorische Faktorenanalysen von Sauciers Mini-Markern (Saucier, 1994) und ein Vergleich mit dem NEO-FFI (Costa & McCrae, 1992b) zeigten, dass es durchaus Unterschiede zwischen den beiden Verfahren gibt (Mooradian & Nezlek, 1996). Mooradian und Nezlek kamen zu dem Schluss, dass beide Verfahren ähnliche, aber nicht klar identische Konstrukte messen. Darüber hinaus zeigte sich bei beiden Instrumenten eine relativ schwache Faktorenstruktur. Die Ergebnisse scheinen Church und Burke (1994, S. 93) zu bestätigen: "parsimonious personality models are unlikely to meet conventional goodness-of-fit criteria ... because of the limited simple structure of personality measures and the personality domain itself". Insgesamt schließen Mooradian und Nezlek, dass Instrumente des lexikalischen Ansatzes keine besseren psychometrischen Eigenschaften (Cronbachs Alpha von .78 bis .86) erbringen als Fragebogenversionen, dass Inventare wie Sauciers Marker jedoch den Vorteil der Kürze und der Zugänglichkeit besitzen.

Saucier und Goldberg (2002) entwickelten zehn Kriterien zur Auswahl von Markiervariablen für die Big Five. Goldberg (1992) kreierte eine Liste von 100 Markiervariablen in Form von unipolaren Items. Dieser „International Personality Item Pool“ ist frei zugänglich und wird von verschiedenen Forschern beständig weiterentwickelt (Goldberg, 2003). Goldbergs unipolare Markiervariablen weisen allerdings hohe Korrelationen zwischen den Skalen auf: durchschnittlich .37 bei Selbsteinschätzungen und .58 bei Fremdeinschätzungen.

Donnellan, Oswald, Baird und Lucas (2006) entwickelten aus diesem Itempool eine Kurzform mit 20 Items, vier für jeden der Big Five Faktoren. Die Kurzform zeigte akzeptable interne Konsistenzen (> .60), ähnliche Retest-Korrelationen wie längere Versionen und vergleichbare konvergente, diskriminante sowie kriteriumsbezogene Validität. Die Autoren schließen daraus, dass die Kurzform eine akzeptable und praktische Erfassung der Big Five erlaubt.

Ein Problem der dargestellten Instrumente ist, dass sie in englischer bzw. amerikanisch-englischer Sprache vorliegen. Die Übersetzung von Eigenschaftsbegriffen stellt jedoch eine äußerst diffizile Aufgabe dar und ist zudem umstritten. Rammstedt und John (2007) entwickelten deshalb den BFI-10, eine Kurzversion des Big Five Inventory (John, Donahue & Kentle, 1991), gleichzeitig in deutscher und in englischer Sprache. Der BFI-10 misst die fünf Faktoren mit jeweils zwei Items und erreicht mit .65 bis .87 moderate bis gute Reliabilität.

In deutscher Sprache entwickelten Rammstedt, Koch, Borg und Reitz (2004) ein Instrument bestehend aus fünf bipolaren Items, welche die Big Five repräsentieren. Allerdings stellt man bei genauerer Betrachtung der einzelnen Items fest, dass die Begriffe jeweils durch vier bis fünf weitere Unterfacetten erläutert werden. Beispiel: barsch (kühl, kritisch, wird leicht ärgerlich, misstrauisch) – umgänglich (kooperativ, herzlich, nett, nachgiebig). Dies hat für den Probanden den Nachteil, dass er nicht differenziert auf die inhaltlich durchaus unterschiedlichen Bestandteile eingehen kann, was die Akzeptanz bei den Probanden sinken lassen dürfte. Da der Befragte die einzelnen Begriffe aber dennoch lesen und entscheiden muss, ob diese für ihn zutreffen, bringt dieses Verfahren keinen entscheidenden Zeitgewinn gegenüber einer Skala mit 25 bipolaren Items. Zudem traten bei einigen Items Deckeneffekte auf, die darauf hinweisen, dass diese Einzelitems stärker anfällig für sozial erwünschtes Antwortverhalten sind.

Darüber hinaus stellen Skalen mit mehreren Items im Allgemeinen die Inhalte der Konstrukte besser dar und weisen eine höhere prädiktive Validität auf als Skalen, die aus nur einem Item bestehen. Zudem ist es bei Skalen, die nur aus einem Item bestehen, nicht möglich, die interne Konsistenz und somit den Messfehler abzuschätzen – womit auch die Möglichkeit von Modellen mit latenten Variablen entfällt. Rammstedt et al. (2004) postulieren in ihrer Studie zwar, dass hinreichende Reliabilität und Validität auch mit nur einem Item erreicht werden kann, in einer Studie von Gosling, Rentfrow und Swann (2003) mit Einzelitems zur Erfassung der Big Five Dimensionen betrug die Restest-Reliabilität jedoch nur .60 bis .81, die Übereinstimmung zwischen Selbst- und Fremdbeurteilung ergab lediglich .26. Reliabilitätswerte und Validitätswerte blieben somit hinter denen von Skalen mit mehreren Items zurück. Woods und Hampson (2005) konstruierten und prüften ebenfalls fünf verschiedene Instrumente auf Basis von Einzeltitems, deren Konvergenz mit den längeren Skalen ebenfalls lediglich .61 betrug: zwei Formen von Goldbergs (1992) Trait Descriptive Adjectives, Sauciers (1994) Mini Marker, Big Five Inventory nach John und Srivastava (1999) und das Ten-Item Personality Inventory nach Gosling (2003).

Eine bessere Alternative stellt deshalb die deutsche Version des „Ten Item Personality Inventory (TIPI)" dar. Herzberg und Brähler (2006) entwickelten eine Variante des Instruments mit 16 Adjektiven, welches zufrieden stellende Reliabilitäten aufweist: Extraversion .81, Verträglichkeit .66, Gewissenhaftigkeit .79, Neurotizismus .69 und Offenheit .60. Ein Strukturgleichungsmodell zur Faktorenstruktur zeigte mit RMSEA = .070 (90 % CI .064 – .077), TLI = .886 und CFI = .934 adäquate Fit Indices. Diese Variante deckt sich auch mit der Einschätzung von Saucier und Goldberg, welche die Frage nach der geringsten Anzahl von Items, die eine Skala beinhalten sollte, folgendermaßen beantworteten: "one item is certainly too few, ... four item scales seem to be a practical minimum in most cases" (Saucier & Goldberg, 2002, S. 43).

In der vorliegenden Studie wird eine Kurzversion einer Adjektivskala zur Erfassung der Big Five eingesetzt. Eine Beschreibung dieses Instruments findet sich in Kapitel 3.3. Im Folgenden wird näher auf eine Weiterentwicklung des Fünf-Faktoren-Modells, die Fünf-Faktoren-Theorie nach Costa und McCrae, eingegangen.

3.2 Fünf-Faktoren-Theorie nach Costa & McCrae

McCrae und Costa (1999) versuchen in ihrer Fünf-Faktoren-Theorie die Menge der Befunde zum Fünf-Faktoren-Modell der Persönlichkeit zusammenzufassen und in einem theoretischen System darzustellen. Über die beschreibende Funktion des Fünf-Faktoren-Modells hinaus sehen die Autoren ihre Theorie als erklärende Interpretation der empirisch gewonnenen Taxonomie, ihr Modell geht dabei auf Clusteranalysen des 16PF nach Cattell zurück. Die Autoren ergänzten im Laufe der Zeit dieses ursprüngliche Modell der Faktoren N(eurotizismus), E(xtraversion) und O(ffenheit für Erfahrungen) um die zwei zusätzlichen Faktoren Verträglichkeit und Gewissenhaftigkeit aus dem lexikalischen Ansatz, so dass sich die beiden Ansätz auf deskriptiver Ebene nun sehr ähnlich sehen und auch oft verwechselt werden. Der Unterschied besteht jedoch vor allem darin, dass McCrae und Costa eine sehr viel stärkere biologisch-genetische Position beziehen als der typische Forscher im lexikalischen Ansatz. Die fünf Faktoren sind in der Fünf-Faktoren-Theorie genotypische Eigenschaften, sie werden als kausale Determinanten individueller Unterschiede angesehen. McCrae und Costa (1996, 1999) unterscheiden in ihrer Theorie grundlegende Neigungen ("basic tendencies"), abstrakte Potentiale und Dispositionen eines Individuums, die auch motivationale Tendenzen einschließen und weitgehend vererbt sind von charakteristischen Anpassungen ("characteristic adaptions"), die als Resultat der Interaktionen eines Individuums erworben wurden. Als charakteristische Anpassungen werden Einstellungen, Gewohnheiten, Vorlieben sowie wiederkehrendes Verhalten angesehen. Die Eigenschaften im Fünf-Faktoren-Modell gehören für die Autoren zu den grundlegenden Neigungen, sie stellen den Kern der Persönlichkeit dar und definieren ihr Potential. Die grundlegenden Neigungen sind nicht direkt beobachtbar, sondern müssen über valide Trait-Indikatoren wie Gewohnheiten oder Interessen (charakteristische Anpassungen) erschlossen werden. Diese Anpassungen entwickeln sich über die Lebensspanne in Interaktion mit der Umgebung, sind deshalb auch nicht in allen Kulturen gleich.

Abbildung 4: Das Five Factor Personality System nach McCrae und Costa (2000)*

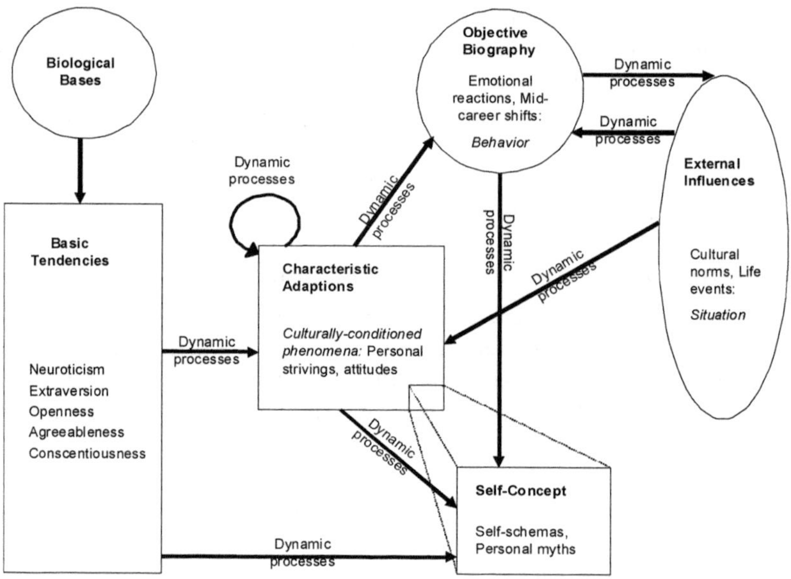

* S. 174

Die graphische Veranschaulichung (siehe Abbildung 4) der Fünf-Faktoren-Theorie zeigt, wie Persönlichkeit zu jedem beliebigen Zeitpunkt funktioniert: äußere Einflüsse ("external influences") stellen die Situation dar und die objektive Biographie ("objective biography") ist der Output des Systems: das Verhalten. Grundlegende Neigungen und charakteristische Anpassungen beinhalten die Persönlichkeitsentwicklung, die Entwicklung über die Lebensspanne stellt sich in der Biographie dar.

Persönlichkeitseigenschaften werden in diesem System als endogene Dispositionen aufgefasst, die biologisch begründet sind und nicht von der Umwelt beeinflusst werden. Sie beeinflussen als kausale Faktoren den Lebensverlauf jedes Individuums. McCrae und Costa gehen von einer intrinsischen Reifeentwicklung der Persönlichkeit aus: die geerbte Biologie bestimmt die Persönlichkeit, soziale Erfahrungen haben nur indirekte Einwirkungen. Auch Asendorpf und van Aken (2003) kommen zu dem Schluss, dass Persönlichkeitseigenschaften relativ stabil und weitgehend unbeeinflusst von Erfahrungen sind, während sie wiederum soziale Beziehungen in ihrer Entwicklung sehr wohl beeinflussen. Als Belege für ihre Theorie führen McCrae und Costa (2000) Studien zur Erblichkeit der Persönlichkeit, zum elterlichen Einfluss, kulturübergreifende Studien zur Persönlichkeitsstruktur und Studien zur zeitlichen Stabilität der Persönlichkeit an (bspw. Jang, McCrae, Angleitner, Riemann & Livesley, 1998; McCrae et al., 2000). Multivariate genetische Analysen, welche genetische und umweltbedingte Einflüsse über verschiedene Kulturen (z. B. Kanada, Deutschland und Japan) hinweg untersuchen, liefern starke Hinweise für die Annahme, dass die fünf Faktoren endogene Eigenschaften mit einer soliden biologischen Basis darstellen (Yamagata et al., 2006). Lebensereignisse zeigen dabei nur wenig Einfluss auf die Persönlichkeitseigenschaften (Costa, Herbst, McCrae & Siegler, 2000).

Exkurs: Biologische Grundlagen der Persönlichkeit

Betrachtet man die Geschichte der Persönlichkeitspsychologie, gab es zu allen Zeiten Versuche, Temperament und physiologische oder morphologische Substrate mit Verhalten in Verbindung zu setzen (Borkenau et al., 2005). Cloninger (1987) postuliert in seiner biosozialen Persönlichkeitstheorie beispielsweise Zusammenhänge zwischen dem Neurotransmitter Dopamin und der Ansprechbarkeit für explorative Aktivitäten, Impulsivität sowie Unordentlichkeit. Weitere Zusammenhänge sieht er zwischen Noradrenalin und Anhänglichkeit, sozialer Abhängigkeit und Sentimentalität sowie zwischen Serotonin und Pessimismus, Unsicherheit und Schüchternheit. DeYoung (2006; DeYoung et al., 2007) postuliert zwei übergeordnete Faktoren der Big Five: Stabilität zusammengesetzt aus Neurotizismus, Verträglichkeit und Gewissenhaftigkeit sowie Plastizität bestehend aus den Faktoren Extraversion und Offenheit/Intellekt. Er sieht Zusammenhänge zwischen Serotonin und der Stabilität von Emotionen und Verhalten sowie zwischen Dopamin und Plastizität. Der Zusammenhang zwischen Dopamin und Extraversion wird bereits seit einiger Zeit diskutiert (Depue, 1995; Depue & Collins, 1999; Rammsayer, 1998). Betrachtet man den derzeitigen Forschungsstand, erscheint eine Zuordnung von einzelnen Neurotransmittersystemen zu spezifischen Temperamenteigenschaften jedoch zu vereinfachend: Wahrscheinlicher ist eine Kombination der Aktivität verschiedener Systeme. Die Bedeutung der Neurotransmittersysteme für die Persönlichkeitspsychologie ist angesichts der Fülle von Befunden unumstritten.

Ein anderer Zweig der Erforschung biologischer Grundlagen von Verhalten ist die Verhaltensgenetik. Während die quantitative Verhaltensgenetik individuelle Unterschiede im Verhalten auf genetische und Umwelteinflüsse zurückführt und deren relative Bedeutung beim Zustandekommen der phänotypischen Varianz schätzt, versucht die molekulare Verhaltensgenetik spezifische Gene für bestimmte Einflüsse zu bestimmen. Die Ergebnisse großer längsschnittlich angelegter Untersuchungen im klassischen Zwillingsstudiendesign (bspw. McCrae, Jang, Livesley, Riemann & Angleitner, 2001; Trouton, Spinath & Plomin, 2002) lassen einen weitreichenden Einfluss genetischer Faktoren auf Persönlichkeit vermuten (im Überblick Bouchard & Loehlin, 2001; siehe auch Plomin, DeFries, McClearn & Rutter, 1999). In der molekularen Verhaltensgenetik fanden Munafò et al. (2003) in einer Metaanalyse eine deutliche Verbindung zwischen Neurotizismus und einer spezifischen Region auf Chromosom 17, die mit dem Serotonin-Transporter-Gen verbunden ist.

Plomin, DeFries und McClearn (1990) kommen zu dem Schluss, dass individuelle Persönlichkeitsunterschiede durchschnittlich zu 40 % erblich sind, Loehlin und Kollegen (Loehlin, McCrae, Costa & John, 1998) fanden bei allen fünf Faktoren ähnliche substantielle Erblichkeiten, gleichgültig ob diese per Fragebogen, Selbsteinschätzungsskalen oder mithilfe einer Adjektivskala aus dem lexikalischen Ansatz erhoben wurden.

Genetische und biologische Grundlagen scheinen angesichts dieser neueren Forschung eine bedeutende Rolle zu spielen in Bezug auf individuelle Unterschiede in Temperament oder Persönlichkeitseigenschaften. Der Ausschluss von Umwelteinflüssen, wie von Costa und McCrae postuliert, ist jedoch unwahrscheinlich. An dieser Stelle soll jedoch nicht weiter auf die altbekannte Diskussion um die Anlage-Umwelt-Interaktion eingegangen werden. Anzumerken bleibt lediglich, dass die Fünf-Faktoren-Theorie eindeutig dem Standpunkt „Anlage" zuzuordnen ist.

McCrae und Costa (1996; 1999) formulieren folgende Postulate zu ihrem System:

Basic Tendencies

Individuality: Alle Erwachsenen können aufgrund ihrer unterschiedlichen Ausprägung der Persönlichkeitseigenschaften charakterisiert werden. Diese beeinflussen ihre Gedanken, ihre Gefühle und ihr Verhalten. *Origin*: Persönlichkeitseigenschaften sind endogen, unbeeeinflusst von der Umwelt. *Development*: Diese Eigenschaften entwickeln sich bzw. reifen während der Kindheit und sind bei kognitiv gesunden Erwachsenen stabil. *Structure*: Die Struktur der Persönlichkeitseigenschaften ist hierarchisch, die fünf Faktoren Extraversion, Neurotizismus, Gewissenhaftigkeit, Verträglichkeit und Offenheit für Erfahrungen bilden die höchste Ebene der Hierarchie.

Characteristic Adaptions

Adaption: Im Laufe der Zeit und durch die Auseinandersetzung mit der Umwelt entwickeln sich bei Individuen Denkstrukturen, Gefühle und Verhalten, die konsistent zu ihren Persönlichkeitseigenschaften sind. *Maladjustment*: Manchmal sind die Adaptionen hinsichtlich kultureller Werte oder persönlicher Ziele nicht optimal. *Plasticity*: Characteristic Adaptions verändern sich über die Zeit durch biologische Reifung, Veränderungen in der Umwelt oder absichtliche Interventionen.

Objective Biography

Multiple determination: Handlungen und Erfahrungen sind durch Situationen ausgelöste komplexe Funktionen der charakteristischen Anpassungen. *Life cours*: Individuen haben Pläne und Ziele, die Handlungen über längere Zeit hinweg auf eine Art und Weise organisieren, die konsistent mit den Persönlichkeitseigenschaften ist.

Self-Concept

Self-schema: Individuen haben eine dem Bewussstsein zugängliche kognitiv-affektive Sicht ihrer selbst. *Selective perception*: Informationen werden auf eine Art und Weise selektiv repräsentiert, die stimmig und konsistent zu den Persönlichkeitseigenschaften der Person ist.

External Influences

Interaction: Die soziale und physikalische Umwelt interagiert mit den Dispositionen der Persönlichkeit, formt charakteristische Anpassungen und reguliert damit das Verhalten. *Apperception*: Individuen befassen sich mit der Umwelt und konstruieren diese konsistent zu ihren Persönlichkeitseigenschaften. *Reciprocity*: Individuen beeinflussen ihre Umwelt, auf die sie wiederum reagieren.

Dynamic Processes

Universal dynamics: Gedanken, Gefühle und Verhalten eines Individuums werden zum Teil durch universale kognitive, affektive und volitionale Mechanismen reguliert. *Differential dynamics*: Einige "dynamic processes" werden durch die Basistendenzen des Individuums beeinflusst.

Tabelle 2 erläutert die Postulate der Fünf-Faktoren-Theorie in Bezug auf die fünf Persönlichkeitsfaktoren. Für jeden der fünf Faktoren stellen die Autoren in der ersten Spalte einen erläuternden Trait dar. In der zweiten Spalte werden Ausdrucksformen dieser Traits dargestellt, die dritte Spalte führt ein individuelles Verhaltensbeispiel auf.

Tabelle 2: Erläuterung der Fünf-Faktoren-Theorie (McCrae & Costa, 1999)*

Basic tendencies	Characteristic adaptions	Objective biography
Neuroticism		
N3: Depression (a tendency to experience dysphoric effect – sadness, hopelessness, guilt)	Low self-esteem, irrational perfectionistic beliefs, pessimistic attitudes	"Betty" (very high N3) feels guilty about her low-prestige job (Bruehl, 1994).
Extraversion		
E2: Gregariousness (a preference for companionship and social stimulation)	Social skills, numerous friendships, enterprising vocational interests, participation in sports, club memberships	J.-J. Rousseau (very low E2) leaves Paris for the countryside (McCrae, 1996).
Openness to Experience		
O4: Actions (a need for variety, novelty, and change)	Interest in travel, many different hobbies, knowledge of foreign cuisine, diverse vocational interests, friends who share tastes	Diane Ackerman (high O4) cruises the Antarctic (McCrae, 1993-1994).
Agreeableness		
A4: Compliance (a willingness to defer to others during interpersonal conflict)	Forgiving attitudes, belief in cooperation, inoffensive language, reputation as a pushover	Case 3 (very low A4) throws things at her husband during a fight (Costa & McCrae, 1992).
Conscentiousness		
C4: Achievement Striving (strong sense of purpose and high aspiration levels)	Leadership skills, long-term plans, organized support network, technical expertise	Richard Nixon (very high C4) runs for President (Costa & McCrae, in press).

* S. 143

Das Modell lässt allerdings einige Fragen offen. Nach Ansicht der Autoren wird in diesem System verständlich gemacht, was eigentlich bereits allgemein bekannt sei. Das System spezifiziert jedoch nicht die peripheren Komponenten wie "biological bases", diese beinhalten zwar Gene und Gehirnstrukturen, die genauen neuronalen und psychophysiologischen Mechanismen werden jedoch nicht erklärt. Ebenso verhält es sich mit den äußeren Einflüssen oder der objektiven Biographie. Situation und Verhalten werden ebenso wenig im Detail erläutert wie die dynamischen Prozesse ("dynamic processes"). Im Mittelpunkt steht die Unterscheidung zwischen grundlegenden Neigungen, also dem abstrakten psychologischen Potential und den charakteristischen Anpassungen, seinen konkreten Manifestationen.

Ebensowenig wie die peripheren Komponenten erklärt das System, warum es genau fünf Faktoren sind oder warum es diese Faktoren und keine anderen sind.

Sicherlich das umstrittenste Postulat ist wohl, dass Persönlichkeitseigenschaften endogene grundlegende Neigungen sind und nicht durch soziale Faktoren beeinflusst werden. Alternativ zu diesem Trait-Modell der Persönlichkeit existiert das kontextualistische Modell (Lewis, 2001), welches Persönlichkeit als Produkt von Umweltbedingungen und sozialen Rollen betrachtet oder das Modell der Lebensphasen nach Erikson (1971), der Persönlichkeits- bzw. Identitätsentwicklung anhand von Entwicklungsaufgaben in unterschiedlichen Lebensabschnitten beschreibt. Ähnlich dem Modell von Erikson führen Roberts und Caspi (Caspi, 1998; Roberts & Caspi, 2003) in ihrem Ansatz der Entwicklung von Persönlichkeit über die Lebensspanne Stabilität und Veränderung von Persönlichkeit auf Prozesse der Identitätsentwicklung zurück (s. auch Pulkkinen & Kokko, 2000).

Stabilität

Auch Analysen von Veränderungen von Persönlichkeitseigenschaften über geschichtliche Perioden hinweg widersprechen dem Ansatz von Costa und McCrae. Twenge (2002) untersuchte das Ausmaß von Neurotizismus und Angst in den Geburtskohorten der Jahre 1950 und 1990 und wies nach, dass Angst/Ängstlichkeit aufgrund soziokultureller Veränderungen während dieses Zeitraums stark zugenommen hatte. Ein vergleichbarer Anstieg fand sich im Faktor Extraversion, interpretiert als Folge von zunehmendem Individualismus und notwendig gewordener Selbstbehauptung. Diese Einflüsse der Geburtskohorte könnten auch erklären, warum Langzeitstudien zur Stabilität von Persönlichkeit eine hohe Konsistenz im Alterungsprozess aufweisen (Costa & McCrae, 1988), Querschnittstudien leichte Unterschiede über Probanden unterschiedlichen Alters aufweisen (Costa, McCrae et al., 1986). In Längsschnittstudien wird eine Geburtskohorte begleitet, in Querschnittstudien werden unterschiedliche Kohorten untersucht. Nach Twenge zeigt dieser starke Einfluss der Kohorte auch, dass Erblichkeitsschätzungen von Persönlichkeitseigenschaften aufgebläht werden, da die Kohorte weitere Varianz aufklärt und somit die Varianzaufklärung der Genetik sinkt.

McGue et al. (1993) kommen in einer verhaltensgenetischen Studie an jungen Erwachsenen zu dem Schluss, dass die Stabilität von Persönlichkeit weitgehend auf genetische Faktoren zurück zu führen ist, Veränderungen aber weitgehend durch Umweltfaktoren bedingt sind.

Srivastava, John, Gosling und Potter (2003) stellten in einer Langzeitstudie fest, dass sich die Mittelwerte der Persönlichkeitseigenschaften Gewissenhaftigkeit und Verträglichkeit im Alter von 21 bis 60 Jahren erhöhten, während bei Frauen die Neurotizismuswerte über diesen Zeitraum hinweg abnahmen. Diese Ergebnisse decken sich mit einem Überblick über die gängige Literatur (Roberts, Robins, Trzesniewski & Caspi, 2004; Soldz & Vaillant, 1999). Zusammenfassend werden Menschen im Laufe ihres Lebens sozial dominanter, während die soziale Vitalität abnimmt – beide Aspekte beinhaltet der Faktor Extraversion – sie werden zudem verträglicher und gewissenhafter. Die emotionale Stabilität nimmt zu und im jüngeren Erwachsenenalter auch die Offenheit für Erfahrungen. Bei diesem Faktor gibt es allerdings einen kurvilinearen Zusammenhang zum Alter (Roberts & Walton, 2004). Roberts et al (2004) schließen zwar nicht grundsätzlich eine biologische Erklärung der Persönlichkeit bzw. deren Veränderung aus, widersprechen jedoch "the five factor theory's brand of biologism" (Srivastava et al., 2003, S. 1051). Ein Überblick über Quer- und Längsschnittstudien sowie verhaltensgenetische Studien brachte zudem wenig Unterstützung für eine rein genetische Erklärung und stärkere für die "Social Investment Theory", bei der Veränderungen der Persönlichkeit auf den Umgang mit universellen Aufgaben des sozialen Lebens in Zusammenhang gebracht werden (Roberts, Wood & Smith, 2005). Nach der Fünf-Faktoren-Theorie wird Stillstand bzw. eine starke Verlangsamung der Veränderung von Dimensionen der Persönlichkeit im frühen Erwachsenenalter, d. h. mit etwa 30 Jahren, postuliert. Bei geistig gesunden Menschen ist die Persönlichkeit dann "set like plaster" (Costa & McCrae, 1994). Eine kontextualististische Sichtweise vertritt dagegen den Standpunkt, dass Persönlichkeitseigenschaften vielfach determiniert sind und ein wichtiger Einfluss die individuelle soziale Umwelt ist (Helson, Jones & Kwan, 2002). Längsschnittliche Studien zur Verhaltensgenetik legen nahe, dass Veränderungen in Persönlichkeitseigenschaften mindestens ebenso gut durch Umweltfaktoren wie durch Gene erklärt werden. Zudem nimmt der Einfluss der Gene auf Persönlichkeitseigenschaften vom jungen zum mittleren Erwachsenenalter hin ab (Loehlin, 1992; Viken et al., 1994). Roberts und DelVecchio (2000) kamen in ihrer Metaanalyse von Längsschnittstudien zur Stabilität von Persönlichkeitseigenschaften zu folgenden fünf

Schlussfolgerungen, welche weder die eine noch die andere Richtung ausschließen: (a) die Test-Retest-Korrelationen sind in ihrer Höhe moderat, (b) sie erhöhen sich wenn die Probanden älter sind, (c) sie nehmen in dem Maß ab, in dem die Intervalle zwischen den Untersuchungen zunehmen, (d) variieren nur unwesentlich zwischen verschiedenen Persönlichkeitseigenschaften und (e) variieren nicht wesentlich bei unterschiedlichen Erhebungsmethoden wie Selbstberichten oder Fremdeinschätzungen durch Beobachter. In ihre Metaanalyse fanden 152 Längsschnittstudien Eingang, die Stabilität von Persönlichkeitseigenschaften, gemessen an der Stablität der Rangordnung in der Stichprobe mittels Test-Retest-Korrelationen, nahm dabei von .31 in der Kindheit über .54 im jungen Erwachsenenalter bis zu .74 im Alter von 50 bis 70 zu. Mit 50 Jahren ist ihrer Meinung nach die Spitze der Stabilität erreicht. Damit widersprechen sie den Annahmen von Costa und McCrae. Das einzige psychologische Konstrukt, das noch beständiger zu sein scheint als Persönlichkeitseigenschaften, ist die kognitive Fähigkeit, die Intelligenz einer Person (Conley, 1984). Die Stabilität der Rangordnung, die Stabilität der relativen Platzierung eines Individuums innerhalb einer Gruppe gemessen am Korrelationskoeffizient, ist dabei jedoch lediglich eine Art der Stabilität (Caspi & Roberts, 1999). Daneben gibt es noch die absolute Stabilität, welche sich auf das Ausmaß eines Attributs über die Zeit hinweg bezieht (Vergleich der Gruppenmittelwerte bei wiederholten Messungen) und die strukturelle Stabilität, welche sich auf die Stabilität von Korrelationsmustern eines Sets von Variablen bezieht (gemessen anhand der Ähnlichkeit von Kovariationsmustern zwischen Items und Faktorbeziehungen bei wiederholten Messungen). Während sich die drei eben beschriebenen Arten der Stabilität auf eine Gruppe von Individuen beziehen, beschreibt die ipsative Stabilität die individuelle Ebene, die Stabilität der Konfiguration von Variablen innerhalb eines Individuums über die Zeit hinweg. Zu diesen Formen werden von den Autoren keine Aussagen gemacht. Ein großer Teil der widersprüchlichen Ergebnisse zur Stabilität von Persönlichkeit scheint sich auf die mangelnde begriffliche Präzision zurückführen zu lassen.

Neben genetischen Faktoren und einer stabilen Umwelt führen Roberts und DelVecchio (2000) noch weitere Mechanismen auf, welche die Stabilität von Persönlichkeitseigenschaften begründen: psychologische Faktoren wie Planungskompetenz (Clausen, 1993) und eine konsolidierte Identitätsstruktur und Person-Umwelt-Transaktionen (reaktive, evokative, proaktive und manipulative Transaktionen, Caspi, 1998). Generell bleibt festzuhalten, dass Persönlichkeitseigenschaften über kürzere Zeitspannen stabiler sind als über längere (Conley, 1984; Schuerger, Zarrella & Hotz, 1989) und die Stabilität mit dem Alter steigt (Roberts & DelVecchio, 2000; Roberts et al., 2004). Die verschiedenen Metaanalysen legen zudem den Schluss nahe, dass es eine moderate Stabilität der Persönlichkeit von der Kindheit bis ins Erwachsenenalter gibt, dass Persönlichkeitseigenschaften relativ überdauernd sind (Caspi & Roberts, 1999) und zur Erklärung der Persönlichkeitsveränderung eine „metatheoretische“ Sichtweise notwendig ist, in die sowohl genetische also auch umweltbedingte sowie transaktionale Person-Umwelt-Faktoren Eingang finden.

Vaidya et al. (2002) konnten bei jungen Erwachsenen deutliche Veränderungen der Mittelwerte (“mean-level stability”) in den Persönlichkeitseigenschaften nachweisen, Persönlichkeitseigenschaften zeigten sich in ihrer Studie jedoch deutlich stabiler als beispielsweise positive/negative Affekte. Allerdings gingen die Veränderungen in diesem wie in den meisten Fällen nur auf eine Minderheit zurück, der Großteil der Probanden (79 bis 85 %) wies keine größeren Veränderungen auf. Auch Robins et al. (2001) konnten zeigen, dass Persönlichkeitseigenschaften bei über 82 % der Probanden stabil blieben. Der stabilste Faktor scheint dabei Extraversion zu sein, Neurotizismus weist die geringste Stabilität auf (Mücke, 2002; Schuerger et al., 1989). Zu ähnlichen Ergebnissen kommen Hampson und Goldberg (2006) in einer Längsschnittstudie über 40 Jahre vom Grundschulalter bis zum mittleren Erwachsenenalter. Sie fanden Stabilitätskoeffizienten von .29 für Extraversion, .25 für Gewissenhaftigkeit, .16 für Offenheit, .08 für Verträglichkeit und .00 für Neurotizismus. In einer Längsschnittstudie über vier Jahre fanden Allemand, Zimprich und Hertzog (2007) für das mittlere Erwachsenenalter (42 bis 46 Jahre) sowie für ältere Erwachsene (60 bis 64 Jahre) durchschnittliche Stabilitätskoeffizienten von .80, Neurotizismus erwies sich auch hier als der am wenigsten stabile Faktor.

Fraley und Roberts (2005) stellen ein Modell über die Stabilität individueller Unterschiede in psychologischen Konstrukten auf. Grundlage dieses Modells sind Test-Retest-Koeffizienten und deren Veränderung über verschiedene Altersstufen und Zeitintervalle hinweg. Sollte der Verlauf der Retest-Koeffizienten gegen null streben, besitzt das psychologische Konstrukt keine Stabilität. Das Modell integriert zudem die folgenden drei Entwicklungsprozesse: zufällige Veränderungen des Kontexts (Lewis, 1997, 2001), Person-Umwelt-Transaktionen (Caspi & Bem, 1990; Neyer & Asendorpf, 2001) und Konstanten in der Entwicklung (McGue et al., 1993). Am Beispiel von Neurotizismus konnten die Autoren zeigen, dass das Modell ohne die Berücksichtigung von Umwelteinflüssen, gleich ob zufälliger Art oder durch Einwirkungen der Person bedingt, nicht auskommt.

Asendorpf und Wilpers (1998) konnten in ihrer Studie die These von Costa und McCrae bestätigen, dass Basistendenzen im Erwachsenenalter trotz Änderungen in den charakteristischen Anpassungen stabil bleiben.

Die Person-Situations-Debatte soll an dieser Stelle nicht wieder belebt werden: “Too many studies and too much data exist already to allow responsible scientists to stake out these extreme claims. There are enough data to state with confidence that there a meaningful and reliable links between features of childrens' personalities and their adult outcomes; that the continuity of adult personality characteristics is strong; and that throughout the life course, but especially in the earlier years of life, personality change is nontrivial" (Roberts & Caspi, 2001, S. 107).

Die Fünf-Faktoren-Theorie beinhaltet ein weiteres konzeptionelles Problem (Pervin et al., 2005). Sie postuliert, dass jeder Mensch diese fünf Faktoren besitzt, vergleichbar mit Körperorganen. Diese Hypothese kann angesichts der vorliegenden Forschung jedoch nicht beibehalten werden. Die fünf Faktoren sind Ergebnisse statistischer Analysen individueller Unterschiede innerhalb der Population von Personen. Diese Ergebnisse beweisen jedoch nicht, dass alle Menschen diese fünf Faktoren besitzen. Borsboom, Mellenbergh und van Heerden (2003) stellen fest, dass die Untersuchung von Populationen und von Individuen zwei komplett unterschiedliche Dinge sind. Eine Aussage über eine Population von Personen muss nicht auch auf Einzelpersonen zutreffen. Die oben beschriebene Annahme der Fünf-Faktoren-Theorie müsste demnach an einzelnen Analysen von Individuen überprüft werden. Bis jetzt gibt es jedoch kaum Forschung über die Fünf-Faktoren-Struktur auf Ebene des Individuums.

3.3 Lexikalischer Ansatz nach Ostendorf

Die meist verbreitete und auch ökonomischste Art, Personen Eigenschaften zuzuordnen, scheint die direkte Zuschreibung von Adjektiven zu Personen zu sein.

Das Fünf-Faktoren-Modell wurde ursprünglich im psycho-lexikalischen Ansatz im englisch-amerikanischen Sprachbereich entwickelt und entstand als Folge der Versuche Struktur in die Eigenschaftsliste von Allport und Odbert (1936) zu bringen (siehe Kapitel 3.1.2). Ziel dieser Liste war es, eine möglichst umfassende und vollständige Aufstellung aller Eigenschaftswörter einer Kultur zu erstellen, um zu einer Klassifikation individueller Unterschiede zu gelangen.

Die allgemeine Vorgehensweise zur Entwicklung eines variablenorientierten Klassifikationssystems ist folgende: nach einer Eingrenzung des Persönlichkeitsbereichs (z. B. Ausschluss körperlicher Merkmale) folgt die Erstellung einer Eigenschaftsliste und im Anschluss die Reduktion der Eigenschaften auf möglichst wenige Dimensionen. Systematisiert wurden die ersten beiden Schritte auf Grundlage der Sedimentationshypothese: "Those individual differences that are of most significance in the daily transactions of persons with each other will eventually become encoded into their language. The more important is such a difference, the more people will notice it and wish to talk of it, with the result that eventually they will invent a word for it." (Goldberg, 1981, S. 141-142). Sprache (v. a. die darin enthaltenen Adjektive und Substantive) liefert Beschreibungen des üblichen

Verhaltens und differenziert zwischen eigenem Verhalten und dem von anderen. Eigenschaftsworte können demnach als „Sedimente" alltäglicher Erfahrungen von Persönlichkeitseigenschaften angesehen werden. Die Sedimentationshypothese impliziert, dass die in Lexika aufgeführten Begriffe zur Beschreibung individueller Unterschiede das Universum aller (oder zumindest der Mehrzahl) bedeutenden individuellen Unterschiede abdecken. Ein erster Schritt muss demnach sein, durch lexikalische Analysen möglichst vollständige Begriffskataloge zu erstellen. Um die große Vielfalt der Eigenschaftsworte zu reduzieren, werden nach einer Vorauswahl ähnlicher Eigenschaftsworte die verbliebenen Worte einer repräsentativen Stichprobe von Personen vorgegeben. Diese Personen beurteilen mittels der Items sich selbst und Bekannte. Die Ähnlichkeit der Items wird durch eine Korrelationsmatrix beschrieben, und mit Hilfe einer Faktorenanalyse werden die Items auf wenige, nicht korrelierende Dimensionen reduziert. Durch eine Analyse der Kovariationen der Beschreibungen lassen sich also Persönlichkeitseigenschaften (Traits) entdecken und Kovariationsmuster zwischen diesen Traits: die Persönlichkeitsstruktur (Rolland, 2002).

Saucier und Goldberg (2001, S. 848ff.) beschreiben acht Prämissen des lexikalischen Ansatzes:

1. "Personality language refers to phenotypes and not genotypes.
2. Important phenotypic attributes become encoded in the natural language.
3. The degree of representation of an attribute in language has some correspondence with the general importance of the attribute.
4. The lexical perspective provides an unusually strong rationale for the selection of variables in personality research.
5. Person-description and the sedimentation of important differences in language both work primarily through the adjective function.
6. The structure of person-descriptions in phrases and sentences is closely related to that based on single words.
7. The science of personality differs from other disciplines in ways that make the lexical perspective particularly germane in this scientific context, yet not in others.
8. The most important dimensions in aggregated personality judgements are the most invariant and universal dimensions – those that replicate across samples of targets, targets of description, and variations in analytic procedures, as well as across languages."

Ein Problem des lexikalischen Ansatzes ist die sehr große Zahl von Eigenschaftsbegriffen: In diesem Ansatz wird das gesamte Lexikon einer Sprache systematisch nach Eigenschaftswörtern durchsucht. Die Ausgangsdaten werden nur dadurch begrenzt, dass sie im Lexikon vorhanden sein müssen. McCrae und Costa kritisieren beispielsweise, dass sich Menschen auch darin unterscheiden, inwieweit sie Abwechslung im Leben brauchen. Dafür gebe es in der englischen Sprache aber keinen einzelnen Begriff (McCrae & Costa, 1997).

Entscheidend für die Qualität dieses Ansatzes ist zudem der Reduktionsprozess vom Lexikon zu den Eigenschaftswörtern, die in die Persönlichkeitsbeurteilungen eingehen. Das methodische Vorgehen sieht wie folgt aus: die erste Reduktion erfolgt im Allgemeinen durch Verfasser des Lexikons, dann durch geschulte Linguisten und zuletzt durch Psychologen. Wichtig ist, dass die Ähnlichkeitsstruktur des Ausgangsmaterials nicht verzerrt wird (Asendorpf, 1999).

Oft wird dem psycho-lexikalischen Ansatz vorgeworfen, dass er sich einseitig auf Adjektive zur Beschreibung der Persönlichkeit beschränkt. Diese Kritik ist allerdings so nicht korrekt, der Ansatz schließt Substantive und Verben nicht aus, allein die Operationalisierungen erfolgen überwiegend in Form von Adjektiven (De Raad, 1998, 2000). Vereinzelte Ansätze, die anstatt Eigenschaftswörtern Substantive, „Typen“ (z. B. Held, Idiot) verwendeten, konnten die Struktur der Big Five jedoch nicht replizieren (Saucier, 2003). Diese Begriffe scheinen mehr nach bewertenden Faktoren wie soziale Inakzeptanz eingeordnet zu werden.

Ein weiteres Problem ist, dass psychologisch wichtige individuelle Unterschiede im Alltagsleben nicht offensichtlich genug sein müssen, um in den allgemeinen Sprachgebrauch Eingang zu finden (Amelang & Bartussek, 2001). McCrae (1990) fragte beispielsweise “How well is Openness represented in natural languages?” Seiner Meinung nach kommt die Besonderheit dieses Faktors in einzelnen Eigenschaftswörtern nicht zum Ausdruck. Zudem beruhen die lexikalisch gewonnenen faktorenanalytischen Modelle letztlich auf alltagspsychologischen Eigenschaftsurteilen. Was sich alltagspsychologisch ähnelt, muss sich nach wissenschaftlichen Kriterien allerdings nicht unbedingt ähneln (Asendorpf, 1999). Hinzu kommt, dass sich Sprache im Laufe der Zeit wandelt und auch Unterschiede der Beschreibungsbegriffe verschiedener Sprachgemeinschaften. Letzterem Problem wird in Studien zur Generalisierbarkeit lexikalisch gewonnener Persönlichkeitstaxonomien nachgegangen.

Was bleibt als Fazit festzuhalten? Der lexikalische Ansatz hat nicht die Absicht, eine Alternative zu bereits existierenden Persönlichkeitstheorien aufzustellen. Es ist ein taxonomischer Ansatz ohne eine einzelne spezielle Theorie im Hintergrund (De Raad, 2000). Die Pioniere dieses Ansatzes wie Allport und Odbert gehen davon aus, dass es für eine angemessene Skizzierung der Persönlichkeit notwendig ist, sich das ganze Spektrum möglicher theoretischer Standpunkte zu eigen zu machen, um sicher zu stellen, dass man alle inhaltlichen Bereiche von Persönlichkeit abdeckt.

Durch lexikalisch begründete Persönlichkeitsmodelle können ökonomische Fragebogenverfahren entwickelt werden, obwohl der lexikalische Ansatz in mancher Hinsicht als eine „Antithese“ des klassischen Fragebogenansatzes angesehen wird: “Whereas the lexical approach yields a system of descriptors representative of distinctions made by ordinary language users, the questionnaire approach yields a system of descriptive units representative of distinctions made by psychologists” (De Raad, 2000, S. 24). Das Ergebnis eines psycholexikalischen Vorgehens ist keine Zusammenstellung wissenschaftlicher Konstrukte, welche bereit ist für einen professionellen Einsatz, sondern eine umfassende Zusammenstellung von Konstrukten, die eine Zusammenfassung aller relevanten alltäglichen Unterscheidungen in Bezug auf Persönlichkeit darstellen. Instrumente aus lexikalisch begründeten Persönlichkeitsmodellen sind geeignet, schnelle oberflächliche Persönlichkeitsbeschreibungen zu liefern oder Aussagen über Persönlichkeitsunterschiede machen. Zudem kann man mit ihrer Hilfe die sehr große Anzahl an Persönlichkeitsskalen ordnen, da diese sich meist als Unterfaktoren oder Kombination der Faktoren eines lexikalisch abgeleiteten Modells darstellen lassen (Asendorpf, 1999).

Festzuhalten bleibt, dass die lexikalische Hypothese die Forschung auf dem Gebiet der Persönlichkeit entscheidend angetrieben hat und Persönlichkeitsforschung sich zu großen Teilen davon leiten lässt (Pervin et al., 2005). Briggs (1989, S. 250) warnt vor einer Überbewertung der Ergebnisse, die aus dem lexikalischen Ansatz gewonnen wurden. „Thus, my [...] reservation about the five-factor solution is that it might be viewed as the structure of personality trait dimensions rather than just the structure of the language of trait attributions.” Ostendorf und Angleitner (1994b, S. 188) halten jedoch dagegen: „language is the tool with which we not only express ourselves and communicate, but that we also use to think and structure reality.”

Spezifität des Ansatzes nach Ostendorf

Das Ziel der Arbeit von Ostendorf (1990) war die Überprüfung der Robustheit der Fünf-Faktoren-Struktur in der deutschen Sprache (Ostendorf, 1990, S. 2) mit Hilfe des psycho-lexikalischen Ansatzes. Zu Beginn seiner Studie betrachtete der Autor die Generalität der fünf Faktoren mit Skepsis, da sich die meisten amerikanischen Studien auf sehr kleine, subjektiv zusammengestellte Begriffsstichproben stützen. Ostendorf schloss daraus, dass eine aussagekräftige Prüfung des Fünf-Faktoren-Modells nur auf der Grundlage einer umfassenden und repräsentativen Variablenstichprobe möglich sei.

Aus Wahrigs deutschem Wörterbuch von 1981 extrahierte er 4 827 personbeschreibende Adjektive und ergänzte sie um weitere 265 aus sechs verschiedenen

Literaturquellen wie z. B. der deutschen Übersetzung der Adjective Check List (Gough & Heilbrun, 1980) durch Weinert. Diese 5 092 Adjektive wurden im Anschluss von zehn unabhängig voneinander arbeitenden Beurteilern 13 Kategorien eines Klassifikationssystems zugeordnet. Kategorien waren beispielsweise Temperament- und Charaktereigenschaften, Emotionen oder Körpermerkmale. Anhand dieser Klassifikation wurden diejenigen Adjektive ausgewählt, die mit mindestens achtzigprozentiger Beurteilerübereinstimmung der Kategorie der Dispositionsbegriffe zugeordnet wurden. Dispositionsbegriffe beschreiben Temperament- und Charaktereigenschaften, Fähigkeiten, Begabungen und Talente. Adjektive aus Kategorien wie Erleben und Verhalten, gesellschaftliche und soziale Aspekte von Individuen oder rein äußerliche Charakteristika von Personen wurden ausgeschlossen. Die verbleibenden 411 Adjektive können nach Meinung des Autors als repräsentativ für die Population der eigenschaftsbeschreibenden Adjektive in der deutschen Sprache angesehen werden. Besonders zu betonen ist hier, dass die so wichtige Auswahl der Adjektivstichprobe anhand rein statistischer Kriterien und nicht anhand semantischer Kriterien einer einzelnen Person erfolgte.

Zur Überprüfung der Korrespondenz der deutschen Faktoren mit den Faktoren im allgemeinen Fünf-Faktoren-Modell sind Indikatoren für die fünf amerikanischen Faktoren nötig. Diese so genannten Markiervariablen müssen aus den englischen Begriffen ins Deutsche übersetzt werden, was einige Schwierigkeiten mit sich bringt, da es nur für wenige englische Begriffe semantisch völlig äquivalente deutsche Begriffe gibt. Zudem gilt es zu entscheiden, welches Modell bzw. welche Begriffe aus den unterschiedlichen Ratingskalen verwendet werden sollen. Als Lösung dieser Probleme wurde durch Ostendorf eine große Menge an Markiervariablen aus verschiedenen Quellen (McCrae & Costa, 1987; Norman, 1963; Peabody, 1987; Peabody & Goldberg, 1989) übersetzt. Insgesamt ergab sich dadurch eine Liste von 179 bipolaren Ratingskalen. Mit drei unabhängig voneinander arbeitenden Übersetzern wurde versucht, die Objektivität und psychologische Äquivalenz der Übersetzungen weitgehend sicherzustellen. Aufgrund der hohen Redundanz in den 179 Skalen reduzierte Ostendorf diese im weiteren Verlauf auf 119 bipolare Skalen.

Den 411 Adjektiven wurden 197 Adjektive der 179 bipolaren Ratingskalen zugefügt, diese 608 Adjektive wurden wiederum um 222 Begriffe ergänzt. Die Begriffe stammten von Cattells bipolaren Ratingskalen (1943), Adjektiven aus der Interpersonal Check List von Wiggins (1979) (Markiervariablen für das Circumplexmodell, Kapitel 3.4) und unipolaren Adjektiv-Ratingskalen von Digman und Inouye (1986). Insgesamt wurden 830 Begriffe zur Selbst- und Bekanntenbeurteilung vorgegeben.

Das erstaunliche Ergebnis war: „Die Big Five erwiesen sich als robust über verschiedene Beurteilergruppen (Selbst- und Bekanntenbeurteilungen), verschiedene Begriffsstichproben, verschiedene Instrumente (unipolare und bipolare Ratingskalen sowie Fragebogenskalen) und über Variationen in den faktorenanalytischen Auswertungsmethoden (z. B. Rotationsverfahren)“ (Ostendorf, 1990, S. 3).

Probleme des Ansatzes

Kritik am Fünf-Faktoren-Modell wurde von einigen Autoren geübt (siehe Kapitel 3.1.5). Becker (1996a) setzte sich speziell mit dem Ansatz von Ostendorf (1990) auseinander. Seine Kritik bezieht sich vor allem auf die seiner Meinung nach zu rigorose Selektionsstrategie eigenschaftsbeschreibender Begriffe, die zu einem nicht repräsentativen Pool personbeschreibender Eigenschaften führe. Seiner Meinung nach gehen durch Ostendorfs Reduktion der 5 092 Begriffe aus Wahrigs deutschem Wörterbuch auf 411 Adjektive wichtige Aspekte verloren (z. B. fehlen Begriffe wie gesprächig, faul oder konservativ). Er kritisiert auch die Beschränkung Ostendorfs auf Temperaments- und Charaktereigenschaften sowie Fähigkeiten, Talente und Begabungen. Nach Ansicht Beckers gehören habituelle emotionale Reaktionsbereitschaften, Einstellungen und Werthaltungen ebenfalls zum Universum der Persönlichkeitseigenschaften.

An einer Stichprobe von 127 Personen untersuchte er die von Ostendorf entwickelten MR-Skalen (Kapitel 3.1.6.2), den NEO-FFI (Borkenau & Ostendorf, 1993), einige Skalen aus dem Trierer Persönlichkeitsfragebogen (P. Becker, 1989) sowie dem Trierer Inventar zur Verhaltenskontrolle (P. Becker, 1990) und zwei zusätzliche eigene Skalen Risikobereitschaft und Gefühlsbetontheit. Becker kommt zu dem Schluss, dass das Fünf-Faktoren-Modell in den deutschen Operationalisierungen Schwächen aufweist und kein umfassendes Modell darstellt. Becker schlägt deshalb einen sechsten Faktor „Gefühlsbetontheit versus Verstandesbetontheit“ vor. Becker beschreibt Personen mit hoher Gefühlsbetontheit wie folgt: „Sie lassen sich von ihren Gefühlen leiten, sind schwärmerisch, leidenschaftlich, ausgelassen und begeisterungsfähig, haben Freude am Genießen und neigen zu einem eher spontanen, impulsiven, unter Umständen risikoreichen Verhalten. Personen mit starker Verstandesorientierung vertrauen hingegen eher ihrem Verstand als ihren Gefühlen, sind vorausschauend, besonnen und vorsichtig und zeigen ein insgesamt nüchternes, von der Ratio geprägtes Verhalten, das Außenstehenden trocken, kühl und gefühlsarm erscheinen mag“ (P. Becker, 1996a, S. 218f.). Zu beachten gilt allerdings, dass die von Becker herangezogene Stichprobe zwar den formalen Anforderungen genügt, mit nur 127 Personen jedoch relativ klein ist.

3.4 Das Circumplexmodell nach Wiggins als verwandtes Konzept

Im Folgenden wird auf das Circumplexmodell nach Wiggins eingegangen. Eher als eine Ergänzung denn als Alternative zu den Big Five zu sehen, betont es die zwischenmenschlichen Aspekte der Persönlichkeit, welche speziell im Hinblick auf den Zusammenhang zwischen Persönlichkeit und sozialer Kompetenz eine bedeutende Rolle spielen.

Die gebräuchlichste Alternative zur hierarchischen Ordnung von Persönlichkeitseigenschaften (bspw. McCrae & Costa, 1999) sind die Circumplex-Ansätze. Während im hierarchischen Ansatz die Big Five als Faktoren zweiter Ordnung angesehen werden und die Facetten der Big Five als untergeordnete Faktoren erster Ordnung, betrachten die Circumplexmodelle die Facetten der Big Five als Mischung („blends“, ähnlich wie bei Whisky) der einzelnen Faktoren.

Ein Circumplexmodell (“circular continuum of complexity”, Guttman, 1954) beschreibt generell Merkmale, die entweder zwei orthogonalen oder mehreren korrelierten, bipolaren Dimensionen zugeordnet sind und aufgrund ihrer Ähnlichkeit kreisförmig angeordnet werden. Es handelt sich um die geometrische Repräsentation zirkulärer Korrelationsmatrizen, innerhalb derer eine Rangreihe von Korrelationskoeffizienten gebildet werden kann. Diese Art von Modellen wurde unter anderem zur Beschreibung des Mienenspiels bei Emotionen (Schlosberg, 1952), zur Darstellung beruflicher Interessen (Holland, 1985; Tracey & Rounds, 1997) oder auch zur Beschreibung der Persönlichkeit (P. Becker, 1999) genutzt. An dieser Stelle wird jedoch ein Circumplexmodell vorgestellt, das die Beziehungsstruktur von interpersonellen Eigenschaftsbegriffen beschreibt (Wiggins, 1979; Wiggins & Trapnell, 1996). Interpersonelle Eigenschaftsbegriffe kennzeichnen Verhaltensweisen, die ausschließlich in zwischenmenschlichen Kontakten auftreten und klare soziale oder emotionale Konsequenzen für die Interaktionspartner haben (Wiggins, 1979). Das Circumplexmodell von Wiggins geht auf Überarbeitungen von einer Auswahl der ursprünglichen Begriffsliste von Allport und Odbert (1936) durch Norman (1967) und Goldberg (1978) zurück. Wiggins reduzierte diese Liste mithilfe von Experteneinschätzungen und empirischen Kriterien (Goodness-of-fit Indices) auf die Interpersonal Adjective Scales (IAS, Wiggins, 1979).

Die interpersonelle Forschungsrichtung entwickelte sich relativ unabhängig von der Forschungsrichtung der Big Five. Ursprünglich lag der Fokus in dyadischen Interaktionen in psychotherapeutischen Settings, in einem neo-freudianischen Rahmen (Leary, 1957). Dieses Modell findet dementsprechend vor allem bei klinischen Problemen Anwendung, beispielsweise in der Psychotherapie. Der Ansatz betont die zwei Dimensionen der Persönlichkeit, die in diesen Interaktionen am ehesten zum Tragen kommen: control (dominance vs. submission, vgl. surgency/extraversion bei den Big Five) und affiliation (nurturance vs. hostility, vgl. agreeableness bei den Big Five).

Die beiden Achsen spiegeln die zwei Leitmotive zwischenmenschlichen Handelns wider, zum einen "agency: the condition of being a differential individual, and its manifestation in striving for mastery and power" und zum anderen "communion: the condition of being part of a larger spiritual or social community, and its manifestation in striving for intimacy, union, and solidarity with that larger entity" (Graziano & Eisenberg, 1997, S. 801).

Das Strukturmodell, das dem interpersonalen System zugrunde liegt, ist ein zweidimensionaler Circumplex (siehe Abbildung 5), in welchem die Variablen in einem Kreis um die bipolaren, orthogonalen Koordinaten "dominance / agency / status" und "nurturance / communion / love" angeordnet sind. Die Achsen sind letztlich aber nur Referenzpunkte, die es ermöglichen, die Positionen der Variablen zueinander darzustellen. Sie teilen den Kreis in acht Verhaltenssegmente, sogenannte Oktanten, die kreisförmig um den Mittelpunkt gruppiert sind.

In diesem Modell korrelieren benachbarte Variablen positiv miteinander und gegenüberliegende Variablen korrelieren negativ. Das Modell stellt eine Alternative zu den Einfach-Struktur-Modellen der Faktorenanalysen dar: Anstatt Daten auf möglichst wenige Basisdimensionen zu reduzieren wird eine kreisförmige Anordnung der Variablen angenommen.

Obwohl bereits Goldberg (1981) die Ähnlichkeiten zwischen den Circumplex-Komponenten „dominance" und „nurturance" und den Big-Five Faktoren Extraversion und Verträglichkeit entdeckt hat, haben erst McCrae und Costa (1989) die Konvergenz zwischen Selbst- und Bekanntenbeurteilungen des NEO-PI und Selbstbeurteilungen der Interpersonal Adjective Scales (IAS, Wiggins, 1995) untersucht. Ergebnisse zeigten ein klares Circumplex-Muster der IAS Variablen um die orthogonalen NEO-PI Faktoren Extraversion und Verträglichkeit. McCrae und Costa (1989) kommen zu dem Schluss, dass sich das Circumplexmodell und das Fünf-Faktoren-Modell ergänzen und beide zum Verständnis interpersonellen Verhaltens beitragen, wobei sie bestreiten, dass das Circumplexmodell zur Beschreibung der Persönlichkeit ausreiche (Costa & McCrae, 1992a).

Abbildung 5: Circumplexmodell interpersonellen Verhaltens nach Wiggins und Trapnell (1990; 1997)*

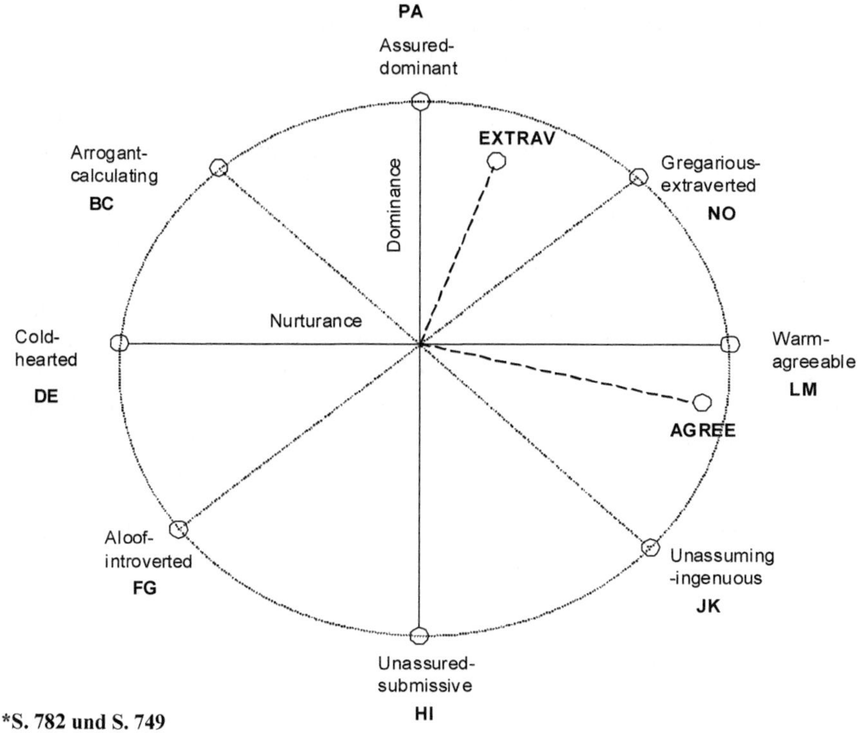

***S. 782 und S. 749**

Das Fünf-Faktoren-Modell biete einen größeren Bezugsrahmen, in dem das Circumplexmodell eingeordnet und interpretiert werden kann. Der interpersonelle Kreis biete wiederum eine nützliche Erweiterung einiger Aspekte der zwei Faktoren Extraversion und Verträglichkeit.

Ostendorf (1990) kritisierte das Vorgehen der stark deduktiven Reduktion und letztendlich die Repräsentativität der Begriffe im Circumplexmodell. Für ihn wurden die inhaltlichen Sektoren des Modells sehr früh bestimmt und die empirische Selektion der Begriffe durch die Modellannahmen a priori geleitet. Seiner Meinung nach erscheint die Interpersonalität vieler Begriffe zweifelhaft und er vermutet zudem, dass sich spezifische Sektoren des Modells in einem „höherdimensionalen“ Modell wie dem Fünf-Faktoren-Modell adäquater abbilden ließen. Er ist der Ansicht, dass in vielen Circumplexmodellen Variablen beschrieben werden, die nicht als interpersonell bezeichnet werden können. „Natürlich sind auch alle Dimensionen des Fünf-Faktoren-Modells in gewissem Sinne interpersonal, da sie Eigenschaften beschreiben, die das Interaktionsverhalten von Personen zumindest indirekt beeinflussen. Zum Beispiel arbeitet man vielleicht nicht gern mit übergenauen, peniblen Personen zusammen, schätzt originelle, kreative Personen, ist in der Gegenwart ängstlicher Menschen selbst verunsichert, etc. Die Faktoren Culture, Conscentiousness und Emotional Stability dürften jedoch vor allem Verhaltensweisen beschreiben, die auch in der Abwesenheit anderer Personen realisiert werden können“ (Ostendorf, 1990, S. 37). Ostendorf ist jedoch wie auch McCrae und Costa (1989) der Meinung, dass die Faktoren Extraversion und Verträglichkeit direkt die Quantität und Qualität sozialer Interaktionen beeinflussen.

In einer Studie (Ostendorf, 1990) erhob er unter anderem multiple Prototypikalitätseinschätzungen und Einschätzungen der Interpersonalität der Adjektive seiner 830 Begriffe umfassenden Liste zur Klärung der konzeptionellen Beziehungen der fünf Faktoren und dem Circumplexmodell von Wiggins. Ein Großteil der Facetten des Circumplexmodells konnte dabei den Faktoren I und II (surgency/ extraversion und agreebleness) nach Norman zugeordnet werden. „Die Korrelationen mit dem Interpersonalitätsrating bestätigen, dass interpersonelle Begriffe vor allem unter den Markiervariablen der Faktoren Agreeableness und Surgency aufzufinden sind. Je prototypischer ein Begriff für den negativen oder positiven Pol des Faktors Agreeableness eingeschätzt wird, umso eher beschreibt er Verhaltensweisen, die in interpersonellen Kontakten realisiert werden. Der gleiche Zusammenhang gilt für den Faktor Extraversion, allerdings in deutlich schwächerem Maße. Demgegenüber beschreiben Begriffe umso weniger interpersonelle Themen je mehr sie prototypische Merkmale der Faktoren Conscentiousness, Culture und Emotional Stability beschreiben“ (Ostendorf, 1990, S. 68).

Für Wiggins und Trapnell (1997) sind das Circumplexmodell und das Fünf-Faktoren-Modell ebenfalls nicht etwa konkurrierende, sondern sich ergänzende Modelle. Zu diesem Zweck hat Wiggins (Trapnell & Wiggins, 1990) das IAS um die Dimensionen Gewissenhaftigkeit, Neurotizismus und Offenheit für Erfahrungen (Items aus der Auswahl Goldbergs, 1978) zum IASR-B5 (Wiggins & Trobst, 2002) erweitert. Die Beziehung zwischen beispielsweise Neurotizismus und zwischenmenschlichem Verhalten erscheint plausibel: erhöhte Werte im Faktor Neurotizismus stehen in Beziehung zu eher introvertiertem, unsicherem oder unterwürfigem Verhalten. Wiggins und Trapnell schreiben diesem Verhalten Mangel an sozialer Kompetenz und soziale Angst zu. Das Instrument beinhaltet insgesamt 124 Items und hat nach Angabe der Autoren gute Struktureigenschaften und viel versprechende konvergente und diskriminante Validität zum NEO-PI (Costa & McCrae, 1985) und dem Hogan Personality Inventory (R. Hogan, 1986).

Dierk, Sommer und Heinrigs (2002) untersuchten den Zusammenhang zwischen sozialer Kompetenz und dem Circumplexmodell interpersonalen Verhaltens. Soziale Kompetenz wurde hier durch den Unsicherheitsfragebogen nach Ullrich (Ullrich & Ullrich, 1977) operationalisiert, das Circumplexmodell durch das Inventar Interpersonaler Probleme (Horowitz, Strauß & Kordy, 1994). Mit einer gemischten Stichprobe aus psychisch gestörten und klinisch unauffälligen Probanden ergaben sich hohe kanonische Korrelationen zwischen den beiden Instrumenten, jedoch keine Deckungsgleichheit. Der hohe Zusammenhang wird speziell auf die Faktoren soziale Unsicherheit, Ausnutzbarkeit und soziale Kompetenz im Sinne von „fordern können" zurückgeführt. Einschränkend muss angefügt werden, dass dieser Studie ein klinischer Ansatz der sozialen Kompetenz zugrunde liegt (siehe Kapitel 2.2.1).

Fazit

Das Circumplexmodell interpersonellen Verhaltens und das Fünf-Faktoren-Modell unterscheiden sich hinsichtlich ihres Ursprungs (psychiatrische Interaktionen vs. empirische Zusammenfassung von Versuchen, Persönlichkeit zu messen), ihres Inhalts (Dispositionen im Zusammenhang mit interpersonellen Interaktionen vs. umfassende Persönlichkeitseigenschaften) und ihrer Struktur (Circumplex vs. hierarchisches Modell). Während das Fünf-Faktoren-Modell die Vielfalt der Persönlichkeit auf die höchste Ladung auf einem der fünf Faktoren reduziert, stellt das Circumplexmodell zwischenmenschliches Verhalten als gleichmäßig verteilt zwischen den beiden Dimensionen „control" und „affiliation" dar. Beide Modelle können sich jedoch ergänzen und somit zum Verständnis interpersonellen Verhaltens beitragen (McCrae & Costa, 1989).

Es gibt einige Hinweise darauf, dass die Big Five anstatt in einer Einfachstruktur in einer Circumplexstruktur abgebildet werden können (Hofstee et al., 1992). Schließlich ist die Annahme, dass Eigenschaften stark mit einem bestimmten Faktor korrelieren und gar nicht mit einem anderen Faktor, sehr restriktiv. Oder wie De Raad (1998, S. 118) es ausdrückt: "Empirically spoken, this representation is more Catholic than the pope is". Seiner Ansicht nach korrelieren die Mehrzahl der Eigenschaften mit zwei Faktoren – aber auch nicht mit mehr als zwei Faktoren. Mit Hofstee entwickelte er deshalb das Abridged Big Five Circumplex (AB5C) Modell, in dem die resultierenden zehn Faktorpaare kreisförmig angeordnet sind. Für nähere Ausführungen siehe De Raad (2000; De Raad & Hofstee, 1993).

4 Fragestellung

> “The individual cannot be considered apart from the interpersonal situation, in which he or she is engaged.” (Wiggins & Trapnell, 1996, S. 120)

Die Persönlichkeitspsychologie fokussiert historisch gesehen vor allem die Aspekte der Persönlichkeit, die unveränderlich sind über verschiedene Situationen und Umwelten hinweg. Die Theorie zwischenmenschlicher Beziehungen betrachtet im Gegensatz dazu Persönlichkeit als eingebettet in reale oder fiktive Beziehungen zwischen einem Individuum und anderen Personen. Aus einem radikal zwischenmenschlichen Blickwinkel ist Persönlichkeit somit nichts anderes als die Summe der zwischenmenschlichen Verhaltensstile im Verlauf des Lebens eines Individuums (Sullivan, 1953). Wenn man sich dieser radikalen Sichtweise auch nicht gänzlich anschließen möchte, gibt sie doch Hinweise auf eine etwas weitere Sicht der Persönlichkeit. Auch Vertreter der Persönlichkeitspsychologie wie Costa und McCrae (zitiert nach Ansell & Pincus, 2004, S. 167) formulieren dies: “Personality is not only important in describing one’s individuality; it also plays an important role in determining the behaviors, thoughts, and feelings we have in our interpersonal interactions as well as the interpersonal impressions we make on others.” Oder: “Furthermore, all of these dimensions [Dimensionen der Persönlichkeit] are in one sense interpersonal, because each influences the ways in which individuals interact” (McCrae & Costa, 1989, S. 586). Im Folgenden werden einige Befunde zu den interpersonellen Aspekten von Persönlichkeit und zum Zusammenhang von Persönlichkeit und sozialer Kompetenz dargestellt.

Ansell und Pincus (2004) untersuchten die interpersonellen Aspekte jedes der fünf Faktoren. Während in der Forschung zur strukturellen Konvergenz des Interpersonal Circumplex (Wiggins, 1995) und des Fünf-Faktoren-Modells weitgehende Einigkeit über die interpersonelle Rolle der Faktoren Extraversion und Verträglichkeit herrscht, werden hier Offenheit und Gewissenhaftigkeit eher als intrapsychische Faktoren ohne spezifischen Bezug zu zwischenmenschlichem Verhalten angesehen (McCrae & Costa, 1989; J. A. Schmidt, Wagner & Kiesler, 1999). Ansell und Pincus (2004) gehen jedoch davon aus, dass alle Persönlichkeitseigenschaften eine wichtige Rolle in zwischenmenschlichen Beziehungen spielen. Sie baten 462 Probanden, Beschreibungen von fiktiven Personen mit extremer Ausprägung der fünf Faktoren auf der Interpersonal Adjective Scale (Wiggins, 1995) einzuschätzen. Die Ergebnisse zeigen ähnlich wie bei Schmidt et al. (1999), dass alle fünf Faktoren zwischenmenschliche Aspekte umfassen und auch in das Interpersonal Circumplexmodell eingeordnet werden können. Hohe Ausprägung von Neurotizismus wird in den kalt-unterwürfigen Quadranten des Modells einsortiert: die Personen werden als schweigsam und unsicher eingeschätzt. Zu dem

Schluss, dass hoch neurotische Individuen bei wahrgenommener zwischenmenschlicher Gefahr häufig Zuflucht in unterwürfigem Verhalten nehmen, kamen auch Moskowitz und Zuroff (2004). Im Gegensatz dazu werden emotional stabile Menschen als sozial selbstsicher, warm und mit anderen verbunden wahrgenommen. Menschen mit einer hohen Ausprägung im Faktor Offenheit für Erfahrungen wird ein beherrschender und warmer zwischenmenschlicher Stil zugeordnet, Menschen mit einer geringen Offenheit wird eine kalte, eher unterwürfige und distanzierte Art des Umgangs mit anderen attestiert. Sehr gewissenhaften Menschen wird eine dominante zwischenmenschliche Art zugeordnet. Diese wahrgenommene Durchsetzungsfähigkeit geht theoretisch einher mit den den Faktor kennzeichnenden Aspekten Leistungsstreben, Selbstdisziplin und Ordnung.

In einer vorhergehenden Studie analysierten Schmidt, Wagner und Kiesler (1995) die Beziehung zwischen dem Fünf-Faktoren-Modell und dem Interpersonal Circumplexmodell mit Hilfe des Impact Message Inventory (IMI-C). Grundlage für das IMI-C ist der „Interpersonal transaction cycle", ein dynamisches Modell, das die Beziehungen zwischen offenem Verhalten und den verborgenen intrapsychischen Reaktionen zweier interagierender Individuen abbildet. Das spezielle Augenmerk richtete sich dabei vor allem auf die Faktoren Neurotizismus, Gewissenhaftigkeit und Offenheit für Erfahrungen. Das Ergebnis ihrer Studie zeigte zwar die höchsten Korrelationen zwischen den beiden Faktoren Extraversion und Verträglichkeit mit Dominance/Nurturance, es ergaben sich jedoch auch signifikante negative Korrelationen mit dem Faktor Neurotizismus und signifikante positive Korrelationen mit den Faktoren Gewissenhaftigkeit und Offenheit. Neurotizismus, im Sinne von emotionaler Instabilität, der Tendenz negative Affekte wie Ärger und Empörung zu empfinden sowie Impulsivität, korreliert mit einer feindlich-unterwürfigen Wahrnehmung der Beurteilenden und ruft Gefühle wie Ärger und Rückzug hervor. Erstaunlicherweise werden gewissenhafte Personen als verträglich und angenehm wahrgenommen, was die Autoren mit der Tatsache erklären, dass man sich auf gewissenhafte Personen verlassen könne und diese einen Teil der Last (wie auch immer diese aussehen mag) mittragen. Personen mit hoher Ladung auf dem Faktor Offenheit werden als freundlich und einladend erlebt. Dies lässt sich nach Meinung der Autoren dadurch erklären, dass eine Person, die neuen Dingen gegenüber generell aufgeschlossen ist, dies auch gegenüber den Ideen und der Person des Gegenübers ist. Diese Aufgeschlossenheit wird als Akzeptanz interpretiert. "In any case, wether or not Neuroticism, Conscentiousness, and Openness are primarily interpersonal in nature, it appears that they still have important interpersonal consequences as measured by the reactions of others, and thus are at least partially interpersonal and should not be viewed as strictly intrapsychic" (J. A. Schmidt et al., 1999, S. 230).

Neben diesen interpersonellen Aspekten der Big Five interessiert im Folgenden vor allem der Zusammenhang der Faktoren zu dem Konzept der sozialen Kompetenz. Bei der Teilgruppe der Jugendlichen zwischen 11 und 14 Jahren korreliert nach Einschätzung der Lehrer die generelle soziale Kompetenz beispielsweise mit folgenden Komponenten der Big Five: Extraversion .68, Offenheit für Erfahrung .52 und Neurotizismus -.38 (Graziano & Ward, 1992). Im Weiteren wird jedoch auf diese Teilgruppe kein besonderes Augenmerk gerichtet, im Vordergrund steht die Zielgruppe der (jungen) Erwachsenen.

Kauffeld und Grote (2000a) untersuchten den Zusammenhang zwischen den 16-Persönlichkeits-Adjektiv-Skalen (16-PA) von Brandstätter und dem Kassler-Kompetenz-Raster (KKR, siehe Kapitel 2.1.2). Der 16-PA beruht auf den Cattell'schen Globaldimensionen der Persönlichkeit und gibt als fünf Sekundärfaktoren Normgebundenheit (Orientierung an Forderungen des eigenen Gewissens oder sozialen Regeln), Belastbarkeit (stabiles Selbstvertrauen), Unabhängigkeit (den eigenen Weg gehen, Selbstbehauptung), Entschlussbereitschaft (verstandesbetont, handlungsorientiert) und Kontaktbereitschaft (sozial aufgeschlossen, Nähe anderer Menschen suchend) an. Es fanden sich Zusammenhänge zwischen Sozialkompetenz und Kontaktbereitschaft von .19, Belastbarkeit (speziell Selbstvertrauen) von .32 und Unabhängigkeit (Durchsetzungsfähigkeit) von .14. Sozialkompetenz wird dabei im KKR definiert als Fähigkeit „kommunikativ und kooperativ selbstorganisiert" zu handeln (Kauffeld, Grote & Frieling, 2003, S. 267).

Zwischen dem NEO-FFI (Borkenau & Ostendorf, 1991) und dem Interpersonal Competence Questionnaire (ICQ) (Buhrmester, 1996; Riemann & Allgöwer, 1993) zeigten sich ebenfalls deutliche Zusammenhänge. Die interpersonelle Kompetenz wird nach Buhrmester (1996) definiert als die der sozialen Interaktion in engen persönlichen Beziehungen zugrunde liegende soziale Kompetenz. Die Skala „Initiieren von Interaktionen und Beziehungen" korreliert dabei positiv mit Extraversion und negativ mit Neurotizismus. „Durchsetzung persönlicher Rechte, Kritikfähigkeit" korreliert negativ mit Neurotizismus und Verträglichkeit, „Preisgabe persönlicher Informationen" steht in negativem Zusammenhang mit Gewissenhaftigkeit und „emotionale Unterstützung anderer" korreliert positiv mit Offenheit und Gewissenhaftigkeit. Interessanterweise korreliert die Skala „Regelung von Konflikten" mit keinem der fünf Faktoren.

Kanning (2006) fand bei der Entwicklung und Validierung einer deutschen Version des ICQ positive Korrelationen zwischen „Initiieren von Interaktionen und Beziehungen" sowie „Preisgabe persönlicher Informationen" und Extraversion, Verträglichkeit und Offenheit, zudem fand er negative Korrelationen mit Neurotizismus. „Durchsetzung persönlicher Rechte, Kritikfähigkeit" korreliert außerdem positiv mit Extraversion und negativ mit Neurotizismus. „Emotionale

Unterstützung" und „Regelung von Konflikten" korrelieren positiv mit Extraversion, Gewissenhaftigkeit, Verträglichkeit und Offenheit und negativ mit Neurotizismus. Zusammenfassend zeigt sich, dass Extraversion mit allen Facetten des ICQ positiv, Neurotizismus mit allen negativ korreliert. In der folgenden Tabelle werden die Korrelationen des NEO-FFI mit dem ICQ nach Riemann und Allgöwer (1993, S. 161) und Kanning (2006, S. 48) gegenübergestellt.

Tabelle 3: Korrelationen des NEO-FFI mit dem ICQ*

	Initiierung von Interaktionen	Durchsetzungsfähigkeit	Preisgabe persönlicher Informationen	Emotionale Unterstützung anderer	Regelung von Konflikten
Reliabilität	.89 (.84)	.80 (.80)	.78 (.72)	.84 (.82)	.77 (.73)
Extraversion	.49 (.60)	.13 (.26)	.17 (.42)	.22 (.35)	.00 (.21)
Verträglichkeit	.10 (.18)	-.21 (.01)	.22 (.24)	.18 (.30)	.11 (.34)
Gewissenhaftigkeit	-.03 (.31)	.04 (.26)	-.10 (.42)	.34 (.35)	.18 (.21)
Neurotizismus	-.38 (-.37)	-.25 (-.32)	.07 (-.25)	-.10 (-.31)	-.16 (-.36)
Offenheit	-.01 (.21)	-.11 (.07)	.22 (.16)	.29 (.21)	.06 (.16)

*Werte ohne Klammern nach Riemann und Allgöwer (1993, S. 161), Werte in Klammern nach Kanning (2006, S. 48)

Richtung des Zusammenhangs

Asendorpf und Neyer (2001) konnten zeigen, dass Persönlichkeitseigenschaften eine höhere Stabilität (im Schnitt .59 über einen Zeitraum von vier Jahren) aufweisen als die berichtete Qualität sozialer Beziehungen (im Schnitt .39) und kamen anhand von Pfadanalysen zu dem Schluss, dass Veränderungen der Persönlichkeit zu einer veränderten Qualität der sozialen Beziehungen einer Person führt. "These results indicate that overall interpersonal behavior is, at least in part, the final result of characteristics within the individual personality that became stabilized over the life course" (Neyer & Asendorpf, 2001, S. 1201). Sie folgern zudem, dass die Persönlichkeit von jungen Erwachsenen schon soweit stabil sei, dass Persönlichkeitseigenschaften Auswirkungen auf soziale Beziehungen haben, diese jedoch nicht umgekehrt die Persönlichkeitseigenschaften beeinflussen. Aufgrund der Methode der Pfadanalysen kann darüber zwar schlussendlich keine kausale Aussage gemacht werden, frühere Studien (Asendorpf & Wilpers, 1998) zeigten aber bereits, dass Extraversion, Verträglichkeit und Gewissenhaftigkeit die Anzahl von sozialen Beziehungen und Konflikte in denselben vorhersagen, während die Qualität von Beziehungen keine Vorhersage über Persönlichkeitseigenschaften erlaubt. Dies spricht gegen die These von reziproken Einflüssen von Persönlichkeit und sozialen Beziehungen: Persönlichkeit beeinflusst soziale Beziehungen, aber nicht umgekehrt (siehe dazu auch Kanning, 2003).

Situationsspezifität

Persönlichkeitseigenschaften werden im Allgemeinen als Konstrukte verstanden, mit denen sich das Verhalten einer Person im situationalen Kontext beschreiben lässt. Es gibt allerdings keine allgemein akzeptierte Taxonomie dieses situationalen Kontexts. Das Ziel von Ten Berge und De Raad (2002) war eine eben solche Taxonomie zu erstellen: eine Struktur von Situationen, in denen trait-relevantes Verhalten stattfindet. Letztlich geht es hierbei um die Frage, ob Personen mit bestimmten Persönlichkeitseigenschaften in bestimmten Situationen besser zurecht kommen. Die Situationen sollten so gestaltet sein, dass sie individuelle Verhaltensunterschiede erlauben oder sogar hervorrufen. Ten Berge und De Raad (2002) geben als Beispiel für eine Situation, die diese Unterschiede nicht erlaubt, den Gesprächsanteil eines Lehrers im Unterricht an. Das Verhalten in dieser Situation lässt keine Rückschlüsse auf die Persönlichkeitseigenschaft „Gesprächigkeit" zu, da die Situation kaum Verhaltensspielraum zulässt.

Ten Berge und De Raad (2002) ließen 177 Personen einschätzen, wie gut sie mit verschiedenen Situationen umgehen konnten, zum Teil wurde diese Einschätzung durch Fremdeinschätzungen ergänzt. Zusätzlich wurde das Five Factor Personality Inventory (FFPI) vorgegeben.

Als Resultat der Untersuchung ergaben sich folgende vier Arten von Situationen:

1. *angenehme Situationen*, z. B. einen Test bestanden haben, jemanden nettes sehen, mit einem Cappuccino auf der Terrasse sitzen,
2. *persönlich unbehagliche Situationen*, z. B. schlechte Nachrichten hören, zu wissen, dass man den Bus verpassen wird, arbeitslos sein,
3. *Situationen mit zwischenmenschlichen Konflikten*, z. B. beleidigt werden, mit widersprüchlichen Interessen konfrontiert sein, eine aggressive Person treffen,
4. *Situationen mit sozial anspruchsvollen Aufgaben*, z. B. auf einer Party sein, jemanden um ein Date bitten, einen Vortrag halten müssen.

Personen mit spezifischen Ausprägungen in den Big Five können mit bestimmten Situationen besser oder schlechter umgehen. Für jeden Faktor der Big Five ergab sich eine relativ klare Zusammenstellung von Situationen, wobei die Faktoren Extraversion und emotionale Stabilität als so genannte Temperamentfaktoren dabei generell besser differenzierten zwischen den Personen, die gut bzw. schlecht mit den oben genannten Situationen umgehen können als die so genannten Charakterfaktoren Verträglichkeit und Gewissenhaftigkeit – vielleicht weil die Bedeutung dieser Faktoren weniger durch den situationalen Kontext spezifiziert wird. Bezüglich der Charakterfaktoren handeln Personen gut oder weniger gut – unabhängig von der Situation: "being silent is considered introvert in one situation (at a party), but is considered uninformative in another situation (when listening to a speech). Likewise, being nervous is considered as emotionally unstable in one situation (when doing shopping), but is considered perfectly natural in another situation (when getting married). Being kind, however, is (almost) always considered agreeable, and being orderly is (almost) always considered conscientious" (Ten Berge & De Raad, 2002, S. 100).

Personen mit einer hohen Ausprägung im Faktor Extraversion können speziell mit Situationen mit sozial anspruchsvollen Aufgaben besser umgehen als introvertierte Personen. Mit einer hohen Ausprägung im Faktor emotionale Stabilität können Personen unbehagliche Situationen, Situationen mit sozial anspruchsvollen Aufgaben und in geringerem Ausmaß auch Situationen mit zwischenmenschlichen Konflikten besser meistern als Personen mit geringer emotionaler Stabilität.

Fazit

Als Fazit lässt sich festhalten, dass alle fünf Faktoren der Persönlichkeit interpersonelle Aspekte besitzen und Zusammenhänge zur sozialen Kompetenz aufweisen. Dabei scheint die Richtung des Zusammenhangs von Persönlichkeit zu sozialer Kompetenz zu gehen: Persönlichkeit beeinflusst die soziale Kompetenz, nicht umgekehrt. Der Einfluss von Persönlichkeitsfaktoren kommt in spezifischen sozialen Situationen zwar unterschiedlich stark zum Tragen, in der vorliegenden Studie wird jedoch keine Differenzierung sozialer Situationen vorgenommen. Gesucht werden situationsübergreifend spezifische Zusammenhänge zwischen den einzelnen Faktoren der Big Five und sozialer Kompetenz.

4.1 Spezifische Zusammenhänge zwischen Persönlichkeit und sozialer Kompetenz

Im Folgenden werden die Befunde zu den Zusammenhängen zwischen den fünf Faktoren der Persönlichkeit und sozialer Kompetenz dargestellt. *Daraus abgeleitete Hypothesen für die vorliegende Studie werden dabei kursiv dargestellt.*

4.1.1 Extraversion

Extraversion erleichtert generell die Aufnahme sozialer Beziehungen: Gesellige Personen sind schon deshalb eher in der Lage aktiv neue soziale Beziehungen aufzubauen, weil sie einfach mehr Zeit mit anderen verbringen (Diener, Larsen & Emmons, 1984). Hohe Werte im Faktor Extraversion (v. a. im Aspekt positive

Affektivität) korrelieren positiv mit dem Ausmaß an sozialer Aktivität (Watson, 1988) und mit der Anzahl sozialer Kontakte (Sarason, Levine, Basham & Sarason, 1983). Darüber hinaus korreliert Extraversion positiv mit der allgemeinen Zufriedenheit mit den eigenen sozialen Beziehungen (Lopes, Salovey & Straus, 2003) und mit der gegebenen sozialen Unterstützung (Sheese, 2006).

Vyrost und Kyslova (2006) untersuchten den Zusammenhang zwischen sozialer Intelligenz, erfasst über die „Tromso Social Intelligence Scale" (Silvera, Martinussen & Dahl, 2001) und interpersonellen Persönlichkeitseigenschaften, erfasst über die „Interpersonal Adjective Scales" (Wiggins, 1995). Sie fanden zwar keine direkten Zusammenhänge zwischen den beiden Konstrukten, Dominanz und Extraversion scheinen jedoch allgemein eine Art Grundlage für sozial intelligentes Verhalten darzustellen.

Zusammenfassend wird in der vorliegenden Untersuchung ein positiver Zusammenhang zwischen Extraversion und dem Fähigkeitskonzept der sozialen Verantwortung angenommen.

4.1.2 Verträglichkeit

Der Wesenszug Verträglichkeit korreliert zwar negativ mit dem Durchsetzen eigener Ziele, trägt aber mit Hilfsbereitschaft, Freundlichkeit und Nachgiebigkeit zur Aufrechterhaltung von sozialen Beziehungen bei (Schuler & Barthelme, 1995).

Ein Bestandteil von Verträglichkeit ist das prosoziale Verhalten. Dieses ist gekennzeichnet als freiwilliges Verhalten mit dem Ziel, einem anderen etwas zugute kommen zu lassen. Dabei sei dahingestellt, ob dies aus altruistischen Motiven oder aus niedrigeren Beweggründen wie Belohnung oder sozialer Anerkennung geschieht. Es bestehen positive Korrelationen zwischen prosozialem Verhalten und allgemeiner sozialer Kompetenz, denn es genügt nicht nur die Orientierung am anderen, es bedarf zudem auch einer gewissen Fähigkeit zur Perspektivenübernahme und der Fähigkeit die „Hilfsaktionen" zu initiieren und auszuführen (Graziano & Eisenberg, 1997, S. 813). Prosoziales Verhalten und damit Verträglichkeit korreliert darüber hinaus positiv speziell mit sozialer Verantwortung (Bierhoff, 2003; Eisenberg et al., 1989), welche dadurch gekennzeichnet ist, dass man für andere einsteht und deren Interessen berücksichtigt.

Eine geringe Verträglichkeit wiederum führt bei Jugendlichen zu mehr Konflikten im Alltag, zu schlechteren Beziehungen zu Lehrern und Gleichaltrigen (Graziano, Jensen Campbell & Finch, 1997; Jensen Campbell, Graziano & Hair, 1996) sowie allgemein zu vermehrten negativen sozialen Interaktionen (Sheese, 2006). *In der vorliegenden Studie wird deshalb von einem positiven Zusammenhang und Kooperationsfähigkeit zwischen Verträglichkeit, sozialer Verantwortung und Konfliktfähigkeit (siehe Kapitel 4.2.1) ausgegangen.*

4.1.3 Gewissenhaftigkeit

Auch der allgemein als intrapsychisch deklarierte Faktor Gewissenhaftigkeit hat, wie bereits eingangs erwähnt, Wirkung auf zwischenmenschliche Beziehungen: "... to the extent that an individual's conscentiousness (or tendency to enact goal- or achievement-orientied behavior) influences the covert reactions or overt behavior of that other person, and by extension, influences the relationship between the two individuals, then the conscentiousness trait is not entirely intrapsychic but is partially interpersonal in nature, by virtue of its interpersonal consequences" (J. A. Schmidt et al., 1999, S. 223). Die Eigenschaft Gewissenhaftigkeit spielt immer dann eine Rolle, wenn es um Situationen geht, in denen Leistung, Konformität oder sozial verordnete Impulskontrolle eine Rolle spielen (J. Hogan & Ones, 1997). Gewissenhafte Menschen fühlen sich ihren (selbstgesetzten) Zielen verpflichtet, sind loyal und zeigen kein regelwidriges Verhalten – Eigenschaften, deren Bedeutung in einer sozialen Beziehung nicht zu unterschätzen ist. Gewissenhaftigkeit trägt damit auch wesentlich zum Erfolg im Berufsleben bei (Barrick & Mount, 1991; Barrick et al., 2001), bei dem die Aufnahme und Aufrechterhaltung sozialer Beziehungen ein wesentlicher Bestandteil ist.

Gewissenhaftigkeit weist auch eine Korrelation von .50 zu sozialer Verantwortung auf (Bierhoff, 2000, 2003), denn die beiden wesentlichen Komponenten sozialer Verantwortung sind zum einen die Erfüllung der (berechtigten) Erwartungen anderer und zum anderen die Befolgung der sozialen Spielregeln. *Es wird daher von einem positiven Zusammenhang zwischen Gewissenhaftigkeit und Kooperationsfähigkeit sowie sozialer Verantwortung ausgegangen.*

4.1.4 Neurotizismus

Während Extraversion allgemein mit sozialem Einfluss in Verbindung gebracht wird, steht Neurotizismus einer sozialen Bindung eher entgegen (Henderson, Byrne & Duncan-Jones, 1981; Sarason et al., 1983). Neurotizismus zeigt durchgehend negative Zusammenhänge mit dem Initiieren von sozialen Interaktionen und Beziehungen. Es liegt auf der Hand, dass neurotisches Verhalten wie beispielsweise sich schnell zu ärgern oder zu entrüsten die Aufnahme sozialer Beziehungen behindert. Neurotizismus korreliert zudem negativ mit der allgemeinen Zufriedenheit mit bestehenden sozialen Beziehungen (Lopes et al., 2003), vor allem mit der Zufriedenheit mit sozialer Unterstützung in denselben. Gründe dafür könnten auch in der mangelnden Durchsetzungsfähigkeit in sozialen Beziehungen liegen, dabei speziell mit dem Behaupten persönlicher Rechte und der Fähigkeit, andere Personen zu kritisieren.

Kurdek (1997) untersuchte ebenfalls den Einfluss von Neurotizismus auf soziale Beziehungen und fand heraus, dass hohe Neurotizismuswerte einen Einfluss auf die Bindung in einer Beziehung haben, vor allem in Bezug auf die Kosten einer Beziehung, die Nähe zur idealen Beziehung und die Attraktiviät von Alternativen zur bestehenden Beziehung. Personen mit hohen Neurotizismuswerten konstruieren unrealistische Gedanken und begegnen ihrer Umgebung mit Unsicherheit und bösen Vorahnungen (Costa & McCrae, 1992b). Neurotische Personen haben auch Schwierigkeiten eine Beziehung aufrecht zu erhalten, da sie sämtliche Ereignisse an ihren unrealistischen Standards messen. Eine weitere Erklärung ist, dass stark neurotische Personen die generelle Tendenz aufweisen, mit dem Leben unzufrieden zu sein. Sie tendieren dazu, ihren Ärger durch zwischenmenschliche Feindseligkeit auszudrücken und sehr empfindlich auf Stress zu reagieren, was im Laufe der Zeit das Entgegenkommen jedes Partners strapaziert.

Die Tendenz einer Person zu negativen Gedanken und Gefühlen und deren Ausdruck führt bei dem Ehepartner zur Attribution von ehelichen Problemen auf stabile und globale Charakteristika des Partners (Karney, Bradbury, Fincham & Sullivan, 1994). Diese Attributionen führen zwangsläufig zu einer Abnahme der Qualität der Beziehung. Letztlich ist Neurotizismus als die Persönlichkeitseigenschaft identifiziert, die den größten negativen Einfluss auf allgemeine soziale Beziehungen hat.

In der vorliegenden Untersuchung wird der Faktor Neurotizismus entsprechend der Benennung nach Ostendorf als emotionale Stabilität geführt. Geringe Werte in diesem Faktor entsprechen dabei hohen Neurotizismuswerten und umgekehrt. Es wird davon ausgegangen, dass sich der allgemein negative Einfluss von Neurotizismus auf soziale Beziehungen speziell in Konfliktsituationen zeigt. *In der vorliegenden Studie wird von einem positiven Zusammenhang zwischen emotionaler Stabilität und Konfliktfähigkeit ausgegangen (siehe Kapitel 4.2.1), zudem wird von einem positiven Zusammenhang zu Selbstständigkeit ausgegangen (siehe Kapitel 4.2.4).*

4.1.5 Offenheit für Erfahrungen

Offenheit für Erfahrungen wird im Allgemeinen nicht von vornherein mit zwischenmenschlichen Aspekten in Verbindung gebracht. Schneider, Ackermann und Kanfer (1996) fanden jedoch Korrelationen mit einem Aspekt sozialer Kompetenz, die sie als „soziale Offenheit" (z. B.: "I enjoy interacting with people from all walks of life.") bezeichnen. Dieser Aspekt sozialer Kompetenz ist im Zeitalter der multikulturellen Gesellschaft beispielsweise in Unternehmen wichtig, in denen Individuen verschiedener Volkszugehörigkeiten effektiv miteinander arbeiten müssen.

Shafer (1999b) untersuchte den Zusammenhang zwischen den Big Five und sozialer Intelligenz (Sternberg, Conway, Ketron & Bernstein, 1981) und kam dabei zu dem Schluss, dass soziale Intelligenz am ehesten durch den Faktor V, Offenheit für Erfahrungen, vorhergesagt wird. Offenheit für Erfahrungen enthält in seiner Studie die Subkomponenten Intellekt, Kreativität und Nachdenklichkeit, was eine engere Sicht des Faktors V darstellt als dies beispielsweise bei McCrae (1994) der Fall ist. Andere Faktoren der Big Five zeigten nur einen relativ geringen Zusammenhang mit sozialer Intelligenz. Die Ergebnisse unterstützen eine These aus dem lexikalischen Ansatz, dass im fünften Faktor implizite Vorstellungen von Intelligenz enthalten sind, diese aber eher von praktischer und sozialer Natur sind als der g-Faktor der Intelligenz.

In der vorliegenden Studie wird der Faktor V Ostendorf folgend mit Kultur überschrieben und beinhaltet eher die Aspekte Kreativität und Offenheit als den Aspekt der Intelligenz. *Aufgrund der Betonung dieser Aspekte wird von einem positiven Zusammenhang zwischen Kultur und Selbstständigkeit (siehe Kapitel 4.2.4) und Führungsfähigkeit (siehe Kapitel 4.2.3) ausgegangen.*

4.1.6 Untergeordnete Eigenschaften: Schüchternheit und Durchsetzungsfähigkeit

Schüchternheit und Durchsetzungsfähigkeit werden als Persönlichkeitseigenschaften angesehen, die den Big Five Faktoren untergeordnet sind.

Schüchternheit ist eine relativ gut erforschte Eigenschaft, mit der sich Glück, Optimismus, soziale Unterstützung und Einsamkeit vorhersagen lässt (Jackson, Soderlind & Weiss, 2000). Schüchterne Menschen vermeiden Augenkontakt während eines Gesprächs und sprechen wenig in neuen, unbekannten Situationen. Sie haben zudem einen schwächeren Händedruck (Chaplin, Philips, Brown, Clanton & Stein, 2000), welcher negativ mit Extraversion, emotionaler Ausdrucksfähigkeit sowie Offenheit korreliert, aber positiv mit Neurotizismus. Durchsetzungsfähigkeit wird definiert als die Fähigkeit für seine eigenen Rechte einzustehen ohne dabei die Rechte anderer zu verletzen. Durchsetzungsfähige Menschen sind sich ihrer persönlichen Rechte bewusst, können dabei jedoch zwischen aggressivem, durchsetzungsfähigem und passivem Verhalten unterscheiden. Sie haben die verbalen und nonverbalen Fähigkeiten, um zu unangemessenen Anfragen „Nein“ zu sagen, Gefühle auszudrücken oder Wünsche zu äußern. Durchsetzungsfähigkeit korreliert positiv mit Lebenszufriedenheit, Männer erweisen sich allgemein durchsetzungsfähiger als Frauen (Costa, Terraccioano & McCrae, 2001). Schüchternheit und Durchsetzungsfähigkeit werden in der Fünf-Faktoren-Theorie von McCrae und Costa (1999) als charakteristische Anpassungen konzeptionalisiert. Die beiden untergeordneten Persönlichkeitseigenschaften stellen Anpassungen an die soziale Umwelt dar.

Bratko, Vukosav, Zarevski und Vranic (2002) untersuchten die Beziehungen zwischen den Dimensionen des Fünf-Faktoren-Modells, erhoben mithilfe des NEO-FFI, sowie den Eigenschaften Schüchternheit und Durchsetzungsfähigkeit an einer Stichprobe von 336 Jugendlichen im Alter von 16 bis 18 Jahren. Schüchternheit ist eine sich früh entwickelnde und relativ stabile Eigenschaft, welche in enger Beziehung zum Konstrukt Anpassung steht. Durchsetzungsfähigkeit wird üblicherweise als erlernte Verhaltenseigenschaft angesehen. Die beiden Eigenschaften werden von den Autoren nicht als zwei Pole derselben Eigenschaft angesehen, sondern als zwei verschiedene Konstrukte. Die Ergebnisse von Bratko et al. (2002) zeigen, dass Schüchternheit positiv mit Neurotizismus und negativ mit Extraversion korreliert. Für die Eigenschaft Durchsetzungsfähigkeit ergaben sich die umgekehrten Zusammenhänge. Interessanter Weise ergaben sich deutliche Geschlechtsunterschiede: die Zusammenhänge zeigten sich im weiblichen Teil der Stichprobe deutlicher als im männlichen Teil.

Schüchternheit und Durchsetzungsfähigkeit stellen durch ihre Nähe zu sozialer Kompetenz und ihrer Assoziation zu den Big Five Faktoren Neurotizismus und Extraversion mögliche Vermittler für die Zusammenhänge zwischen den beiden Konstrukten dar (siehe Kapitel 4.1.1 und 4.1.4).

4.1.7 Erfassung mithilfe der MR-Skalen

Grob und Maag Merki (2001) führten in der Schweiz eine groß angelegte Studie zur Erfassung überfachlicher Kompetenzen an einer Stichprobe von 182 jungen Erwachsenen im Alter von 19 bis 20 Jahren durch. Die Studie diente der Entwicklung eines Instrumentariums für die geplante Reform der pädagogischen Rekrutenprüfungen. Aufgrund des „Fehlens einer tragfähigen Theorie überfachlicher Kompetenzen" (Grob & Maag Merki, 2001, S. 37) erhoben die Autoren eine Vielzahl von Kompetenzen, Fähigkeiten und Motive, darunter Konstrukte wie Selbstständigkeit, soziale Verantwortung, Kooperationsfähigkeit, Leistungsmotivation und Kreativität. Zu den überfachlichen Kompetenzen zählt für die Autoren schlussendlich alles, was nicht speziell den fachlichen Kompetenzen einer Person zuzuordnen ist. Erfasst wurden alle Konstrukte anhand von Selbstbeschreibungen in Form von Fragebögen.

Grob und Maag Merki setzten zudem die in der vorliegenden Studie ebenfalls verwendeten MR-Skalen (siehe Kapitel 5.2.2) zur Erfassung der Big Five als externes Validierungsinstrument ein. Dies geschah zum Zwecke der Prüfung „in welchem Maße die thematisierten Konstrukte in einem Zusammenhang mit diesen fünf Faktoren stehen" (S. 246). Die MR-Skalen erreichen dabei in der eingesetzten Form mit 20 Items zumeist ausreichende Reliabilitäten (Cronbachs Alpha): Extraversion .80, Verträglichkeit .65, Gewissenhaftigkeit .78, emotionale Stabilität .71 und Kultur .85. Es ergaben sich die folgenden Zusammenhänge:

Die Skala „Fähigkeit zur Selbstständigkeit" weist schwach positive Korrelationen mit den Skalen des Fünf-Faktoren-Modells auf: einzig die Dimension Gewissenhaftigkeit korreliert zu .18. Personen, die gerne selbständig arbeiten, bezeichnen sich eher als gewissenhaft, gründlich, übergenau und ordentlich. *In der vorliegenden Studie wird dieser Zusammenhang zwischen Gewissenhaftigkeit und Selbstständigkeit geprüft.*

Die Autoren fanden signifikante Korrelationen zwischen der Skala „Fähigkeit zur Verantwortungsübernahme" und Extraversion von .28. Personen, die für eine Aufgabe gerne die Verantwortung übernehmen und angeben, dies in der Regel gut zu können, bezeichnen sich signifikant häufiger als extrovertiert. *Auch in der vorliegenden Studie wird von einem positiven Zusammenhang zwischen Extraversion und sozialer Verantwortung ausgegangen.*

Zwischen der „Fähigkeit zur Zusammenarbeit" und den fünf Faktoren gibt es folgende positive Korrelationen: Exraversion .26, Verträglichkeit .20, Gewissenhaftigkeit .23 und Kultur .17. Grob und Maag Merki erwarteten noch höhere Zusammenhänge, diese traten ihrer Meinung nach nicht auf, weil das Konstrukt Zusammenarbeit im Kontext der Schule bzw. des Ausbildungsortes im Betrieb situiert wurde. Im Rahmen schulischer und beruflicher Ausbildung erfolgt Zusammenarbeit meist aufgrund klar geregelter und strukturierter Settings. Die Möglichkeit zu entscheiden, ob alleine oder mit anderen gearbeitet werden möchte, ist dadurch stark eingeschränkt. Der Einfluss von Persönlichkeitseigenschaften sei dadurch stark begrenzt (siehe dazu auch die Situationsspezifität von Persönlichkeitseigenschaften in diesem Kapitel).

Die Fähigkeit zur Zusammenarbeit oder auch die Teamfähigkeit wird in der vorliegenden Studie über die Konzepte Kooperationsfähigkeit, soziale Verantwortung, Konfliktfähigkeit und Kommunikationsfähigkeit erfasst. Speziell der Faktor Verträglichkeit sollte dabei einen deutlichen Zusammenhang zu allen Komponenten aufweisen (siehe Kapitel 4.2.2).

4.2 Spezielle Aspekte sozialer Kompetenz und deren Zusammenhänge mit Persönlichkeit

Nachdem im vorhergehenden Kapitel die Zusammenhänge zwischen spezifischen Faktoren der Big Five und sozialer Kompetenz dargestellt wurden, werden im Folgenden spezifische Aspekte sozialer Kompetenz und ihre Zusammenhänge mit Persönlichkeitseigenschaften näher beleuchtet. *Daraus abgeleitete Hypothesen für die vorliegende Studie werden jeweils kursiv dargestellt.*

4.2.1 Konfliktfähigkeit

Konflikte scheinen in den meisten Kulturen unvermeidlicher Bestandteil zwischenmenschlicher Beziehungen jedweder Art zu sein, anders ausgedrückt: wo immer Menschen zusammenleben und -arbeiten sind Konflikte unausweichlich (Berkel, 1992; Frank & Frey, 2002, S. 120; Pascheka, 2001). Sie spielen einigen Entwicklungspsycholgen zufolge eine bedeutsame, wenn nicht sogar die bedeutsamste Rolle in der Entwicklung von sozialer Kompetenz (Shantz & Hartup, 1992). Unter Konflikten versteht man dabei die zukunftswirksame Gegensätzlichkeit von Interessen, Zielen, Handlungen, Meinungen oder Werten ("... opposing preferences with respect to future events" (Pruitt, 1998, S. 470)). Man unterscheidet grundsätzlich zwischen intrapsychischen Konflikten, welche in der kognitiven Dissonanztheorie von Interesse sind, und interpersonellen Konflikten. Die weiteren Ausführungen fokussieren diese interpersonellen oder auch sozialen Konflikte. „Soziale Konflikte sind Spannungssituationen, in denen zwei oder mehr Parteien, die voneinander abhängig sind, mit Nachdruck versuchen, scheinbar oder tatsächlich unvereinbare Handlungspläne zu verwirklichen und sich dabei ihrer Gegnerschaft bewusst sind“ (Rüttinger & Sauer, 2000, S. 7). Elemente eines Konflikts sind demnach:

- eine Spannungssituation: gekennzeichnet durch Stress, Angst und Feindseligkeit,
- die Existenz zweier oder mehrerer Parteien: ein sozialer Konflikt erfordert mindestens zwei eigenständig handelnde Parteien (Einzelpersonen, Gruppen, Organisationsteile, Verbände etc.),
- gegenseitige Abhängigkeit: das Verhalten der einen Partei hat Auswirkungen auf Durchführung, Zielerreichung und Konsequenzen von Handlungsplänen der anderen Partei,
- unvereinbare Handlungspläne: es geht um Pläne, die man in der Wirklichkeit umsetzen will, nicht um unterschiedliche Meinungen.

Die Persönlichkeit eines Menschen spielt eine bedeutende Rolle bei seinem Verhalten in Konfliktsituationen (Kato, 2003). Antonioni (1999) untersuchte den Zusammenhang der Big Five Faktoren mit fünf verschiedenen Verhaltensmustern (Rahim, 1983, 1992) im Umgang mit zwischenmenschlichen Konflikten (siehe Abbildung 6). Die Definitionen dieser Konfliktbewältigungsstile basieren vorwiegend auf den zwei Dimensionen Durchsetzung (eigene Interessen stehen im Vordergrund) und Kooperation (die Interessen anderer stehen im Mittelpunkt).

Abbildung 6: Konfliktbewältigungsstile (Rahim, 1983)*

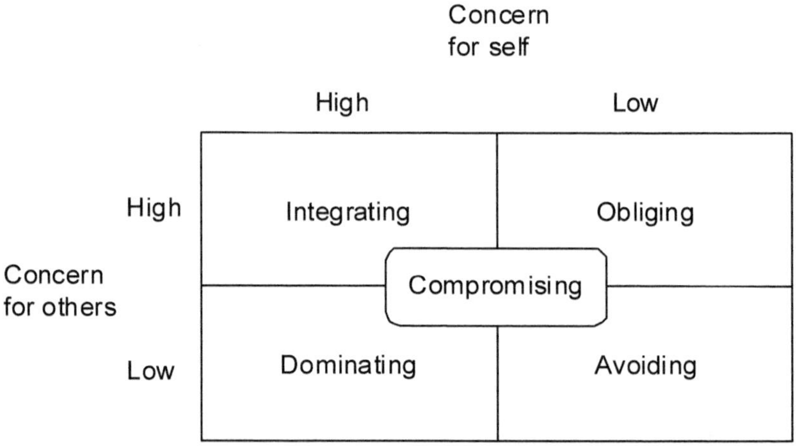

*S. 369

- *Integrating (Collaborating) Style*: Personen mit diesem Stil setzen sich für ihre eigenen Interessen ein, sind aber auch offen für den anderen, tauschen Informationen aus und suchen nach einer akzeptablen Lösung für alle Beteiligten. Es resultiert eine win-win Situation.
- *Obliging (Accomodating) Style*: Personen lassen ihre eigenen Interessen außer Acht, um die Bedürfnisse des Gegenübers zu befriedigen. Es resultiert eine lose-win Situation.
- *Dominating (Competing) Style*: Personen verhalten sich aggressiv und möchten nur sicherstellen, dass ihre eigenen Interessen verwirklicht werden. Es resultiert eine win-lose Situation.
- *Avoiding Style*: Beide Parteien unterlassen es ihre Interessen zu kommunizieren, so dass keine Interessen verwirklicht werden. Es resultiert eine lose-lose Situation.
- *Compromising Style*: Beide Konfliktparteien geben etwas von ihren Interessen auf um eine akzeptable Lösung für alle Beteiligten zu erreichen. Es resultiert eine no-win-no-lose Situation, die schlechter ist als die Auswirkung des Integrating Styles, da beide Parteien ihre Interessen nicht voll verwirklichen können.

Extraversion, Gewissenhaftigkeit, Offenheit und Verträglichkeit stehen in positiver Beziehung zum *Integrating Style*. Extraversion korreliert positiv mit dem *Dominating Style*, während Verträglichkeit und Neurotizismus damit negativ korrelieren. Extraversion, Offenheit und Gewissenhaftigkeit korrelieren negativ mit dem *Avoiding Style*, während Verträglichkeit und Neurotizismus damit positiv korrelieren. Die Autoren konnten demnach den empirischen Nachweis der Beziehung zwischen den Big Five Persönlichkeitsfaktoren und Verhaltensmustern im Umgang mit Konflikten aufzeigen.

Moberg (2001) untersuchte ebenfalls den Zusammenhang zwischen Konfliktlösungsstrategien und dem Fünf-Faktoren-Modell. Er unterschied dabei folgende vier Strategien:

- *Nonconfrontation*: Personen behandeln den Konflikt indirekt durch Minimierung der Differenzen der Parteien,
- *Confrontation*: Personen gehen mit Konflikten direkt um, indem sie die Streitpunkte offen und freimütig behandeln,
- *Compromise*: Personen machen bei der Problemlösung Zugeständnisse,
- *Control*: Personen lösen Konflikte durch (Wett-)Kampf mit und Beherrschung der anderen Partei.

Die Ergebnisse der Studie an 249 Managern sahen folgendermaßen aus: Personen mit einer geringen Ausprägung im Faktor Extraversion und Gewissenhaftigkeit sowie einer hohen Ausprägung im Faktor Neurotizismus präferierten den Stil *Nonconfrontation*. Eher extrovertierte, gewissenhafte, offene und wenig neurotische Personen bevorzugten den *Confrontation*-Stil. Personen mit hohen Werten in den Faktoren Verträglichkeit, Offenheit und Neurotizismus favorisierten den Stil *Compromise*. Personen mit einer geringen Ausprägung im Faktor Verträglichkeit bevorzugten den *Control*-Stil.

Jensen-Campbell und Graziano (2001) untersuchten speziell die Rolle von Verträglichkeit in zwischenmenschlichen Konflikten. Grundlage waren dabei hypothetische und reale Konflikte, erfasst über zweiwöchige Tagebuchaufzeichnungen. Verträglichkeit korrelierte dabei mit Motiven zum Erhalt positiver Beziehungen zu anderen: Personen mit einem hohen Wert im Faktor Verträglichkeit sind stark motiviert, positive Beziehungen zu anderen Personen zu erhalten, was dazu führt, dass diese Personen in Konflikten konstruktivere Taktiken (z. B. Kompromiss, Intervention durch eine dritte Person) wählen und konstruktivere Widerstandsmuster aufweisen. Wie erwartet, nutzen verträglichere Personen stärker den Kompromiss und weniger destruktive Taktiken wie beispielsweise aggressive körperliche Handlungen, Drohungen oder Herabsetzung des Selbstwerts des Gegenübers als Konfliktlösung. Verträglichkeit korreliert zudem auch hier positiv mit Anpassung. In einer weiteren Studie (Jensen-Campbell, Gleason, Adams & Malcolm, 2003) konnten die Autoren die Ergebnisse bestätigen: Personen mit hoher Verträglichkeit führen „harmonischere" und konstruktivere Konflikte.

Ein Befund, der sich auch bei Schwadorf wiederfindet. Er untersuchte Konfliktfähigkeit speziell an der Gruppe der Auszubildenden und fand heraus, je verträglicher Auszubildende sind, desto offener sind sie gegenüber Kritk sowohl im schulischen wie auch im betrieblichen Umfeld (Schwadorf, 2003).

Neben der Forschung zum Zusammenhang zwischen Persönlichkeitsmerkmalen und Konfliktlösungsstrategien finden sich in neuerer Zeit auch häufiger Studien zum Zusammenhang von Persönlichkeitsmerkmalen und der (emotionalen) Reaktion auf Konflikte. Beispielsweise definieren verträgliche Personen Konflikte häufiger als Beziehungskonflikte anstatt als Konflikte, die sich rein auf Aufgabenebene bewegen (Bono, Boles, Judge & Lauver, 2002). Aufgabenkonflikte beinhalten unterschiedliche Meinungen/Ideen wie eine bestimmte Aufgabe angegangen werden soll bzw. ein Problem gelöst werden kann während Beziehungskonflikte aus sozioemotionalen oder zwischenmenschlichen Meinungsverschiedenheiten bestehen, die für gewöhnlich mit Ärger oder Feindseligkeit verbunden sind. Die Unterscheidung der Konfliktarten erfolgt dabei nicht notwendiger Weise objektiv. Verträgliche Personen sind darüber hinaus allgemein unglücklicher und gestresster bei zwischenmenschlichen Konflikten (Suls, Martin & David, 1998). Ein weiterer interessanter Punkt ist, dass extrovertierte Personen dazu neigen, ihre Gefühle in Konfliktsituationen auszudrücken, neurotische Personen dies eher nicht tun, obwohl ihr Ärgerempfinden im Allgemeinen höher ist (Berry & Willingham, 1997). Letztendlich bedeuten zwar alle antizipierten oder realen Konflikte für das Individuum Stress, Konflikte haben jedoch eine noch negativere Wirkung auf das Wohlbefinden der Person und deren Zufriedenheit am Arbeitsplatz, wenn die Person wenig verträglich, emotional instabil oder introvertiert ist (Dijkstra, van Dierendonck, Evers & De Dreu, 2005).

Das Konzept der Konfliktfähigkeit im Beurteilungsbogen smk fokussiert vorwiegend die Aspekte des Annehmens und konstruktiven Äußerns von Kritik und der Konfliktlösungsstrategie des Kompromisses. Aufgrund dessen wird ein positiver Zusammenhang mit Verträglichkeit und emotionaler Stabilität postuliert.

4.2.2 Teamfähigkeit

Eine der bekanntesten und in fast allen Stellenausschreibungen geforderte berufliche Fähigkeit ist die Teamfähigkeit. In vielen Unternehmen gehört die Arbeit in Teams inzwischen zur Selbstverständlichkeit. Teamarbeit soll die Anpassungsfähigkeit des Unternehmens an dynamische Umwelten verbessern und den Umgang mit komplexen und sich verändernden Produktionsprozessen erleichtern. Zudem soll durch Teamarbeit die Arbeitsqualität der Mitarbeiter gesteigert werden – Teamarbeit biete attraktivere, intrinsisch motivierende Jobs (West, Borrill & Unsworth, 1998). Die Idee hinter dem Konzept der Teamarbeit ist, dass die Kombination sich ergänzender Kompetenzen, Wissen, Einstellungen und anderer Charakteristika zur optimalen Erreichung der Ziele der Organisation führt.

Arbeit im Team bedeutet allerdings auch eine anspruchsvolle soziale Situation. Guzzo (1996, S. 8) definiert Team in Anlehnung an Hackman (1987) wie folgt: "… social entities embedded in organizations, performing tasks which contribute to achieving the organization's goals; their work affects others within or outside the organization; members are dependent on each other in the performance of their work to a significant extent; and the group is identified as a group by those within and outside the group."

Salas, Sims und Burke (2005) identifizieren fünf Kernelemente der Teamarbeit, welche in den verschiedenen Entwicklungsphasen eines Teams jeweils unterschiedlich wichtig werden: Führung, gemeinsame Leistungsüberwachung, unterstützendes Verhalten, Anpassung und Teamorientierung. Teamfähigkeit als uniformes Idealverhalten gibt es somit nicht (Seyfried, 1995). Teamfähigkeit setzt sich aus komplexen menschlichen Einzelfähigkeiten zusammen, die nur in ihrem komplizierten Zusammenspiel zu analysieren sind.

Es gibt allgemein kaum brauchbare Messinstrumente für Teamfähigkeit, da diese als sehr situationsspezifisch gilt (Bungard, 1995). Teamfähigkeit kann man auch nicht wie eine Fremdsprache lernen. Teamarbeit bedeutet ein Pendeln zwischen den Polen Konkurrenz und Kooperation: die beiden elementaren Bestandteile von sozialer Kompetenz, nämlich Durchsetzungsfähigkeit und Anpassung, sind gefragt. Eine teamfähige Person kann sich situationsgerecht zwischen den beiden Polen Konkurrenz und Kooperation bewegen, gefordert ist demnach keine maximale Ausprägung der Verhaltensweise Teamfähigkeit, sondern ausreichende Variabilität des Verhaltens. Für eine effektive Teamarbeit ist beispielsweise die Fähigkeit mit Konflikten produktiv umzugehen ein wesentlicher Bestandteil. Auch hier ergeben sich signifikante Zusammenhänge zu Persönlichkeitseigenschaften, Personen mit hohem Wert in Verträglichkeit fühlen sich generell eher zu Unternehmen hingezogen, die eine unterstützende und team-orientierte Unternehmenskultur pflegen (Judge & Cable, 1997). Je verträglicher und je extrovertierter Auszubildende sind, desto höher ist ihr Selbstkonzept der schulischen wie auch der betrieblichen Teamkompetenz (Schwadorf, 2003).

Neuman und Wright (1999) gingen der Frage nach, welche allgemeinen kognitiven sowie berufsspezifischen Fähigkeiten und Persönlichkeitseigenschaften zur Leistungsfähigkeit eines Arbeitsteams beitragen. Sie untersuchten eine 316 Personen umfassende Stichprobe aus vierköpfigen Arbeitsteams und fanden heraus, dass auf das Individuum bezogen Verträglichkeit und Gewissenhaftigkeit Prädiktoren für die Beurteilung der Leistung der einzelnen Teammitglieder darstellen. Gewissenhaftigkeit setzt sich nach Costa und McCrae (1992b) unter anderem zusammen aus den Facetten Kompetenz (das Gefühl den Anforderungen des Lebens gewachsen zu sein), Pflichtgefühl, Leistung (hohe Ziele zu haben und den Willen, diese zu erreichen) sowie Selbstdisziplin. Gewissenhafte Teammitglieder kümmern sich um die Erreichung der Arbeitsziele und sorgen für Ordnung im Team.

Verträglichkeit beinhaltet die Facetten Vertrauen (den Glauben an das Gute im Menschen), Aufrichtigkeit und Geradlinigkeit, Altruismus, Fügsamkeit (Kooperation in Konfliktsituationen), Bescheidenheit sowie die Fähigkeit zur Sympathie und Empathie. Verträgliche Teammitglieder neigen zur Kooperation mit anderen und besitzen die nötigen sozialen Kompetenzen für eine effektive Teamarbeit.

Auf Gruppenebene korrelierten die beiden Persönlichkeitsfaktoren mit der Beurteilung der Gruppenleistung durch den Vorgesetzten. Sowohl auf Gruppenebene als auch auf individueller Ebene erlaubte der Faktor Verträglichkeit Vorhersagen der zwischenmenschlichen Fähigkeiten der einzelnen Personen. Bei der Ermittlung der Leistungsfähigkeit eines Teams und auch bei der Auswahl der Mitglieder eines Teams sind demnach die Persönlichkeitseigenschaften der einzelnen Teammitglieder zu beachten. In einer Metaanalyse von 527 Arbeitsteams kamen Peeters et al. (Peeters, Van Tuijl, Rutte & Reymen, 2006) ebenfalls zu dem Schluss, dass die Leistung von Arbeitsteams, beurteilt durch den Vorgesetzten, umso besser ist, je größer die Verträglichkeit (.24) und Gewissenhaftigkeit (.20) der einzelnen Teammitglieder ist.

Barrick, Stewart, Neubert und Mount (1998) fanden heraus, dass die Leistung von Teams (erfasst über Vorgesetztenurteile) umso höher ist, je gewissenhafter, verträglicher, extrovertierter und emotional stabiler die Teammitglieder sind. Zudem ist die Lebensdauer von Teams umso größer, je höher die Extraversion und emotionale Stabilität der Teammitglieder ist. Nach Barrick et al. gibt es auch eine positive Korrelation zwischen dem durchschnittlichen Wert der Verträglichkeit in einem Team und der Leistung des Teams.

Resultate anderer Studien zur Teamleistung wie beispielsweise von Piedmont und Weinstein (1993) zeigen zudem, dass hohe Werte in Extraversion und niedrige Neurotizismuswerte positiv mit hoher Leistung korrelieren, wenn die Aufgaben soziale Interaktion erfordern. Emotional stabile Personen sind souveräner und sicherer bei der Zusammenarbeit mit anderen, es fällt ihnen leichter ihr Wissen und ihre Meinung einzubringen und sie sind empfänglicher für die Beiträge von anderen Teammitgliedern.

Die Selbstständigkeit eines Teams bezüglich Entscheidungen über Ziele, Methoden und Zeitplanung der Aufgaben hat eine moderierende Funktion hinsichtlich der Leistungsfähigkeit des Teams und der Zufriedenheit der Teammitglieder (Molleman, Nauta & Jehn, 2004). Bei hoher Selbstständigkeit sind Teams mit hoher Offenheit für Erfahrungen zufriedener, gewissenhafte Teams sind leistungsfähiger und die Teammitglieder haben höhere Lerneffekte.

Eine weitere interessante Komponente neben der Leistungsfähigkeit von Teams ist die Zufriedenheit der einzelnen Teammitglieder mit dem Team (Peeters, Rutte, van Tuijl & Reymen, 2006). Diese entscheidet letztendlich darüber, ob ein Mitarbeiter weiterhin in einem speziellen Team bzw. in irgendeinem Team arbeiten und sich engagieren möchte. Peeters et al. untersuchten den Zusammenhang von individuellen Persönlichkeitseigenschaften sowie der Ähnlichkeit mit den Eigenschaften der anderen Teammitglieder und der Zufriedenheit mit dem Team. Je verträglicher und emotional stabiler Teammitglieder sind, desto zufriedener sind sie auch mit dem Team. Je stärker sich Teammitglieder hinsichtlich ihrer Gewissenhaftigkeit unterscheiden, desto unzufriedener sind sie mit dem Team. Die Unterschiedlichkeit der Teammitglieder hinsichtlich Extraversion hat bei stark extrovertierten Personen keinen Effekt, bei eher introvertierten Personen sinkt damit die Zufriedenheit.

Mohammed (Mohammed & Angell, 2003; Mohammed, Mathieu & Bartlett, 2002) kommt deshalb zu dem Schluss, dass der Faktor Gewissenhaftigkeit relevant für die Erfüllung der Aufgabe ist, Verträglichkeit, Extraversion und emotionale Stabilität hingegen relevant für das Team an sich sind.

In der vorliegenden Studie wird Teamfähigkeit über die Konzepte Kooperationsfähigkeit, soziale Verantwortung, Konfliktfähigkeit und Kommunikationsfähigkeit erfasst. Speziell der Faktor Verträglichkeit sollte dabei einen deutlichen Zusammenhang zu allen Komponenten aufweisen.

4.2.3 Führungsfähigkeit

In einer Metaanalyse untersuchten Judge, Bono, Ilies und Gerhardt (2002) den Zusammenhang zwischen dem Fünf-Faktoren-Modell und Führung, definiert über die Aspekte Führungserfolg und Führungserscheinung. Führungserfolg meint dabei die Leistung einer Führungsperson in Bezug auf Beeinflussung und Führung der Aktivitäten der eigenen Einheit bei der Zielerreichung, welche hier über den Vergleich mit der Leistung anderer Führer bewertet wird. Führungserscheinung bezieht sich hingegen darauf, ob eine Person von anderen als Führungsperson angesehen wird. Die beiden Kriterien spiegeln zwei unterschiedliche Blickwinkel wider: Führungserscheinung ist ein Phänomen innerhalb einer Gruppe, Führungserfolg wird als Phänomen im Vergleich verschiedener Gruppen definiert. Die Autoren fanden folgende durchschnittliche Korrelationen zwischen Führung (bestehend aus Führungserfolg und Führungserscheinung) und den Big Five: Neurotizismus -.24, Extraversion .31, Offenheit für Erfahrungen .24, Verträglichkeit .08 und Gewissenhaftigkeit .28. Zwischen Extraversion und Führung bestand die kon-

sistenteste Beziehung über alle Untersuchungssettings und Führungskriterien hinweg. *Aufgrund dessen wird in der vorliegenden Untersuchung ein positiver Zusammenhang zwischen Extraversion und Führungsfähigkeit angenommen.*
Generell hatte das Fünf-Faktoren-Modell eine multiple Korrelation von .48 mit Führung, 23 % der Varianz von Führungserfolg kann demnach durch das Fünf-Faktoren-Modell aufgeklärt werden.

Costa und McCrae (1988) fanden einen starken Zusammenhang zwischen Extraversion und sozialer Führung. Gough (1990) konnte ebenfalls eine hohe Korrelation zwischen den beiden Hauptbestimmungsstücken des Faktors Extraversion Dominanz und Geselligkeit mit Selbst- und Fremdratings von gutem Führungsstil feststellen.

Bass (1990) stellt in seinem Überblick über annähernd alle Studien hinweg einen positiven Zusammenhang zwischen Selbstvertrauen und Führung fest. Selbstvertrauen ist wie Selbstachtung wiederum ein Bestandteil von niedrigem Neurotizismus bzw. hoher emotionaler Stabilität. Kreativität und Originalität stellen ebenfalls wichtige Eigenschaften von erfolgreichen Führungspersonen dar (Bass, 1990). Beides sind elementare Bestandteile des Faktors Offenheit für Erfahrungen bzw. Kultur, *weshalb ein positiver Zusammenhang zwischen diesem Faktor und Führungsfähigkeit angenommen wird.*

Der Zusammenhang zwischen Verträglichkeit und Führung scheint unklar: Sensitivität im zwischenmenschlichen Bereich ist zwar ein Bestandteil von guter Führung, Bescheidenheit korreliert jedoch nicht mit Führungserfolg (Bass, 1990). Hohe Verträglichkeit scheint jedoch mit Bescheidenheit einher zu gehen (Gough, 1990). Auch ein hohes Anschlussbedürfnis als elementares Bestimmungsstück von Verträglichkeit korreliert eher negativ mit Führungserfolg. Da in der vorliegenden Studie das Augenmerk auf der Führungsfähigkeit im Sinne von Verantwortungsabgabe an andere, deren Einsatz entsprechend ihrer Fähigkeiten, der Motivation oder auch der Ermittlung von Förderbedarf als speziell auf dem Führungserfolg gerichtet ist, wird eher *von einem positiven Zusammenhang zwischen Verträglichkeit und Führungsfähigkeit ausgegangen.*

Im Einklang mit der Theorie, dass Persönlichkeitseigenschaften bestimmte eigenschaftsrelevante Situationen zur Aktivierung derselben benötigen (Tett & Burnett, 2003), zeigt sich, dass Persönlichkeitseigenschaften unterschiedlichen Einfluss auf Führungserfolg haben, je nachdem ob die Organisationsumgebung dynamisch ist, d. h. vielfältige Möglichkeiten der Veränderung bietet und die Arbeit herausfordernd ist oder stabil, d. h. wenig Raum für Veränderung bietet (De Hoogh, Den Hartog & Koopman, 2005). Verträglichkeit und Gewissenhaftigkeit scheinen in eher stabilen Organisationsumgebungen wichtig für Führungserfolg zu sein, während dies in dynamischen Umgebungen eher Offenheit für Erfahrung und ein gewisses Maß an

Neurotizismus sind. Anzumerken ist hier, dass in der vorliegenden Untersuchung mit der Stichprobe von kaufmännischen Auszubildenden aus der Schweiz eher von stabilen Organisationsbedingungen auszugehen ist.

Bestätigt und darüber hinaus ergänzt werden die Befunde durch verhaltensgenetische Untersuchungen zum Zusammenhang zwischen Führung und Persönlichkeit (Johnson, Vernon, Harris & Jang, 2004). Bei dem Versuch der Beantwortung der Frage, ob man zum Führer geboren oder gemacht werde, zeigte sich bei multivariaten genetischen Analysen eine mittlere bis hohe (.46 bis .58) genetische Korrelation zwischen Gewissenhaftigkeit und Extraversion und dem Führungsstil einer Person. Je gewissenhafter und extrovertierter eine Person ist, desto eher pflegt sie einen Führungsstil, bei dem die Untergebenen motiviert sind mehr zu leisten als die Führungsperson verlangt, bei dem ineffektive Strukturen aufgebrochen werden und an deren Stelle inspirierende Zukunftsvisionen treten. Untergebene mit hoher Gewissenhaftigkeit und Extraversion bevorzugen ebenfalls einen derartigen Führungsstil bei ihren Vorgesetzten (S. A. Moss & Ngu, 2006), auch wenn im Allgemeinen verträgliche, emotional stabile, extrovertierteVorgesetzte mit einem niedrigen Level an Gewissenhaftigkeit von Untergebenen bevorzugt werden (M. A. Smith & Canger, 2004).

4.2.4 Selbstständigkeit

Schmitt-Rodermund und Vondracek (2002) untersuchten an ostdeutschen Jugendlichen unter anderem den Zusammenhang zwischen Persönlichkeit und sozialer Kompetenz mit der Orientierung hin zu einer späteren Selbstständigkeit im Beruf. Diese war stärker bei Jugendlichen ausgeprägt, die gewissenhaft, offen für neue Erfahrungen und wenig verträglich waren sowie ein hohes Bedürfnis nach sozialer Anerkennung hatten. Die Persönlichkeitseigenschaften wurden dabei von den Autoren mithilfe von Ostendorfs (1990) 45 bipolaren Adjektivskalen erfasst.

Für die vorliegende Studie wird ein positiver Zusammenhang zwischen Selbstständigkeit und Gewissenhaftigkeit und dem Faktor Kultur angenommen.

4.2.5 Kommunikationsfähigkeit

Extrovertierte Personen zeichnen sich dadurch aus, dass sie mehr Blickkontakt zum Gesprächspartner haben, mehr und länger sprechen und geringere räumliche Distanzen zum Geprächspartner einnehmen (Wallbott, 1995). Sie beteiligen sich aktiver in Gruppendiskussionen und zeigen dabei Führungsverhalten (Littlepage, Schmidt, Whisler & Frost, 1995). *Extraversion weist demnach einen deutlichen positiven Zusammenhang zur Kommunikationsfähigkeit auf.*

4.3 Geschlechtsunterschiede

Die Suche nach Geschlechtsunterschieden in der Persönlichkeit hat eine lange Tradition. Doch warum sollten Frauen und Männer unterschiedliche Werte in standardisierten Persönlichkeitsinventaren aufweisen? Drei verschiedene Ansätze versuchen Antworten auf diese Frage zu geben: der biologische, der soziokulturelle und der biosoziale Ansatz.

Der *biologische* Ansatz führt Geschlechtsunterschiede in Persönlichkeitseigenschaften zum einen auf hormonell-chemische Substanzen zurück. Zuckerman vermutet beispielsweise, dass Geschlechtsunterschiede in Dominanz und Aggression auf Hormone der Keimdrüsen zurückzuführen sind (Zuckerman, 1991). Zum anderen werden als Erklärung chromosomale Unterschiede herangezogen, beispielsweise wird die eine potentielle Neigung von Frauen zur Depression mit einem mutierten Gen auf dem zweiten X-Chromosom in Verbindung gebracht (Nolen-Hoeksema, 1987).

Der *soziokulturelle* Ansatz subsummiert mehrere Modelle: im Modell der sozialen Rollen postuliert Eagly (1987), dass Geschlechtsunterschiede im Verhalten aus Geschlechtsrollen resultieren, die wiederum direkt das für Frauen oder Männer angemessene Verhalten diktieren. Dieses Verhalten forme wiederum die Persönlichkeit. Zu den soziokulturellen Ansätzen zählt auch das so genannte Erwartungsmodell. Dabei wird angenommen, dass Personen mit geschlechtsstereotypischen Überzeugungen ihre Mitmenschen in einer bestimmten Art und Weise behandeln, so dass diese sich auch den Überzeugungen entsprechend verhalten. Dieses Erklärungsmuster entspricht einer klassischen self-fulfilling prophecy (Miller & Turnbull, 1986). Das Artefakt-Modell (Feingold, 1990) wiederum bietet eher eine Erklärung für Geschlechtsunterschiede in Persönlichkeitsskalen als für Unterschiede in den zugrunde liegenden Persönlichkeitskonstrukten. Dieses Modell geht davon aus, dass Geschlechtsstereotypien bewirken, dass Frauen und Männer unterschiedlichen Eigenschaften unterschiedliche Werte zuschreiben. Für Frauen mag beispielsweise eine Eigenschaft wie Fürsorglichkeit sehr positiven Charakter haben, so dass sie sich diese Eigenschaft tendenziell stärker zuschreiben – ganz im Gegensatz zu Männern, für welche diese Eigenschaft im Allgemeinen nicht sehr attraktiv ist, so dass sie sich diese tendenziell eher nicht zuschreiben. Dementsprechend postuliert dieses Modell, dass Persönlichkeitsskalen keine validen Messinstrumente für tatsächliche Unterschiede in den Persönlichkeitskonstrukten sind.

Der *biosoziale* Ansatz verbindet biologische und soziokulturelle Faktoren in einem Modell. Wenn Männer und Frauen aufgrund unterschiedlichen Verhaltens (welches möglicherweise auf veranlagungsgemäße Geschlechtsunterschiede zurückzuführen ist) unterschiedlich wahrgenommen werden, werden Männer und Frauen aufgrund dessen unterschiedlich behandelt. Diese unterschiedliche Art des

Umgangs kann wiederum als soziokultureller Faktor bestehende Geschlechtsunterschiede verstärken.

Costa, Terracciano und McCrae (2001) fanden in einer Metaanalyse über Geschlechtsunterschiede in Erhebungen mit dem NEO-PI-R (N = 23 031) Unterschiede konsistent zu bestehenden Geschlechtsstereotypien: Frauen beschreiben sich selbst als neurotischer, verträglicher, wärmer und offener für Gefühle, Männer beschreiben sich selbst als durchsetzungsfähiger und offener für Ideen. In einer Studie von Rubinstein (2005) waren Frauen signifikant verträglicher und gewissenhafter als Männer. Diese Befunde wurden in einer weiteren groß angelegten Studie (D. Schmitt, Realo, Voracek & Allik, 2008) über 55 Nationen und 17 637 Probanden bestätigt: Frauen weisen über alle Länder hinweg höhere Werte in Extraversion, Verträglichkeit, Gewissenhaftigkeit und Neurotizismus auf, so dass die Autoren zurecht fragen "Why can't a man be more like a woman?" (D. Schmitt et al., 2008, S. 168).

Geschlechtsunterschiede in den Persönlichkeitseigenschaften sind im Vergleich zu den Unterschieden zwischen Personen innerhalb eines Geschlechts jedoch relativ gering (Feingold, 1994). In einer umfassenden Metaanalyse über Daten verschiedener Persönlichkeitsinventare zwischen 1940 und 1992 fand Feingold, dass Männer durchsetzungsfähiger sind und ein höheres Selbstbewusstsein haben als Frauen. Frauen wiesen wiederum höhere Werte in Extraversion, Ängstlichkeit und Gutherzigkeit auf. Die gefundenen Unterschiede erwiesen sich als stabil über Bildungsniveau, Alter, Nationalität und Zeitpunkt der Datenerhebung, die Effektstärken waren insgesamt jedoch durchweg klein. Feingold fand zudem keine nennenswerten Geschlechtsunterschiede in Bezug auf soziale Ängstlichkeit, Impulsivität, Aktivität, locus of control und Ordentlichkeit.

Aufgrund der geringen Effektstärken der Unterschiede zwischen den Geschlechtern hinsichtlich der Persönlichkeitseigenschaften und der sozialen Kompetenz (Kapitel 2.2.3.4) wird in der vorliegenden Analyse davon ausgegangen, dass es keinen Einfluss des Geschlechts auf die beiden Konstrukte gibt.

4.4 Hypothesen

Welche empirischen Hypothesen lassen sich nun aus den theoretischen Zusammenhängen zwischen den fünf Faktoren der Persönlichkeit und den Fähigkeitskonzepten der sozialen Kompetenz ableiten?

An dieser Stelle soll kurz auf das Verhältnis der beiden Konstrukte eingegangen werden. Nach der Fünf-Faktoren-Theorie von Costa und McCrae (Kapitel 3.2) werden die Big Five als grundlegende Neigungen definiert, während die Fähigkeitskonzepte der sozialen Kompetenz als charakteristische Anpassungen definiert werden. Während die Big Five demnach als Kern der Persönlichkeit die Potentiale und Dispositionen eines Individuums darstellen und weitgehend vererbt sind, werden soziale Kompetenzen als Resultat der Interaktionen eines Individuums mit der Umwelt erworben. Diese Kompetenzen sind konsistent zu den Persönlichkeitseigenschaften und können sich im Laufe der Zeit auch durch Umwelteinflüsse verändern.

Riemann (1997) wiederum versteht soziale Kompetenzen als Komplex von Persönlichkeitsfähigkeiten. Nach seiner Auffassung stellen sie eine Subkategorie von Persönlichkeitsmerkmalen dar. Auch für Kanning (2003) sind soziale Kompetenzen eine Teilmenge gängiger Persönlichkeitsmerkmale, denn alle zeitlich überdauernden Kompetenzen können auch als Aspekte der Persönlichkeit definiert werden – die Umkehrung gilt jedoch nicht. Gegen reziproke Einflüssen von Persönlichkeit und sozialen Kompetenzen sprechen auch einige wenige Studien zu diesem Aspekt (Asendorpf & Wilpers, 1998). Ganz auszuschließen ist ein derartiger Einfluss jedoch nicht. Die Persönlichkeit ist zwar entscheidend bei der Entwicklung sozial kompetenten Verhaltens, langfristig kann dieses Verhalten jedoch möglicherweise sogar zu einer Veränderung der Persönlichkeit führen. Kanning (2006) gibt hierzu das Beispiel einer sehr introvertierten Person, welche durch sozial kompetentes Verhalten positive Erfahrungen in sozialen Situationen macht und dadurch mit der Zeit etwas extrovertierter wird. Die Fünf-Faktoren-Theorie schließt derartige Einflussprozesse von charakteristischen Anpassungen (soziale Kompetenzen) auf grundlegende Neigungen (Big Five) jedoch aus. Die Hypothesen in der vorliegenden Studie sind daher nicht nur als Zusammenhangshypothesen formuliert, vielmehr interessiert, welcher Anteil der sozialen Kompetenz von Persönlichkeitseigenschaften aufgeklärt wird.

Die Persönlichkeitseigenschaften werden in der Erfassung über die MR-Skalen wie folgt bezeichnet: Extraversion, emotionale Stabilität, Verträglichkeit, Gewissenhaftigkeit und Kultur. Die Fähigkeitskonzepte der Sozialkompetenz lauten nach Frey (2005): Selbstständigkeit, Kooperationsfähigkeit, soziale Verantwortung, Konfliktfähigkeit, Kommunikationsfähigkeit, Führungsfähigkeit und situationsgerechtes Auftreten.

Aus den vorliegenden Befunden und unter Beachtung der Operationalisierung der Fähigkeitskonzepte der Sozialkompetenz ergeben sich folgende Hypothesen:

1. **Extraversion**
   Extraversion beeinflusst soziale Verantwortung, Kommunikationsfähigkeit und Führungsfähigkeit.
2. **Emotionale Stabilität**
   Emotionale Stabilität beeinflusst Konfliktfähigkeit.

3. **Verträglichkeit**
   Verträglichkeit beeinflusst Kooperationsfähigkeit, soziale Verantwortung, Konfliktfähigkeit, Kommunikationsfähigkeit und Führungsfähigkeit.
4. **Gewissenhaftigkeit**
   Gewissenhaftigkeit beeinflusst Selbstständigkeit, Kooperationsfähigkeit und soziale Verantwortung.
5. **Kultur**
   Kultur beeinflusst Selbstständigkeit und Führungsfähigkeit.

Zu beachten ist hierbei, dass in der vorliegenden Studie Teamfähigkeit über die Skalen Kooperationsfähigkeit, soziale Verantwortung, Konfliktfähigkeit und Kommunikationsfähigkeit erfasst wird. Zudem enthält soziale Kompetenz nach Frey (2005) das Fähigkeitskonzept „situationsgerechtes Auftreten". Diesbezüglich findet sich in der Literatur keine Untersuchung. Es wird angenommen, dass dieses Fähigkeitskonzept vor allem von dem Faktor Gewissenhaftigkeit, speziell durch dessen Aspekt der Konformität in sozialen Situationen, beeinflusst wird.

Zusätzlich zu den in der Literatur gefundenen Zusammenhängen wird angenommen, dass Selbstständigkeit neben Gewissenhaftigkeit und Kultur auch von dem Faktor emotionale Stabilität beeinflusst wird. Hier wird davon ausgegangen, dass eine gewisse Robustheit, Gefühlsstabilität und Sicherheit eine gute Voraussetzung für Selbstständigkeit darstellt.

Es ergeben sich dadurch folgende endgültige Hypothesen:

1. Hypothese 1: **Extraversion**
   Extraversion beeinflusst soziale Verantwortung, Kommunikationsfähigkeit und Führungsfähigkeit.
2. Hypothese 2: **Emotionale Stabilität**
   Emotionale Stabilität beeinflusst Selbstständigkeit und Konfliktfähigkeit.
3. Hypothese 3: **Verträglichkeit**
   Verträglichkeit beeinflusst Kooperationsfähigkeit, soziale Verantwortung, Konfliktfähigkeit, Kommunikationsfähigkeit und Führungsfähigkeit.
4. Hypothese 4: **Gewissenhaftigkeit**
   Gewissenhaftigkeit beeinflusst Selbstständigkeit, Kooperationsfähigkeit, soziale Verantwortung und situationsgerechtes Auftreten.
5. Hypothese 5: **Kultur**
   Kultur beeinflusst Selbstständigkeit und Führungsfähigkeit.

Diverse Studien konnten Geschlechtsunterschiede hinsichtlich der Persönlichkeit und sozialen Kompetenz aufzeigen (Kapitel 4.3 und 2.2.3.4), deshalb wird zusätzlich der Frage nachgegangen, ob das Geschlecht einen Einfluss auf die Konstrukte hat. Da jedoch die angeführten Studien nur relativ geringe Unterschiede zwischen den Geschlechtern erbrachten, wird in der vorliegenden Analyse davon ausgegangen, dass es keinen Einfluss gibt.

6. Hypothese 6: **Geschlechtsunterschiede**
   Das Geschlecht hat keinen signifikanten Einfluss auf Persönlichkeitsfaktoren und soziale Kompetenz.

Mit einer weiteren Hypothese soll die oben dargelegte allgemeine Annahme geprüft werden, dass die Persönlichkeit Einfluss auf die soziale Kompetenz einer Person nimmt. Dieser Zusammenhang zwischen den beiden Konstrukten ist gerichtet und auch nicht umgekehrt in dem Sinn, dass die soziale Kompetenz einer Person ihre Persönlichkeit beeinflusst.

7. Hypothese 7: **Persönlichkeit und soziale Kompetenz**
   Die Persönlichkeit beeinflusst die soziale Kompetenz einer Person.

Das vorliegende Untersuchungsdesign gibt erste Hinweise zur Kausalität von Hypothese 7, denn beide Konstrukte wurden zu zwei Messzeitpunkten im Abstand von 18 Monaten erhoben. In das entsprechende Strukturgleichungsmodell gehen dabei die Daten zu Persönlichkeit und sozialer Kompetenz des ersten und zweiten Messzeitpunkts ein.

Im Gegensatz zu rein querschnittlich erhobenen Daten kann hier ein erster Hinweis auf Kausalität erfolgen, da die Vorgeordnetheit der entsprechenden Prädiktoren gegeben ist, was eine notwendige, wenn auch nicht hinreichende Bedingung darstellt.

5 Methode

Im Folgenden wird das Vorgehen der empirischen Studie vorgestellt. Nach der Beschreibung der Stichprobe folgt die Darstellung der Instrumente zur Erfassung von Persönlichkeit und sozialer Kompetenz. Abschließend wird das Untersuchungsdesign vorgestellt und das Vorgehen bei der Datenerhebung erläutert.

5.1 Stichprobe

Erste Stichprobe

Während des ersten Messzeitraums (22.11.2004 bis 17.12.2004) nahmen 1 663 kaufmännische Lernende mit Ausbildungsbeginn 2003 aus der Deutschschweiz an der Befragung teil. Der Altersdurchschnitt lag bei 17,46 Jahren (SD = 1,21; Min = 14; Max = 28). 64,5 % der Lernenden waren weiblich, 35,5 % männlich. Die Lernenden kamen aus allen Kantonen der deutschsprachigen Schweiz.

Alle schweizer Berufsschulen wurden gebeten, an der Evaluation teilzunehmen. Diese Teilnahme war jedoch freiwillig, zum zweiten Messzeitpunkt nahmen dementsprechend auch nicht mehr alle Schulen teil. Andererseits kam eine große Anzahl an Berufsschulen neu hinzu, so dass sich dadurch eine zweite unabhängige Stichprobe von Lernenden ergibt.

Zweite unabhängige Stichprobe

Während des zweiten Messzeitraums (27.03.2006 bis 07.04.2006) füllten 685 kaufmännische Lernende aus der Deutschschweiz, welche nicht an der ersten Befragung teilgenommen hatten, die Fragebögen aus. Der Altersdurchschnitt lag bei 18,94 Jahren (SD = 1,59; Min = 17; Max = 36). 64,8 % der Lernenden waren weiblich, 35,2 % männlich.

Längsschnittstichprobe

Für die Berechnung der Retest-Reliabilitäten sowie für die Prüfung von Hypothese 7 wird eine Stichprobe von Lernenden zugrunde gelegt, welche sowohl zum ersten als auch zweiten Messzeitpunkt den smk und die MR-Skalen bearbeitet hatten. Dies waren 174 kaufmännische Lernende aus der Deutschschweiz. Der Altersdurchschnitt lag während des ersten Messzeitpunktes bei 17,50 Jahren (SD = 1,31; Min = 16; Max = 23). 65,1 % der Lernenden waren weiblich, 34,9 % männlich.

Französischsprachige Stichprobe

Während des ersten Messzeitraums nahmen 208 kaufmännische Lernende aus der französischsprachigen Schweiz an der Befragung teil. Der Altersdurchschnitt lag bei 18,11 Jahren (SD = 2,55; Min = 15; Max = 36). 75 % der Lernenden waren weiblich, 25 % männlich.

5.2 Instrumente

Nachfolgend werden die Erhebungsinstrumente vorgestellt. Zur Erfassung der sozialen Kompetenz wird der Beurteilungsbogen zu sozialen und methodischen Kompetenzen (smk) nach Frey und Balzer (2003b; 2005) eingesetzt, die Persönlichkeit wird über die minimal redundanten Skalen nach Ostendorf (1990) erfasst. Die Kennwerte der Instrumente finden sich in Kapitel 6.1.

5.2.1 Erfassung der sozialen Kompetenz: Beurteilungsbogen smk

Frey und Balzer (2003b; 2005) entwickelten den Beurteilungsbogen smk, ein Fragebogen zur Selbsteinschätzung von sozialen und methodischen Kompetenzen/ Fähigkeitskonzepten. Ein Fähigkeitskonzept bzw. eine Fähigkeitsdimension wird dabei als theoretisches Konstrukt zur Bezeichnung der Gesamtheit der psychischen und physischen Fertigkeiten definiert (Frey, 2004).

Die theoretischen Grundlagen des smk liegen im berufs- und wirtschaftspädagogischen Bereich. Ein Itempool mit 542 Aussagen zu Fach-, Sozial- und Methodenkompetenzen wurde durch Expertenkategorisierung auf 128 Items zu Sozial- und Methodenkompetenzen reduziert und aufgrund theoretischer Überlegungen den einzelnen Unterdimensionen zugeordnet (Frey, 1999). Anhand von Stichproben mit insgesamt über 2 500 Auszubildenden, Studierenden und angehenden Erzieherinnen wurde diese Zuordnung überprüft, Formulierungen modifiziert und die aktuelle Fassung des Instruments entwickelt.

Frey und Balzer definieren Kompetenzen als „körperliche und geistige Dispositionen im Sinne von Potentialen, die eine Person als Voraussetzung benötigt, um anstehende Aufgaben oder Probleme zielorientiert zu lösen, die gefundenen Lösungen zu bewerten und das eigene Repertoire an Handlungsmustern weiterzuentwickeln." (Frey & Balzer, 2003a, S. 323). Die Autoren gehen davon aus, dass bei der Einschätzung beruflicher Kompetenz die betreffende Person selbst am besten Auskunft über sich geben kann und diese Methode „der Subjektivität von komplexem Handeln am ehesten gerecht wird" (Frey & Balzer, 2003a, S. 326).

Frey (2004) legt dabei ein hierarchisches Strukturmodell zugrunde: die erste Ebene besteht aus den einzelnen Fertigkeiten (entsprechend den Items des smk), auf der zweiten Ebene werden diese zu Fähigkeitsdimensionen (beispielsweise Führungsfähigkeit) zusammengefasst, welche auf der dritten Ebene die Kompetenzklassen (beispielsweise Sozialkompetenz) ergeben. Ebene vier wird in diesem Modell als generalisierte Handlungskompetenz definiert.

Mit Hilfe des smk sollen Aus- und Weiterbildungsmaßnahmen evaluiert sowie Ist-, Soll- und Entwicklungsprofile von Mitarbeitern in Personalentwicklungsprozessen oder Personalauswahlverfahren erstellt werden. Der Fragebogen wurde auf Basis der Klassischen Testtheorie entwickelt und erfasst nachfolgende Dimensionen:

Die Methodenkompetenz wird durch die Dimensionen Reflexivität, Analysefähigkeit, Flexibilität, zielorientiertes Handeln und Arbeitstechniken dargestellt. Als Methodenkompetenz wird die Fähigkeit bezeichnet, innerhalb eines Sachbereichs denk- und handlungsfähig zu sein (Frey, 1999). Dazu gehört der fachgerechte und reflektierte Umgang mit Arbeitsgegenständen, Arbeitsprozesse zu strukturieren und Arbeitszusammenhänge zu verstehen.

Mit Sozialkompetenz bezeichnet Frey (2005) die Fähigkeit, selbstständig oder in Kooperation mit anderen eine gestellte Aufgabe verantwortungsvoll zu lösen. Die Sozialkompetenz besteht aus den Dimensionen Selbstständigkeit, Kooperationsfähigkeit, soziale Verantwortung, Konfliktfähigkeit, Kommunikationsfähigkeit, Führungsfähigkeit und situationsgerechtes Auftreten.

Da in der vorliegenden Studie nur der Bereich der Sozialkompetenzen Eingang findet, wird auf die Methodenkompetenz nicht weiter eingegangen. Im Folgenden werden die Dimensionen der Sozialkompetenz im Sinne der Autoren definiert (nach Frey & Balzer, 2005).

Die Dimension *Selbstständigkeit* beschreibt die Fähigkeit einer Person, in sozialen Situationen selbst die Initiative zu ergreifen, sich Ziele zu setzen und Methoden zur Zielerreichung auszuwählen und anzuwenden sowie unabhängig von anderen die Ziele, Mittel und das Ausmaß der Zielerreichung zu beurteilen.

Kooperationsfähigkeit meint die Fähigkeit einer Person, mit anderen zusammen zu arbeiten. Das Arbeitsverhalten von mindestens zwei Personen ist bei der Erreichung einer gemeinsamen Zielsetzung bewusst und planvoll aufeinander abgestimmt.

Soziale Verantwortung bezeichnet die Fähigkeit einer Person, eigenständig und unter Berücksichtigung der antizipierten Auswirkungen auf sich selbst, auf andere und auf eine Sache bewusst zu handeln und die Konsequenzen des Handelns zu tragen.

Konfliktfähigkeit ist definiert als die Fähigkeit mit anderen in eine Auseinandersetzung zu treten und eine Problemlösung zu erreichen. Elemente dieser Dimension sind angemessene Reaktion auf Kritik sowie die Fähigkeit, auch selbst konstruktiv Kritik äußern zu können.

Kommunikationsfähigkeit bezeichnet die Fähigkeit einer Person, in einem kommunikativen Regelkreis als Nachrichtensender dem Nachrichtenempfänger verständliche Sachinformationen zu vermitteln, Kommunikationsregeln einzuhalten und Kommunikationsstörungen zu bewältigen.

Führungsfähigkeit meint richtungsweisendes und steuerndes Einwirken auf das Verhalten anderer Menschen, um eine Zielvorstellung zu verwirklichen. In diesem Prozess wird Verantwortung übertragen und zur Eigenverantwortung motiviert, dabei soll die Motivation der Geführten auch bei unterschiedlichen Interessenslagen aufrechterhalten werden.

Situationsgerechtes Auftreten beschreibt die Fähigkeit einer Person, in unterschiedlichen Situationen selbstbewusst aufzutreten und zu handeln, für andere offen zu sein sowie gute Umgangsformen anzuwenden.

Die Dimensionen werden jeweils durch sechs Items (in der vorliegenden Studie bei der Dimension situationsgerechtes Auftreten nur durch fünf Items) operationalisiert und auf einer sechsstufigen Likertskala („trifft gar nicht zu" bis „trifft völlig zu") beurteilt. Sie sind keine voneinander unabhängigen Facetten, sondern als vernetzte Einheiten zu verstehen, die zusammen mit fachlichen und personalen Kompetenzen berufliche Handlungskompetenz ergeben.

Reliabilität

Für die Fähigkeitskonzepte der Sozialkompetenz werden folgende Reliabilitätswerte angegeben (Cronbachs Alpha): Selbstständigkeit .76, soziale Verantwortung .80, Kooperationsfähigkeit .76, Konfliktfähigkeit .76, Kommunikationsfähigkeit .75, Führungsfähigkeit .80 und situationsgerechtes Auftreten .75. Die Koeffizienten indizieren somit ein befriedigendes bis gutes Maß an interner Konsistenz. Grundlage dieser Analysen ist eine Stichprobe bestehend aus 784 kaufmännischen und gewerblich-technischen Auszubildenden (Frey & Balzer, 2003a).

Validität

Die Inhaltsvalidität des Verfahrens wurde anhand von Expertenurteilen in Form von 15 ProfessorInnen aus dem deutschsprachigen Raum vorgenommen. Das Ergebnis zeigt, dass es sich bei den Items um Kompetenzindikatoren handelt, die zu den beschriebenen Fähigkeitskonzepten zusammengefasst werden können und das Feld der sozialen Kompetenzen abdecken (Frey & Balzer, 2005).

Untersuchungen zur strukturellen Validität zeigen, dass es sich bei den einzelnen Fähigkeitskonzepten nicht um unabhängige Dimensionen handelt. Sie stellen vielmehr miteinander vernetzte Einheiten dar. Die Korrelationen zwischen den Dimensionen bewegen sich von .47 zwischen Führungsfähigkeit und Selbstständigkeit/situationsgerechtem Auftreten bis .72 zwischen Kooperationsfähigkeit und sozialer Verantwortung.

Hinsichtlich der differentiellen Validität wurde untersucht, inwieweit das Verfahren zwischen männlichen und weiblichen sowie kaufmännischen und gewerblichen Auszubildenden differenziert. Die Ergebnisse zeigen Unterschiede bezüglich der Dimensionen soziale Verantwortung, Kooperationsfähigkeit und situationsgerechtes Auftreten, in denen sich weibliche Probanden signifikant bessere Kompetenzwerte zuschreiben als männliche, die Effekte sind jedoch gering. Kaufmännische Auszubildende schreiben sich hinsichtlich Konfliktfähigkeit und situationsgerechtem Auftreten bessere Werte als gewerbliche Auszubildende zu, aber auch hier sind die Effekte klein.

Die Kriteriumsvalidität des Beurteilungsbogen smk wurde anhand des erwarteten Berufserfolgs und der Selbstwirksamkeitsskala nach Schwarzer (1993) geprüft. Es ergaben sich Korrelationen der Fähigkeitskonzepte sozialer Kompetenz mit Berufserfolg von .21 bis .33, mit Selbstwirksamkeit von .30 bis .45.

Mit Hilfe von Regressionsanalysen wurde geprüft, inwieweit sich Berufserfolg und Selbstwirksamkeit mit den Fähigkeitskonzepten des smk erklären lassen. 35 % der Varianz der Selbstwirksamkeit lässt sich mit den fünf sozialen Dimensionen Selbstständigkeit, soziale Verantwortung, Kooperationsfähigkeit, Konfliktfähigkeit und Kommunikationsfähigkeit sowie den drei Dimensionen der Methodenkompetenz Analysefähigkeit, Flexibilität und zielorientiertem Handeln erklären. Bezüglich des Berufserfolgs leistet vor allem die Skala Selbstständigkeit einen signifikanten Beitrag zur Erklärung, die aufgekärte Varianz beträgt knapp 13 %.

Zusammenfassend beurteilen die Autoren die Ergebnisse der Testgütekriterien als befriedigend bis gut (Frey & Balzer, 2005, S. 52).

5.2.2 Erfassung der Persönlichkeit: MR-Skalen

Verwendete Ratingverfahren zur Messung der fünf Faktoren sind häufig zu umfangreich für den praktischen Einsatz. Im Rahmen seiner Arbeit unternahm Ostendorf deshalb auch „erste Versuche zur Konstruktion eines ökonomischen Verfahrens zur Messung der fünf Faktoren mittels bipolarer Ratingskalen" (Ostendorf, 1990, S. 140). Das vorrangige Ziel war, weitere Skalenstichproben aus der Gesamtliste der bipolaren Skalen zu ziehen, um die Komponenten als zusätzliche Kriterien im Vergleich mit den Faktoren der repräsentativen Begriffsliste zu erhalten. Ostendorf verfolgte dabei drei Konstruktionsstrategien: (1) Skalen wurden aufgrund ihrer eingeschätzten Prototypikalität für die fünf Faktoren ausgewählt, (2) Skalen mit den höchsten Ladungen pro Faktor wurden ausgewählt und (3) die Auswahl erfolgte nach der Methode der „Minimum Redundancy Item Analysis". Mithilfe dieses Verfahrens wurde auch das in der vorliegenden Studie eingesetzte Instrument zur Erfassung der Big Five entwickelt.

Das endgültige Erhebungsinstrument nach Ostendorf (1990), welches „minimal redundante Skalen" (MRS) beinhaltet, umfasst 45 Itempaare und wurde sozusagen als Beiprodukt seiner psycho-lexikalischen Forschung erstellt. Das Instrument wurde von Schallberger und Venetz (1999) zu mehreren Kurzversionen weiterentwickelt. Ausgangspunkt für die schweizer Forscher war der Wunsch nach der Berücksichtigung differentialpsychologischer Gesichtspunkte in ihrer Forschung. Grund dafür war ihre Erkenntnis, dass sich Befragungsergebnisse zu Themen wie Gesundheit, Belastung, Coping oder Arbeits- und Lebenszufriedenheit in einem unerwarteten Ausmaß als persönlichkeitsabhängig erwiesen. Da es aus forschungspraktischen Gründen nur sehr selten möglich ist, in diesen Untersuchungen einen vollständigen Persönlichkeitsfragebogen zu erheben, suchten die Autoren nach einem Instrument, das zwar den Persönlichkeitsbereich möglichst umfassend abdeckt, dabei aber so kurz ist, dass es routinemäßig in diesen Studien eingesetzt werden kann. Zudem sollte dieses Instrument bei den Probanden eine gute Akzeptanz aufweisen.

Zu diesem Zweck erarbeiteten Schallberger und Venetz Kurzversionen der MR-Skalen nach Ostendorf. Die 45 bipolaren Ratingskalen wurden sequentiell auf die Kurzversionen reduziert, Kriterien waren dabei die faktorielle Einfachstruktur und die Verständlichkeit der Items. Bezüglich der Verständlichkeit wurden die Probanden gebeten anzugeben, welche Items aus ihrer Sicht „irritierend“ waren. Insgesamt wurden Untersuchungen an zehn unterschiedlichen Stichproben mit insgesamt 3 500 Personen (Psychologiestudierende und Absolventen verschiedener Fachrichtungen der Universität Zürich, Sportlehrer, Freizeitsportler, Spitzensportler, Bekannte der Autoren) durchgeführt. Das methodische Vorgehen war jeweils:

1. Analyse der Faktorenstruktur: Hauptkomponentenanalyse mit Varimax-Rotation, Ermittlung der Faktorkongruenzkoeffizienten (Pawlik, 1968): Vergleich der Ladungsmuster der einzelnen Items mit den Ladungsmustern von Ostendorf (1990, S. 149 Spalte 4), bei Werten > .85 gelten diese als identisch (ten Berge, 1986)
2. Analyse der Skalensummenwerte: Cronbachs Alpha, durchschnittliche und maximale Skalenkorrelation
3. Minimum Redundancy Analysis: für nähere Erläuterungen siehe Exkurs im weiteren Verlauf des Kapitels

Das Ergebnis ihrer Studien waren Versionen mit 30, 25 und 20 Items der ursprünglichen Ratingskala. Nach Auffassung der Autoren soll die Zielsetzung der Untersuchung und der vorhandene Spielraum bei der Fragebogengestaltung über den Einsatz der verschiedenen Versionen entscheiden.

Die ermittelten Kurzversionen der MR-Skalen zeichnen sich dabei durchweg durch eine hohe faktorielle Validität und mit durchschnittlich .78 bis .83 durch eine für Forschungszwecke mehr als genügende Reliabilität aus. In den kürzeren Inventaren wurde sogar eine prägnantere Faktorenstruktur erzielt, was nach Ansicht der Autoren auf das Weglassen von faktoriell „unreinen“ Items zurückzuführen ist (Schallberger & Venetz, 1999, S. 39). Gegen die Verwendung der Kurzversionen gibt es aufgrund der guten bis sehr guten Güteeigenschaften keine Einwände. Hinzu kommt, dass die Items von den Befragten problemlos akzeptiert wurden.

Ein Problem stellt sich jedoch in der Frage der Äquivalenz der verschiedenen Versionen. In den Untersuchungen zeigten durchschnittliche Faktorkongruenzkoeffizienten von .94 für die Version mit 30 Items bis .97 für die Versionen mit 25 und 20 Items, dass die Kurzversionen den Originaldimensionen der MR-Skalen sehr nahe sind. Die durchschnittlichen Reliabilitäten der Instrumente bewegen sich ebenfalls in vergleichbarer Größenordnung. Durch das Weglassen einiger Items kann es jedoch zu Bedeutungsverschiebungen in einzelnen Faktoren kommen. Zur Klärung dieses Problems berechneten die Autoren die Korrelationen der Skalensummenwerte und der Faktorenwerte der fünf Faktoren der verschiedenen MRS-Versionen. Ergebnisse waren jeweils Korrelationen zwischen .83 und .99. Zudem überprüften sie die Korrelationen der verschiedenen Faktorenwerte der einzelnen Versionen mit einem Außenkriterium, dem Gießen-Test (Beckmann, Brähler & Richter, 1991). Dabei zeigte sich, dass man aufgrund der empirischen Befunde zu denselben Schlüssen gelangte, egal welche Version der MR-Skalen zugrunde gelegt wird. Aufgrund dieser Ergebnisse gehen Schallberger und Venetz (1999) von einer inhaltlichen Äquivalenz der verschiedenen Versionen aus. In der vorliegenden Untersuchung wurde die Kurzversion mit 25 bipolaren Items verwendet.

Der fünfte Faktor Offenheit für Erfahrungen wird in den MR-Skalen Kultur genannt, eine Bezeichnung, die auch Tupes und Christal (1961; 1992) gewählt haben. Elemente dieses Faktors sind intellektuell/kultiviert, ästhetisch anspruchsvoll und phantasievoll. Diese Beschreibung trifft die Inhalte des fünften Faktors in den MR-Skalen gut. In Instrumenten, die auf Eigenschaftswörter zurückgehen, findet sich für den fünften Faktor häufig die Bezeichnung Intellekt oder Kultur im Unterschied zu Offenheit für Erfahrungen. Dies liegt mitunter daran, dass Adjektive zur Beschreibung des fünften Faktors überwiegend die kognitiven Aspekte von Offenheit beschreiben (Costa & McCrae, 1992a).

Die Bipolarität dieser Kurzversion stellt einen weiteren Pluspunkt dar: diese Form erlaubt im Gegensatz zu unipolar angelegten Messinstrumenten eine bessere Erhebung der ebenfalls bipolar angelegten Dimensionen der Big Five (Woods & Hampson, 2005).

Die MR-Skalen wurden auch deshalb eingesetzt, weil die vorliegende Studie im deutschsprachigen Raum der Schweiz durchgeführt wird. Diese Skalen sind im schweizerischen Kulturraum bereits erprobt, bestehen nicht aus einem einzelnen Item, sondern aus fünf Items pro Skala und bringen dadurch nicht die bereits erwähnten Probleme mit sich (siehe Kapitel 3.1.6). Burisch (1997) und auch Bell und Lumsden (1980) konnten zeigen, dass es durchaus möglich ist, kurze Skalen mit nur zwei bis vier Items zu entwickeln, die in ihrer Validität den längeren Skalen in nichts nachstehen.

Smith, McCarthy und Anderson (2000) diskutieren potenzielle Probleme bei der Entwicklung von Kurzversionen von Inventaren. Sie kommen zu folgenden Empfehlungen bei der Konstruktion von Kurzversionen. Zusammengefasst sollten diese …

1. nur zu gut validierten Instrumenten entwickelt werden.
2. die Inhaltsbereiche und Subfaktoren der längeren Form erhalten.
3. ausreichende Reliabilität aufweisen.
4. Überschneidungen in der Varianz mit der längeren Form aufweisen, wenn beide unabhängig voneinander vorgegeben werden.
5. eine ähnliche Faktorenstruktur wie die längere Form aufweisen.
6. Validität in unabhängigen Stichproben nachweisen.
7. bedeutungsvolle Zeit- oder Ressourcenersparnis bringen, die den unvermeidlichen Verlust an Validität rechtfertigen.

Eine Überprüfung der Kurzform der MR-Skalen anhand der Empfehlungen von Smith et al. (2000) bringt folgendes Ergebnis:

1. Die MR-Skalen nach Ostendorf sind ausreichend validiert (Grob & Maag Merki, 2001; Ostendorf, 1990),
2. die Kurzform enthält die fünf Faktoren der langen Form (Schallberger & Venetz, 1999),
3. weist ausreichende Reliabilität auf (Kapitel 6.1.4),
4. weist Überschneidungen in der Varianz mit der längeren Form auf, wenn beide unabhängig voneinander vorgegeben werden (Schallberger & Venetz, 1999),
5. hat eine ähnliche/dieselbe Faktorenstruktur wie die längere Form (Schallberger & Venetz, 1999),
6. die Validität ist in unabhängigen Stichproben nachgewiesen (Schallberger & Venetz, 1999),
7. die Kurzform der MR-Skalen erbringt bedeutungsvolle Zeit- und Ressourcenersparnis: im Gegensatz zur langen Form wird nur die Hälfte der Bearbeitungszeit benötigt.

Insgesamt zeigt sich bei allen Kurzformen ein wiederkehrendes Phänomen, das Saucier mit folgenden Worten beschreibt: "… an extreme phenomenom in personality measurement, the relative ease with which the Big-Five personality factors can be measured. So well-represented are these factors among personality adjectives that remarkably short scales can measure them with reasonable reliability" (Saucier, 1994, S. 514).

Minimum Redundancy Analysis

Die Minimum Redundancy Analysis dient der Verbesserung der Einfachstruktur der Faktoren und ist angelehnt an die Methode von Neill und Jackson (1976). Zur vereinfachten Schätzung der Faktorenwerte werden die Antworten der Person über die Markiervariablen eines Faktors meist aufsummiert oder gemittelt. „Ein solches Vorgehen führt aber nur dann zu unkorrelierten Skalensummen – bzw. Faktorenwerten, wenn eine relativ klare Einfachstruktur des Faktorenmusters vorliegt. Weisen die Markiervariablen eines Faktors dagegen systematisch positive oder negative Sekundärladungen auf einem anderen Faktor auf, so resultieren ggf. sehr hoch korrelierte, redundante Skalensummenwerte" (Ostendorf, 1990, S. 145). Das Ziel dieses Vorgehens in Bezug auf die Konstruktion eines Instruments zur Erfassung der Big Five ist, eine Auswahl von Ratingskalen für jeden Faktor zu treffen, deren Skalensummenwerte bei einer hohen internen Konsistenz möglichst gering miteinander korrelieren. Zu diesem Zweck wurden Item-Effizienz-Indices für jede Ratingskala berechnet, in welche jeweils der Beitrag der Skala/eines Items zum eigenen Faktor (Konvergenz) und zu den anderen Faktoren (Diskriminanz) einging (für nähere Erläuterungen siehe Ostendorf, 1990, S. 146). Die Formel für den Item-Effizienz-Index (IEI) lautet in diesem Fall:

$$IEI_i = | a_{ig} | - 4 * \Sigma | a_{ih} |$$

a_{ig} bedeutet dabei die Ladung des Items i im theoretisch erwarteten Faktor g, a_{ih} die Ladung des Items in den anderen Faktoren. Je höher der Wert des Item-Effizienz-Index, desto kleiner sind die Nebenladungen des Items im Verhältnis zu seiner Hauptladung.

Ostendorf zufolge ist die resultierende Liste der MR-Skalen hinsichtlich der Aspekte der faktoriellen Validität, der Unabhängigkeit der Skalensummenwerte und des ökonomischen Einsatzes den durch andere Konstruktionsstrategien gewonnenen Ratingverfahren vorzuziehen.

Neill und Jackson (1976) postulieren keinen spezifischen kritischen Wert für den Item-Effizienz-Index, sondern sehen ihn eher als einen generellen Ansatz zur Itemselektion. Sie zeigen, dass eine Minimierung der Redundanz nicht notwendigerweise starke Einbußen in der Homogenität einer Skala nach sich ziehen muss. Sie geben darüber hinaus jedoch zu bedenken: "When statistical procedures such as those advocated here are used, there ultimately is reached a point where a decision cannot reasonably be made on statistical properties alone. Statistical efficiency, although necessary, is not sufficient. Items still require final editorial review to assure representativeness of content, lack of ambiguity, readability, conciseness, and substantive cogency" (Neill & Jackson, 1976, S. 133). Letztendlich erfordert demnach auch diese Methode eine Entscheidung des Autors bezüglich der Selektion der Items eines Erhebungsinstruments. Trotzdem bietet die Methode der Minimum Redundancy Analysis eine saubere und statistisch gelungene Möglichkeit zur Konstruktion eines Instruments zur Erfassung der Big Five.

5.3 Durchführung

5.3.1 Untersuchungsdesign

Die Datenerhebung erfolgte im Rahmen der Evaluation der Implementierung der Reform der kaufmännischen Grundbildung in der Schweiz. Die kaufmännische Grundbildung wurde Anfang der Neunziger Jahre überarbeitet. Laut des Bundesamts für Berufsbildung sind Kaufleute in Unternehmen aufgrund der erhöhten Informatisierung der Arbeit eher Generalisten als Spezialisten geworden: Anspruchsvolle Sachbearbeitung, Kundenorientierung sowie Kommunikation sind zentral geworden und erfordern mehr Selbständigkeit. Ziel der Reform ist unter anderem, angehende Kaufleute in der Ausbildung verstärkt auf selbständiges Arbeiten und mehr Verantwortung am Arbeitsplatz vorzubereiten. Die Lernenden sollen zu lebenslangem Lernen befähigt werden, um mit den Innovationen des Berufsfeldes zu wachsen und Flexibilität im sich ständig verändernden Arbeitsmarkt aufzubauen. Neben der fachlichen Kompetenz stehen auch verstärkt die soziale und die methodische Kompetenz der Lernenden im Mittelpunkt des Interesses. Nähere Informationen zur Reform der kaufmännischen Grundbildung bietet die Webseite www.rkg.ch, wo auch ausführliche Berichte zu den Ergebnissen der Evaluation der Ausbildungsreform zu finden sind.

5.3.2 Datenerhebung

Die Befragung wurde über Online-Fragebögen realisiert, die von den Befragungsteilnehmern direkt im Internet bearbeitet wurden.

Die Befragung fand in den drei Sprachen Deutsch, Französisch und Italienisch statt, wobei für die nachfolgenden Auswertungen nur die deutschsprachigen Daten verwendet werden. In einem Exkurs werden die postulierten Hypothesen gesondert auch an der französischsprachigen Stichprobe geprüft, ein Vorgehen, das aufgrund der geringen Stichprobengröße für den italienischsprachigen Teil nicht möglich ist.

Onlineerhebung

An dieser Stelle wird diese besondere Art der Datenerhebung näher betrachtet. Dabei interessiert speziell der Aspekt der Äquivalenz: können die mit unterschiedlichen Medien erhobenen Daten ohne weiteres als gleichwertig betrachtet werden? Sind im Internet vorgegebene Fragebögen mit der klassischen Paper-Pencil-Erhebung äquivalent? Im Besonderen interessiert dabei, ob die Ergebnisse in der gleichen Art und Weise interpretiert werden können (Hartig, 1999).

Hank und Schwenkmezger (1996) unterscheiden zwei Formen der Äquivalenz: die erfahrungsbezogene und die psychometrische. Bei der erfahrungsbezogenen Äquivalenz geht es um das subjektive Erleben des Probanden in psychologischen Untersuchungen. Beim Vergleich von Computer- und Paper-Pencil-Versionen von Tests geht es im Grunde um die Frage, ob es für den Probanden gleichwertig ist, auf einem Papier ein Kreuzchen in einem Kästchen zu machen oder per Maus einen Button auf einem Bildschirm anzuklicken. In der vorliegenden Untersuchung wurden so genannte „radio-buttons“ verwendet: Skalen mit Punkten zum Markieren mit der Maus, wobei die Bezeichnung der Antwortalternativen jeweils über dem Button stand.

Die psychometrische Äquivalenz untersucht die Frage, ob mit zwei Messmethoden in vergleichbarer Weise dieselbe Variable gemessen wird. Können unterschiedliche Skalen- und Vorgabeformen zu mehr oder weniger extremen Antworten führen? Wird bei bestimmten Medien stärker sozial erwünscht geantwortet? Ein Aspekt ist dabei das Skalenformat. Entsprechende Untersuchungen zur psychometrischen Äquivalenz setzen voraus, dass eine Erhebung mit mehreren Versionen desselben Instrumentes durchgeführt wird. Relevante statistische Größen für psychometrische Äquivalenz sind dabei Gleichheit der Mittelwerte, Gleichheit der Verteilungsformen und Gleichheit der Rangfolge der Personen. Da das Problem des Skalenformates nicht internetspezifisch ist, wird darauf im Weiteren nicht eingegangen.

Generell gibt es kaum Befunde, die gegen eine Durchführung psychologischer Tests am Computer sprechen (Hartig, 1999). Noch weniger Schwierigkeiten als Leistungstests bereiten Fragebögen zur Selbstbeschreibung („Persönlichkeitstests“), wie sie auch in der vorliegenden Studie zum Einsatz kommen. Rauch, Hartig und Moosbrugger (2002) führten einen Vergleich von Messungen mit Persönlichkeitsfragebögen bei Vorgabe als Paper-Pencil-Test und als computerisierte Version durch, sowohl offline und als auch online. Verwendet wurde die Übersetzung eines Big-Five-Persönlichkeitsfragebogens aus dem International Personality Item Pool (IPIP) von Goldberg (1999; 2003). Zur Äquivalenzüberprüfung wurden konfirmatorische Faktorenanalysen berechnet. Dabei konnten im Vergleich der beiden Stichproben für die verschiedenen Vorgabemodi Multi-Sample-

Modelle mit parallelen Messungen beibehalten werden; auch Mittelwertunterschiede waren zwischen den Vorgabemodi praktisch nicht zu finden. Die Autoren werten das Ergebnis der Studie als überzeugenden Nachweis der Äquivalenz zwischen Internet-, Paper-Pencil- und Offline-Computervorgabe des verwendeten Fragebogens. Zudem konnten gute psychometrische Kennwerte der Skalen, eine klare fünffaktorielle Struktur und hohe konvergente Validitäten mit dem NEO-FFI gezeigt werden (Hartig, Jude & Rauch, 2003).

Rammstedt, Holzinger und Rammsayer (2004) überprüften in einer Studie die Äquivalenz der Papier-Bleistift-Version mit einer computergestützten Version des NEO-Fünf-Faktoren-Inventars (NEO-FFI, Borkenau & Ostendorf, 1993), welche im Hogrefe Testsystem verwendet wird. Die Autoren untersuchten in einem komplett ausbalancierten Test-Retest-Design (Papier-Papier, Papier-Computer, Computer-Papier und Computer-Computer) Mittelwerte, interne Konsistenzen, Retest-Reliabilitäten und faktorielle Validität. Beide Verfahren erwiesen sich hinsichtlich dieser Werte als gleichwertig, so dass von einer psychometrischen Äquivalenz der Papier-Bleistift-Version und der computergestützten Version ausgegangen werden kann. Zudem wurde in dieser Studie auch die Präferenz für eine der beiden Testversionen erfragt: 56 % der Testpersonen fällten eine Präferenzentscheidung zu Gunsten der Computerversion.

Zu weitgehend gleichen Schlüssen kamen Salgado und Moscoso (2003). Gegenstand ihrer Untersuchung war ebenfalls eine Papier-Bleistift-Version und eine internetbasierte Version eines Fragebogens zur Messung der Big Five: der Personality Inventory of Five Factor (IP/5F, Salgado, 1998). Die Ergebnisse zeigen keine Unterschiede der beiden Versionen hinsichtlich der Mittelwerte, Streuungen, Reliabilität und Faktorenstruktur. Zudem gaben die Testteilnehmer an, die internetbasierte Version des Fragebogens zu bevorzugen.

Oswald, Carr und Schmidt (2001) fanden ebenfalls so gut wie keine Unterschiede in Mittelwerten und Standardabweichungen zwischen einer Paper-Pencil-Version und einer webbasierten Version eines Big Five Inventars.

Der smk wurde von Frey (Frey, 2004; Frey & Balzer, 2003b, 2005; Frey, Balzer, Renold & Nenniger, 2002) bereits mehrfach sowohl in Papierform als auch via Internet vorgegeben. Es zeigte sich jedoch kein Einfluss der Vorgabeform auf Mittelwerte, Verteilungsform und Rangfolge der Probanden.

Als Vorteile computergestützter Testung nennt Tuten (1997) in einem Überblick geringere Verzerrungen in Bezug auf soziale Erwünschtheit und eine höhere Motivation der Testteilnehmer. Einige Probandengruppen können jedoch Schwierigkeiten bei der Testung aufgrund mangelnder Vorkenntnisse im Umgang mit dem Computer haben. In der hier vorliegenden Stichprobe bestehend aus kaufmännischen Lernenden im zweiten und dritten Lehrjahr kann allerdings davon ausgegangen werden, dass die Personen mit Computer und Maus mindestens genauso gut umgehen können wie mit Papier und Bleistift. Zudem zeigt eine Studie von Gaudron (2000), dass bei der Vorgabe eines Persönlichkeitsinventars am Computer Computerangst keinen Einfluss auf das Persönlichkeitsprofil der Probanden hat. Kubinger (1993) nennt als weitere Vorteile von computergestützten Testungen Testleiterunabhängigkeit (Durchführungsobjektivität) und Verrechnungssicherheit (Auswertungsobjektivität).

Aufgrund der oben aufgeführten Befunde spricht nichts gegen, aber vieles für eine Vorgabe der MR-Skalen und des smk via Internet zur Nutzung der Vorteile der Online-Forschung wie beispielsweise Ortsungebundenheit, günstige Kosten sowie große erreichbare Anzahl von Probanden.

6 Ergebnisse

Im Folgenden werden die Ergebnisse der empirischen Studie dargelegt. Nach einer Beschreibung der Item- und Skalenkennwerte folgen Reliabilität und Korrelationen der eingesetzten Messinstrumente. Konfirmatorische Faktorenanalysen dienen der Prüfung der postulierten Konstrukte. Im Anschluss werden die Ergebnisse der Zusammenhangsanalysen und der Modellprüfungen vorgestellt.

6.1 Beschreibung der Messinstrumente

6.1.1 Itemkennwerte

Es folgen die Itemschwierigkeiten und Trennschärfen der Messinstrumente.

Big Five

Die Itemschwierigkeiten der Items des Faktors Extraversion liegen zwischen .74 und .80, für Verträglichkeit zwischen .65 und .79, für Gewissenhaftigkeit zwischen .62 und .74, für emotionale Stabilität zwischen .59 und .69 und für Kultur zwischen .57 und .76.

Die Trennschärfen der Items des Faktors Extraversion liegen zwischen .51 und .70, für Verträglichkeit zwischen .40 und .50, für Gewissenhaftigkeit zwischen .43 und .72, für emotionale Stabilität zwischen .54 und .61 und für Kultur zwischen .56 und .79.

Soziale Kompetenz

Die Itemschwierigkeiten der Items des Konzepts Selbstständigkeit liegen zwischen .72 und .79, für Kooperationsfähigkeit zwischen .75 und .81, für soziale Verantwortung zwischen .72 und .84, für Konfliktfähigkeit zwischen .65 und .74, für Kommunikationsfähigkeit zwischen .66 und .85, für Führungsfähigkeit zwischen .63 und .72 und für situationsgerechtes Auftreten zwischen .77 und .84.

Die Trennschärfen der Items des Konzepts Selbstständigkeit liegen zwischen .37 und .58, für Kooperationsfähigkeit zwischen .40 und .57, für soziale Verantwortung zwischen .44 und .59, für Konfliktfähigkeit zwischen .42 und .62, für Kommunikationsfähigkeit zwischen .34 und .45, für Führungsfähigkeit zwischen .43 und .58 und für situationsgerechtes Auftreten zwischen .34 und .51.

6.1.2 Skalenkennwerte

Nachfolgend werden Mittelwerte, Standardabweichungen und interne Konsistenzen der Messinstrumente dargelegt.

Nach Jäger und Petermann (1995, S. 453) liegt bei Screeninginstrumenten der kritische Wert einer Skala für Cronbachs Alpha bei .70. Die internen Konsistenzen der fünf Faktoren liegen durchschnittlich bei .79 und sind damit gut. Die einzige Ausnahme stellt der Faktor Verträglichkeit dar, dessen interne Konsistenz von .70 einigermaßen deutlich unter den Werten der vier anderen Skalen liegt, der Wert ist aber ausreichend.

Bei den Fähigkeitskonzepten der sozialen Kompetenz liegen die Werte der internen Konsistenz durchschnittlich bei .73 und damit unter den Werten der Big Five, sie sind dennoch zufrieden stellend. Ausnahmen bilden die Werte der Skalen situationsgerechtes Auftreten mit .66 und Kommunikationsfähigkeit mit .67, welche den Grenzwert von .70 verfehlen.

6.1.3 Geschlechtsunterschiede

Unterscheiden sich Männer und Frauen in ihrer Persönlichkeit und sozialen Kompetenz?

Tabelle 4: Geschlechtsunterschiede der Big Five

	weiblich		männlich				
Skala	**M**	**SD**	**M**	**SD**	**t-Wert**	**p**	**ω^2**
Extraversion	4.93	.75	4.74	.82	4.902	.000	.014
Verträglichkeit	4.73	.58	4.56	.73	4.864	.000	.014
Gewissenhaftigkeit	4.59	.74	4.36	.84	5.400	.000	.017
emotionale Stabilität	4.17	.75	4.62	.74	-11.606	.000	.075
Kultur	4.44	.92	4.31	.99	2.630	.009	.004

N = 1 652; N(weiblich) = 1 067; N(männlich) = 585

Männer und Frauen unterscheiden sich in allen fünf Faktoren der Persönlichkeit (siehe Tabelle 4). Frauen weisen höhere Werte in den Faktoren Extraversion, Verträglichkeit, Gewissenhaftigkeit und Kultur auf, Männer haben hingegen im Faktor emotionale Stabilität höhere Werte.

Die Mittelwertsunterschiede sind durchweg signifikant, ihre praktische Signifikanz ist allerdings gering. Diese praktische Bedeutsamkeit wurde mit dem Effektstärkemaß ω^2 berechnet, welches untersucht, ob signifikante Unterschiede nicht nur überzufällig und mathematisch auffällig, sondern auch praktisch bedeutsam und relevant sind (Wolf, 2001, im Druck). Als grobe Orientierung gilt ein Wert von .01 als kleiner Effekt, ein Wert von .06 als mittlerer und ein Wert von .14 als großer Effekt (Bortz & Döring, 1995, S. 568; Cohen, 1977). Wolf (im Druck) legt die Grenze für einen kleinen Effekt sogar noch strenger auf .05. Die Gültigkeit dieser Werte ist empirisch noch nicht vollständig abgesichert und sollte dementsprechend auch nicht dogmatisch angewendet werden. Die Effektstärkemaße bieten jedoch eine gute Orientierung zur Interpretation der analysierten Daten.

Demnach wird allein der Mittelwertsunterschied im Faktor emotionale Stabilität als kleiner Effekt eingestuft, Männer sind tendenziell emotional stabiler als Frauen.

Tabelle 5: Geschlechtsunterschiede der sozialen Kompetenz

	weiblich		männlich				
Skala	**M**	**SD**	**M**	**SD**	**t-Wert**	**p**	**ω^2**
Selbstständigkeit	4.76	.57	4.68	.63	2.276	.023	.003
Kooperationsfähigkeit	4.92	.52	4.76	.62	4.779	.000	.014
soziale Verantwortung	4.85	.50	4.70	.61	4.620	.000	.013
Konfliktfähigkeit	4.58	.59	4.56	.67	.467	.641	
Kommunikationsfähigkeit	4.82	.48	4.70	.60	3.946	.000	.010
Führungsfähigkeit	4.48	.62	4.41	.68	1.830	.067	
Situationsgerechtes Auftreten	5.13	.51	4.99	.64	4.373	.000	.012

N = 1 490; N(weiblich) = 966; N(männlich) = 524

Männer und Frauen unterscheiden sich in fünf von sieben Fähigkeitskonzepten der sozialen Kompetenz (siehe Tabelle 5). Frauen weisen höhere Werte in den Konzepten Selbstständigkeit, Kooperationsfähigkeit, soziale Verantwortung, Kommunikationsfähigkeit und situationsgerechtes Auftreten auf.

Die Mittelwertsunterschiede sind durchweg signifikant, ihre praktische Signifikanz ist allerdings gering. Die Mittelwertsunterschiede weisen durchweg nicht einmal kleine Effektstärken auf.

6.1.4 Reliabilität

Die Retest-Reliabilität ist definiert als Korrelation zwischen den beiden Messwertreihen. Bei zugrunde gelegter Annahme der Stabilität des wahren Wertes, was sowohl bei Persönlichkeitsmerkmalen als auch bei Kompetenzen der Fall sein sollte, müsste sich eine hohe Korrelation der Messwertreihen ergeben.

Der erste Messzeitpunkt lag für die Auszubildenden zu Beginn des zweiten Lehrjahrs und der zweite Messzeitpunkt zum Ende des dritten Lehrjahrs, 18 Monate später.

Tabelle 6: Retest-Reliabilität der Big Five

	Messzeitpunkt 1		Messzeitpunkt 2		Retest-Reliabilität r
	M	SD	M	SD	
Extraversion	4.85	.71	4.82	.74	.57**
Verträglichkeit	4.75	.61	4.69	.62	.50**
Gewissenhaftigkeit	4.62	.70	4.64	.70	.50**
emotionale Stabilität	4.34	.72	4.43	.75	.58**
Kultur	4.37	.91	4.39	.88	.58**

** Die Korrelation ist auf dem Niveau von 0.01 (2-seitig) signifikant.
N = 157

Die Retest-Reliabiliäten der fünf Faktoren (siehe Tabelle 6) liegen im Durchschnitt bei .55. Die höchste Retest-Reliabilitäten weisen dabei mit .58 die Faktoren emotionale Stabilität und Kultur auf, die niedrigsten die Faktoren Verträglichkeit und Gewissenhaftigkeit mit .50.

Tabelle 7: Retest-Reliabilität der sozialen Kompetenz

	Messzeitpunkt 1		Messzeitpunkt 2		Retest-Reliabilität r
	M	SD	M	SD	
Selbstständigkeit	4.69	.60	4.83	.61	.58**
Kooperationsfähigkeit	4.88	.56	4.88	.58	.41**
soziale Verantwortung	4.82	.50	4.90	.53	.49**
Konfliktfähigkeit	4.57	.56	4.66	.54	.39**
Kommunikationsfähigkeit	4.80	.48	4.87	.46	.43**
Führungsfähigkeit	4.40	.68	4.55	.61	.51**
situationsgerechtes Auftreten	5.15	.52	5.23	.52	.33**

** Die Korrelation ist auf dem Niveau von 0.01 (2-seitig) signifikant
N = 157

Die Retestreliabiliäten für die Fähigkeitskonzepte der sozialen Kompetenz (siehe Tabelle 7) liegen im Durchschnitt bei .45. Die höchste Retest-Reliabilität weist dabei mit .58 das Konzept Selbstständigkeit auf, die niedrigste das Konzept des situationsgerechten Auftretens mit .33.

6.1.5 Korrelationen der Skalen

Es folgt eine Analyse der Korrelationen der Persönlichkeitsfaktoren sowie der Fähigkeitskonzepte der sozialen Kompetenz. Alle angegebenen Korrelationen stellen latente Werte dar, berechnet im Zuge der konfirmatorischen Faktorenanalysen (siehe Kapitel 6.1.6).

Tabelle 8: Korrelationen der Big Five

	Extra-version	Verträg-lichkeit	Gewis-senhaftig-keit	emotio-nale Stabilität	Kultur
Extraversion	-				
Verträglichkeit	.19	-			
Gewissenhaftigkeit	.12	.24	-		
emotionale Stabilität	.28	.15	.18	-	
Kultur	.29	.15	.20	.15	-

Alle Korrelationen sind auf dem Niveau von 0.01 (2-seitig) signifikant.

Die durchschnittliche Korrelation der Big Five (siehe Tabelle 8) liegt bei .19. Die geringste Korrelation besteht zwischen Gewissenhaftigkeit und Extraversion, die höchste zwischen emotionaler Stabilität und Extraversion. Angesichts der kleinen Korrelationen kann davon ausgegangen werden, dass die fünf Faktoren voneinander unabhängig sind.

In den folgenden Ergebnisdarstellungen werden in Tabellen für die einzelnen Fähigkeitskonzepte der sozialen Kompetenz Kürzel verwendet. Diese sind in Tabelle 9 aufgelistet.

Tabelle 9: Übersicht der Kürzel für Fähigkeitskonzepte der sozialen Kompetenz

Fähigkeitskonzept	Kürzel
Selbstständigkeit	SELB
Kooperationsfähigkeit	KOOP
soziale Verantwortung	SOZVER
Konfliktfähigkeit	KONFL
Kommunikationsfähigkeit	KOMMU
Führungsfähigkeit	FÜHR
situationsgerechtes Auftreten	SITAUF

Tabelle 10: Korrelationen der sozialen Kompetenz

	SELB	KOOP	SOZVER	KONFL	KOMMU	FÜHR	SITAUF
SELB	-						
KOOP	.52	-					
SOZVER	.51	.74	-				
KONFL	.45	.53	.66	-			
KOMMU	.50	.60	.70	.68	-		
FÜHR	.42	.59	.66	.59	.65	-	
SITAUF	.48	.57	.58	.48	.56	.44	-

Alle Korrelationen sind auf dem Niveau von 0.01 (2-seitig) signifikant.

Die durchschnittliche Korrelation der Fähigkeitskonzepte der sozialen Kompetenz (siehe Tabelle 10) liegt bei .56. Die geringste Korrelation besteht zwischen Führungsfähigkeit und Selbstständigkeit, die höchste zwischen sozialer Verantwortung und Kooperationsfähigkeit.

6.1.6 Konfirmatorische Faktorenanalysen

Für die Schätzung und Überprüfung der nachfolgenden Strukturgleichungsmodelle wird MPlus Version 4 (Muthén & Muthén, 1998-2005) verwendet.

6.1.6.1 Gütekriterien

Bei den konfirmatorischen Faktorenanalysen und den anschließenden Strukturgleichungsmodellen werden die Goodness-of-Fit-Maße berichtet, die sich nach Hu und Bentler (1998) bewährt haben: der χ^2-Wert und die dazugehörenden Freiheitsgrade, der Root-Mean-Square-Error-of-Approximation (RMSEA, Steiger, 1990) mit dem dazugehörenden Konfidenzintervall, der Comparative Fit Index (CFI, Bentler, 1990) und der Standardized-Root-Mean-Square-Residual (SRMR), welcher die mittlere Abweichung zwischen der beobachteten und der angenommenen Kovarianzmatrix misst.

Diese Gütekriterien stellen zwar keinen Beweis für die Gültigkeit eines Modells dar, falsifizieren jedoch schlechte Modelle. Richtwerte für die Indices sind in Tabelle 11 aufgeführt (Browne & Cudeck, 1993, S. 144; Hu & Bentler, 1998, S. 426; Schermelleh-Engel, Moosbrugger & Müller, 2003, S. 41).

Tabelle 11: Gütekriterien von Strukturgleichungsmodellen

Gütekriterium	Akzeptabler Modellfit	Guter Modellfit
χ^2 / df	≤ 3	≤ 2
RMSEA	≤ 0.08	≤ 0.05
CFI	≥ 0.90	≥ 0.97
SRMR		≤ 0.08

Anzumerken bleibt, dass diese Werte anhand praktischer Erfahrung entwickelt wurden im Sinne von "practical experience has made us feel ..." (Browne & Cudeck, 1993, S. 144) und damit eher den Status von Orientierungspunkten aufweisen. Die Qualität dieser Indices bedarf durchaus einer weiteren Prüfung (Ogasawara, 2001).

Der χ^2-Test ist sehr sensibel in Bezug auf die Stichprobengröße, auch kleine Abweichungen werden bei großen Stichproben signifikant, der RMSEA und der CFI sind in dieser Hinsicht robuster (Fan, Thompson & Wang, 1999). Bei der Bewertung der Modelle wird deshalb das Augenmerk auf die letzteren gerichtet, da in der vorliegenden Studie die Stichprobengröße bei fast allen Berechnungen über 1 600 Personen liegt. Zudem ist der RMSEA auch ein Maß für die Sparsamkeit des Modells.

Der SRMR reagiert sensibel auf kleine Stichproben (< 100), die in der vorliegenden Untersuchung jedoch nicht vorkommen. Sein Einsatz erscheint deshalb unproblematisch.

6.1.6.2 Persönlichkeit

Die Kovarianzabdeckung der nachfolgenden Analysen liegt zwischen 98,4 % und 99,9 %, von einem Ersetzen der fehlenden Werte wird deshalb abgesehen.

Abbildung 7: Konfirmatorische Faktorenanalyse der Big Five

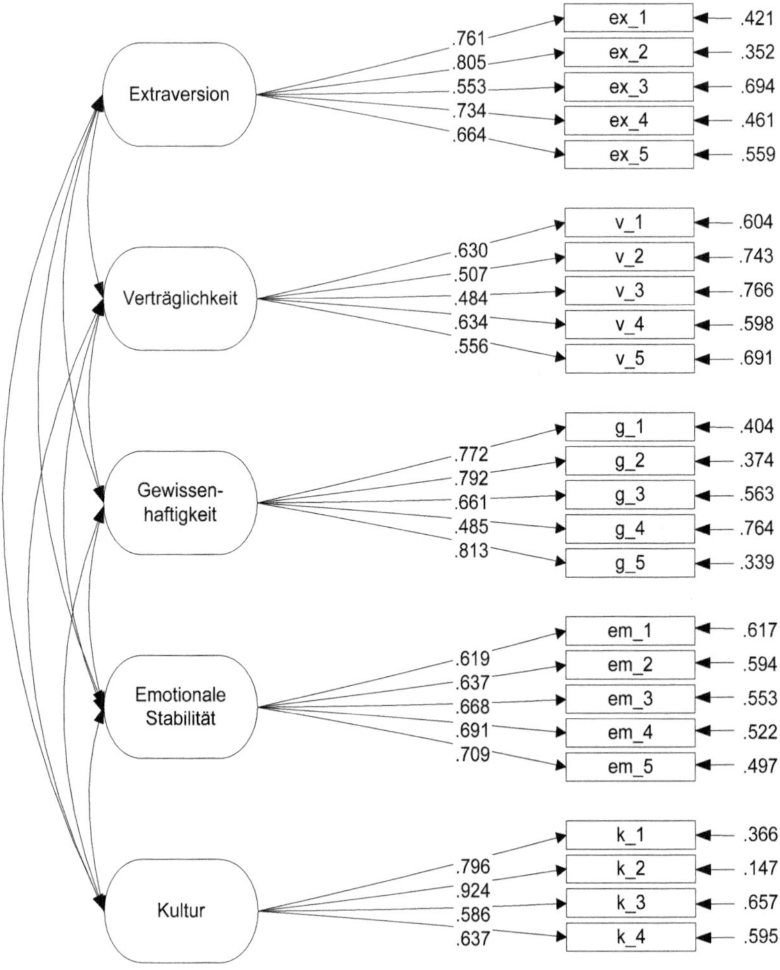

$Chi^2 = 1677$, df = 242, RMSEA = .060 (CI = .057, .062), SRMR = .060, CFI = .897

Die Faktorladungen der Items für den Faktor Extraversion liegen zwischen .553 und .805, für Verträglichkeit zwischen .484 und .634, für Gewissenhaftigkeit zwischen .485 und .813, für emotionale Stabilität zwischen .619 und .709 und für Kultur zwischen .586 und .924. Die Höhe der Faktorenladungen ist ausreichend bis gut. Die Korrelationen der Faktoren finden sich in Tabelle 8.

Das geschätzte Modell weicht mit einem $\chi^2 = 1677$ (df = 242) höchst signifikant ($p < .001$) von den beobachteten empirischen Daten ab. Die Gütekriterien RMSEA und SRMR liegen unter .08, der CFI bei .90. Sie weisen somit auf einen akzeptablen Modellfit hin (siehe Tabelle 12).

Tabelle 12: Gütekriterien CFA der Big Five

Gütekriterium	Modellfit
χ^2 / df	-
RMSEA	✓
SRMR	✓
CFI	✓

✓✓ = guter Modellfit
✓ = akzeptabler Modellfit
- = kein Modellfit

6.1.6.3 Soziale Kompetenz

Die Kovarianzabdeckung der nachfolgenden Analysen liegt zwischen 98,3 % und 99,9 %, von einem Ersetzen der fehlenden Werte wird abgesehen.

Die Faktorladungen der Items für das Fähigkeitskonzept Selbstständigkeit liegen zwischen .477 und .637, für Kooperationsfähigkeit zwischen .548 und .661, für soziale Verantwortung zwischen .528 und .695, für Konfliktfähigkeit zwischen .506 und .707, für Kommunikationsfähigkeit zwischen .428 und .612, für Führungsfähigkeit zwischen .494 und .641 und für situationsgerechtes Auftreten zwischen .476 und .682. Die Höhe der Faktorenladungen ist ausreichend bis gut. Die Korrelationen der Fähigkeitskonzepte finden sich in Tabelle 10.

Das geschätzte Modell weicht mit einem $\chi^2 = 5856$ (df = 758) höchst signifikant ($p < .001$) von den beobachteten empirischen Daten ab. Die Gütekriterien RMSEA und SRMR liegen unter .08, der CFI nicht über .90. RMSEA und SRMR weisen auf einen akzeptablen Modellfit hin (siehe Tabelle 13).

Abbildung 8: Konfirmatorische Faktorenanalyse der sozialen Kompetenz

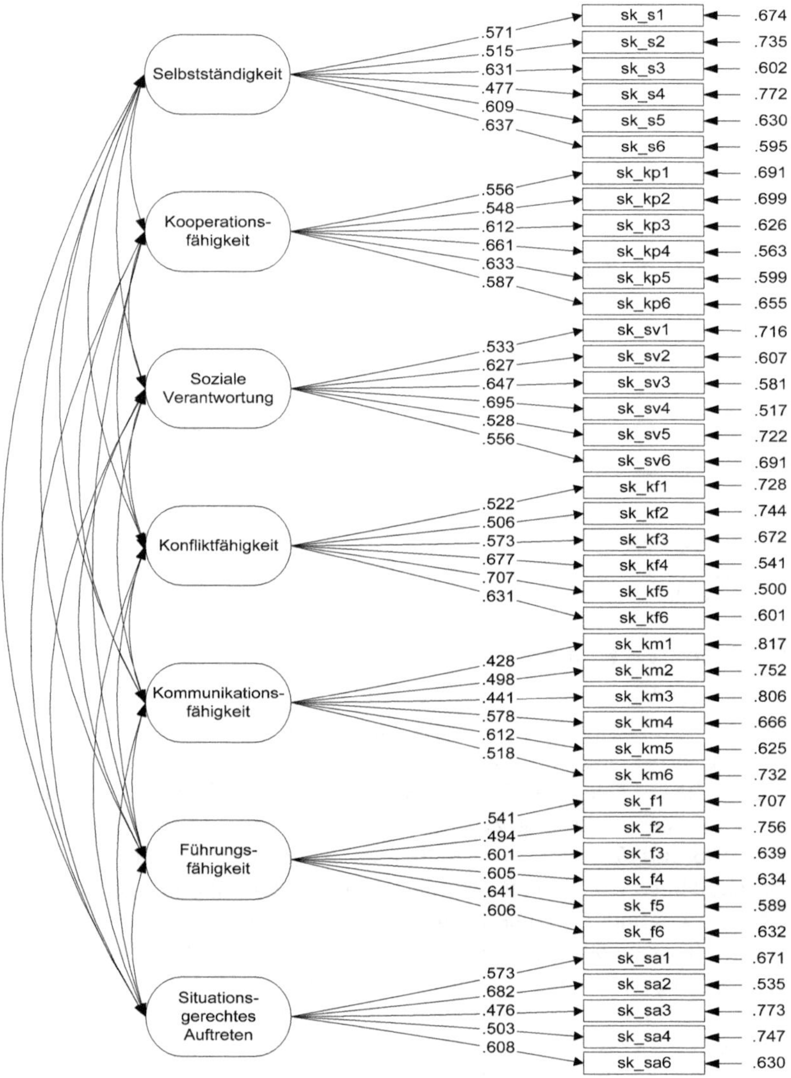

$Chi^2 = 5856$, $df = 758$, RMSEA = .064 (CI = .062, .065), SRMR = .056, CFI = .788

Tabelle 13: Gütekriterien CFA der sozialen Kompetenz

Gütekriterium	Modellfit
χ^2 / df	-
RMSEA	✓
SRMR	✓
CFI	-

✓✓ = guter Modellfit
✓ = akzeptabler Modellfit
- = kein Modellfit

6.2 Ergebnisse der Zusammenhangsanalysen und Modellprüfung

Den Zusammenhangsanalysen und Modellprüfungen liegen latente Konstrukte zugrunde. Dafür wurden die Einzelitems zu sogenannten Itempäckchen zusammengefasst, die jeweils zwei bis drei Items umfassen.

Im Folgenden zeigen die Grafiken die Werte der Regressionskoeffizienten und Korrelationen der Hypothesenprüfung an der deutschsprachigen Stichprobe, welche im Anschluss erläutert werden. Anschließend werden jeweils die Ergebnisse der Kreuzvalidierung an der zweiten unabhängigen Stichprobe sowie an der französischsprachigen Stichprobe dargestellt.

6.2.1 Gesamtmodell

Abbildung 9 beinhaltet die Hypothesen 1 bis 5 und stellt somit ein Gesamtmodell des Zusammenhangs zwischen den Konstrukten Persönlichkeit und sozialer Kompetenz dar. Die Korrelationen der Faktoren bzw. Fähigkeitskonzepte finden sich in Tabelle 14 und Tabelle 15.

Das geschätzte Modell weicht mit einem $\chi^2 = 1\,881$ (df = 358) höchst signifikant ($p < .001$) von den beobachteten empirischen Daten ab. Die Gütekriterien RMSEA und SRMR liegen unter .08, der CFI über .90. Sie weisen somit auf einen akzeptablen Modellfit hin.

Extraversion beeinflusst hoch signifikant Führungsfähigkeit ($\beta = .088$, $p < .01$). Der Einfluss von Extraversion auf soziale Verantwortung und Kommunikationsfähigkeit ist nicht signifikant.

Emotionale Stabilität beeinflusst höchst signifikant Selbstständigkeit ($\beta = .207$, $p < .001$) und Konfliktfähigkeit ($\beta = .204$, $p < .001$).

Abbildung 9: Strukturgleichungsmodell zum Gesamtmodell: Hypothese 1-5

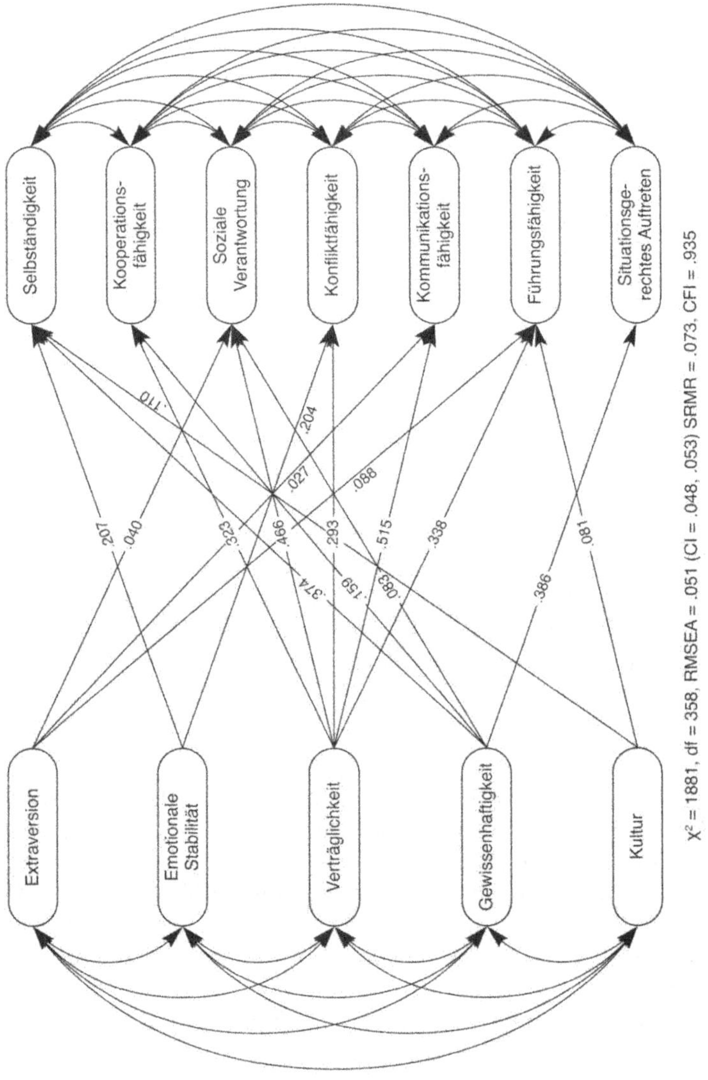

Verträglichkeit beeinflusst höchst signifikant Kooperationsfähigkeit ($\beta = .323$, $p < .001$), Konfliktfähigkeit ($\beta = .293$, $p < .001$), Kommunikationsfähigkeit ($\beta = .515$, $p < .001$), soziale Verantwortung ($\beta = .466$, $p < .001$) und Führungsfähigkeit ($\beta = .338$, $p < .001$).

Gewissenhaftigkeit beeinflusst höchst signifikant Selbstständigkeit ($\beta = .374$, $p < .001$), Kooperationsfähigkeit ($\beta = .159$, $p < .001$), soziale Verantwortung ($\beta = .083$, $p < .001$) und situationsgerechtes Auftreten ($\beta = .386$, $p < .001$).

Kultur beeinflusst höchst signifikant Selbstständigkeit ($\beta = .110$, $p < .001$) und Führungsfähigkeit ($\beta = .081$, $p < .001$).

Die Korrelationen der Faktoren der Big Five sowie der Fähigkeitskonzepte zur sozialen Kompetenz im Gesamtmodell finden sich in Tabelle 14 und Tabelle 15.

Tabelle 14: Korrelationen der Faktoren der Big Five im Gesamtmodell

	Extra-version	Verträg-lichkeit	Gewissen-haftigkeit	emotionale Stabilität	Kultur
Extraversion	-				
Verträglichkeit	.34	-			
Gewissen-haftigkeit	.21	.46	-		
emotionale Stabilität	.37	.28	.25	-	
Kultur	.34	.28	.25	.22	-

alle Korrelationen sind höchst signifikant, $p < .001$

Die durchschnittliche Korrelation der fünf Faktoren liegt bei .30. Die geringste Korrelation besteht zwischen Gewissenhaftigkeit und Extraversion, die höchste zwischen Gewissenhaftigkeit und Verträglichkeit.

Tabelle 15: Korrelationen der Fähigkeitskonzepte der sozialen Kompetenz im Gesamtmodell

	SELB	KOOP	SOZVER	KONFL	KOMMU	FÜHR	SITAUF
SELB	-						
KOOP	.50	-					
SOZVER	.49	.75	-				
KONFL	.40	.52	.67	-			
KOMMU	.45	.58	.69	.70	-		
FÜHR	.39	.60	.68	.60	.66	-	
SITAUF	.40	.62	.63	.53	.61	.47	-

alle Korrelationen sind höchst signifikant, $p < .001$

Die durchschnittliche Korrelation der Fähigkeitskonzepte der sozialen Kompetenz liegt bei .56. Die geringste Korrelation besteht zwischen Führungsfähigkeit und Selbstständigkeit, die höchste zwischen sozialer Verantwortung und Kooperationsfähigkeit.

6.2.2 Kreuzvalidierung und französischsprachige Stichprobe

In Tabelle 16 werden die Ergebnisse der Hypothesenprüfung im Gesamtmodell als Übersicht dargestellt. Es finden auch die Ergebnisse der Kreuzvalidierung sowie die der französischsprachigen Stichprobe Eingang.

Tabelle 16: Übersicht der Hypothesenprüfung im Gesamtmodell

Faktor	Fähigkeitskonzept	Gesamtmodell	Kreuzvalidierung	Französisch
Extraversion	soziale Verantwortung	n. s.	n. s.	n. s.
	Kommunikationsfähigkeit	n. s.	n. s.	n. s.
	Führungsfähigkeit	✓**	✓*	n. s.
emotionale Stabilität	Selbstständigkeit	✓***	✓*	✓*
	Konfliktfähigkeit	✓***	✓***	n. s.
Verträglichkeit	Kooperationsfähigkeit	✓***	✓***	n. s.
	soziale Verantwortung	✓***	✓***	n. s.
	Konfliktfähigkeit	✓***	✓***	✓*
	Kommunikationsfähigkeit	✓***	✓***	✓**
	Führungsfähigkeit	✓***	✓***	n. s.
Gewissenhaftigkeit	Selbstständigkeit	✓***	✓***	✓**
	Kooperationsfähigkeit	✓***	✓**	n. s.
	soziale Verantwortung	✓***	n. s.	n. s.
	situationsgerechtes Auftreten	✓***	✓***	✓***
Kultur	Selbstständigkeit	✓***	n. s.	n. s.
	Führungsfähigkeit	✓***	✓*	n. s.

*** höchst signifikant, $p < .001$
** hoch signifikant, $p < .01$
* signifikant, $p < .05$
n. s. = nicht signifikant

6.2.3 Geschlechtsunterschiede

Die Modellprüfung beruht auf latenten Konstrukten. Dafür wurden wie bei den vorangegangen Analysen Itempäckchen verwendet, zugrunde gelegt wurde die erste Stichprobe (siehe 5.1).

Die Hypothese zum Einfluss des Geschlechts auf Persönlichkeit und soziale Kompetenz postuliert keinen signifikanten Einfluss.

Abbildung 10: Strukturgleichungsmodell zur Hypothese zu Geschlechtsunterschieden

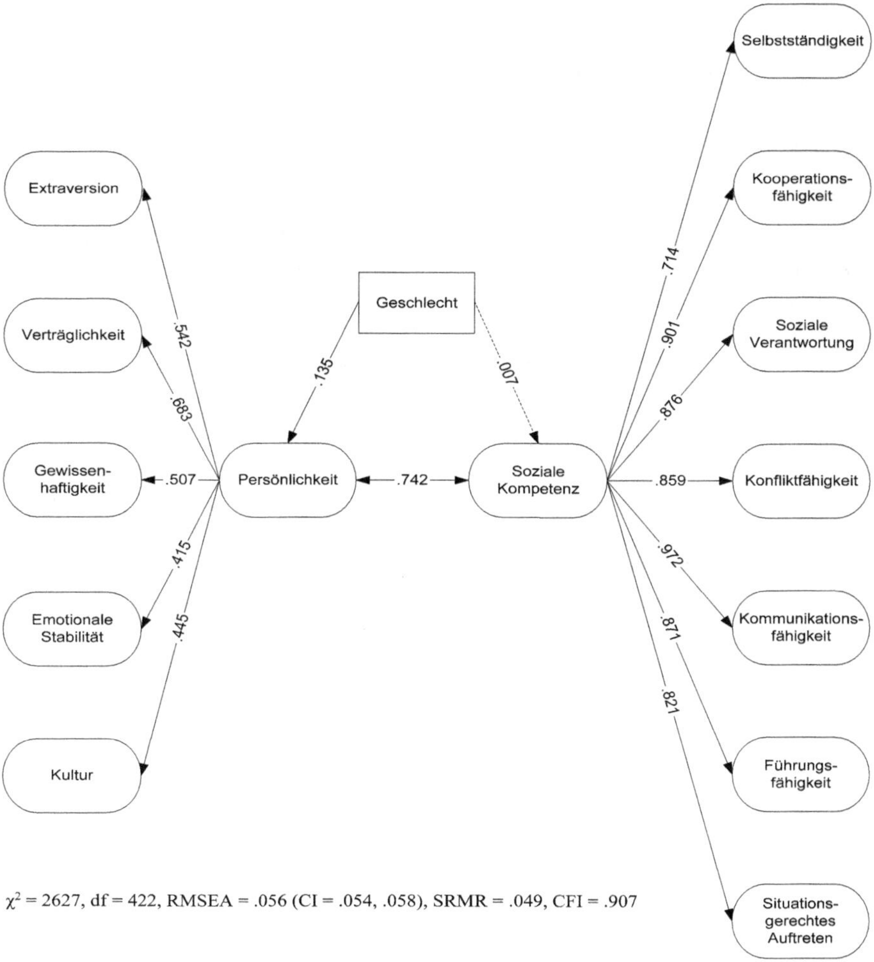

$\chi^2 = 2627$, df = 422, RMSEA = .056 (CI = .054, .058), SRMR = .049, CFI = .907

Das geschätzte Modell weicht mit einem $\chi^2 = 2\,627$ (df = 422) höchst signifikant ($p < .001$) von den beobachteten empirischen Daten ab. Die Gütekriterien RMSEA und SRMR liegen unter .08, der CFI über .90. Sie weisen somit auf einen akzeptablen Modellfit hin.

Tabelle 17: Gütekriterien des Modells zu Geschlechtsunterschieden

Gütekriterium	Modellfit
χ^2 / df	-
RMSEA	✓
SRMR	✓
CFI	✓

✓✓ = guter Modellfit
✓ = akzeptabler Modellfit
- = kein Modellfit

Das Geschlecht beeinflusst signifikant die Persönlichkeit ($\beta = .135$, $p < .05$), jedoch nicht die soziale Kompetenz. Persönlichkeit und soziale Kompetenz korrelieren höchst signifikant ($r = .74$, $p < .001$).

6.2.4 Persönlichkeit und soziale Kompetenz

Es wird die Hypothese geprüft, dass die Persönlichkeit Einfluss auf die soziale Kompetenz einer Person nimmt.

In das entsprechende Cross-Lag-Panel-Design gehen dabei die Daten zu Persönlichkeit und sozialer Kompetenz des ersten und zweiten Messzeitpunkts ein. Im Gegensatz zu rein querschnittlich erhobenen Daten kann hier zum einen ein Hinweis auf Kausalität erfolgen, zum anderen wird die Richtung des Zusammenhangs der beiden Konstrukte aufgezeigt: beeinflusst Persönlichkeit die soziale Kompetenz oder umgekehrt?

Grundlage der Analyse ist die Längsschnittstichprobe (siehe Kapitel 5.1). Die Modellprüfung beruht auf latenten Konstrukten, Persönlichkeit und soziale Kompetenz stellen Faktoren zweiter Ordnung dar.

Abbildung 11: Strukturgleichungsmodell zur Hypothese Persönlichkeit und soziale Kompetenz

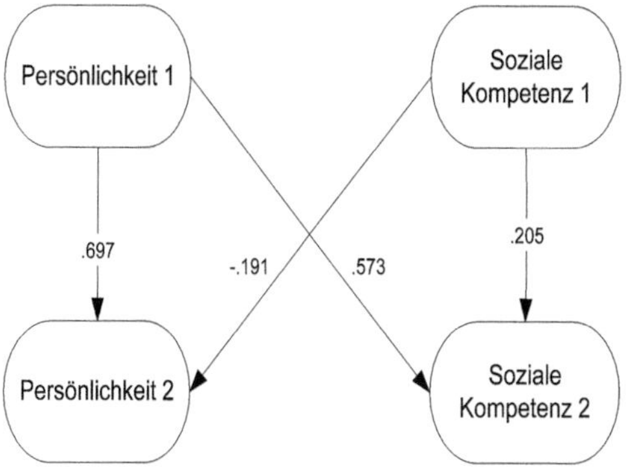

$\chi^2 = 919$, df = 247, RMSEA = .125 (CI = .116, .133), SRMR = .118, CFI = .687

Das geschätzte Modell weicht mit einem $\chi^2 = 919$ (df = 247) höchst signifikant ($p < .001$) von den beobachteten empirischen Daten ab. Das Gütekriterium RMSEA liegt über .08, das Kriterium SRMR liegt über .08, der CFI unter .90. Kein Gütekriterium indiziert einen akzeptablen Modellfit.

Tabelle 18: Gütekriterien des Modells zu Persönlichkeit und sozialer Kompetenz

Gütekriterium	Modellfit
χ^2 / df	-
RMSEA	-
SRMR	-
CFI	-

✓✓ = guter Modellfit; ✓ = akzeptabler Modellfit; – = kein Modellfit

Persönlichkeit zum ersten Messzeitpunkt beeinflusst signifikant soziale Kompetenz zum zweiten Messzeitpunkt ($\beta = .573$, $p < .05$). Persönlichkeit zum ersten Messzeitpunkt beeinflusst Persönlichkeit zum zweiten Messzeitpunkt nicht signifikant.

Soziale Kompetenz zum ersten Messzeitpunkt beeinflusst die Persönlichkeit zum zweiten Messzeitpunkt nicht signifikant, ebenso wenig wie soziale Kompetenz zum zweiten Messzeitpunkt.

7 Diskussion und Ausblick

Im Folgenden wird die Methodik der vorliegenden Studie sowie deren Ergebnisse diskutiert. Abschließend folgt ein Ausblick auf weitere Forschungsmöglichkeiten sowie Anwendungsmöglichkeiten, die sich aus der Arbeit ergeben.

7.1 Diskussion der Methodik

In der Diskussion der Methodik werden die eingesetzten Instrumente anhand der gängigen Gütekriterien Objektiviät, Reliabilität, Validität, Testökonomie und Unverfälschbarkeit analysiert. Die Itemkennwerte der Instrumente sowie die Korrelationen der Skalen werden ebenfalls betrachtet. Besondere Beachtung findet die Erhebungsform Selbstbericht, welche beide Instrumente kennzeichnet. Abschließend richtet sich das Augenmerk noch auf die spezifischen Charakteristika der Stichprobe und damit einhergehend auf die Generalisierung der Ergebnisse.

7.1.1 Gütekriterien

Im Folgenden wird die vorliegende Studie anhand der gängigsten Gütekriterien analysiert (siehe auch Kapitel 5.2).

Objektivität

Sowohl der smk als auch die MR-Skalen sind in hohem Maße testleiterunabhängig. Die Testwerte sind in keiner Weise abhängig von zufälligen oder systematischen Verhaltensvariationen des Testleiters: Einführungen, Beispielitems und Instruktionen werden den Probanden standardisiert vorgegeben. Das Ausfüllen der Fragebögen fand unter kontrollierten Bedingungen während des Berufsschulunterrichts statt und wurde von einer Lehrkraft beaufsichtigt. Diese sorgte für Störungsfreiheit bei der individuellen Bearbeitung der Instrumente durch die Auszubildenden. In Bezug auf die Störvariablen sind Felduntersuchungen Laboruntersuchungen zwar immer unterlegen, da die Kontrolle von Störvariablen nicht in dem gleichen Ausmaß möglich ist. In der vorliegenden Studie wurden den Probanden die Fragebögen jedoch standardisiert und unter den jeweils gleichen Bedingungen vorgegeben, so dass man von einer angemessenen Kontrolle ausgehen kann.

Verrechnungssicherheit und Interpretationseindeutigkeit sind ebenfalls bei beiden Erhebungsinstrumenten gegeben. Es existieren genaue Reglementierungen, wie einzelne Items zu numerischen Testwerten verrechnet werden.

Reliabilität

Ein weiteres Gütekriterium ist die formale Exaktheit der Merkmalserfassung, die Präzision der Messung. Hohe Reliabilität herrscht dann, wenn ein möglichst geringer Zufallsfehler bei der Messung auftritt und ein möglichst hoher Anteil der Varianz der Indikatoren durch das zugrunde liegende Konstrukt erklärt wird. Die vorliegende Studie macht sowohl Aussagen zu den internen Konsistenzen als auch zur Retest-Reliabilität der Erhebungsinstrumente. Das Design der Studie mit zwei Messzeitpunkten ermöglicht durch ihren relativ großen Zeitabstand von 18 Monaten Aussagen über die Stabilität der Merkmale. Erinnerungseffekte sind bei einem derart langen Zeitabstand unwahrscheinlich.

Die internen Konsistenzen bewegen sich bei den Faktoren der Big Five zwischen .79 und .83 und sind damit gut. Einzige Ausnahme ist der Faktor Verträglichkeit, welcher mit einer internen Konsistenz von .70 deutlich unter den Werten der vier anderen Faktoren liegt. Der Wert ist nach Jäger und Petermann (1995, S. 453) aber ausreichend. Verträglichkeit ist häufig ein Faktor mit geringer interner Konsistenz (Graziano & Tobin, 2002; Hampson & Goldberg, 2006; Saucier et al., 2005; Viswesvaran & Ones, 2000).

Bei den Fähigkeitskonzepten der sozialen Kompetenz liegen die Werte der internen Konsistenz zwischen .73 und .76 und damit unter den Werten der Big Five, sie sind dennoch zufrieden stellend. Ausnahmen bilden die Werte der Skalen situationsgerechtes Auftreten mit .66 und Kommunikationsfähigkeit mit .67, welche den Grenzwert von .70 verfehlen, dies jedoch nur mit einer geringen Abweichung. Rost (2004) hält zudem eine interne Konsistenz von .55 in Forschungsfragen für ausreichend.

Die Retest-Reliabilitäten bewegen sich bei den Faktoren der Big Five zwischen .50 und .58. Bei den Fähigkeitskonzepten der sozialen Kompetenz liegen die Werte zwischen .33 und .58 und damit bis auf die Fähigkeitskonzepte Führungsfähigkeit und Selbstständigkeit deutlich unter den Werten der Big Five Faktoren. Im Durchschnitt beträgt die Retest-Reliabilität der sozialen Kompetenz .45, die der Big Five beträgt .55. Wie sind diese Werte nun einzuordnen?

Langfristige Retest-Reliabilitäten sagen generell mehr aus über die Stabilität der mit dem Test gemessenen Eigenschaften als über die Messgenauigkeit des Instruments. Bei hoher interner Konsistenz kann diese Retest-Reliabilität als Stabilität des zugrunde liegenden Konstrukts interpretiert werden. Nach Lösel (1995) liegen die Retest-Reliabilitäten von Persönlichkeitsfragebögen im Allgemeinen zwischen .50 und .80. In einer vierjährigen Längsschnittstudie zur Veränderung der Persönlichkeit und der Auswirkung auf soziale Beziehungen bei jungen Erwachsenen fanden Neyer und Asendorpf (2001) folgende Werte zur Stabilität der Rangordnung: Extraversion .61, Verträglichkeit .56, Gewissenhaftigkeit .62 und

Neurotizismus .60. Als Erhebungsinstrument wurde der NEO-FFI eingesetzt und das Durchschnittsalter der Stichprobe lag bei 28,6 Jahren. Vaidya et al (2002) fanden über einen Zeitraum von zweieinhalb Jahren bei Collegestudenten folgende Retest-Reliabilitäten: Extraversion .72, Verträglichkeit .59, Gewissenhaftigkeit .64, Neurotizismus .61 und Offenheit .65. Suh, Diener und Fujita (1996) errechneten für Extraversion einen Wert von .67 und für Neurotizismus einen Wert von .59, ebenfalls bei Collegestudenten über einen Zeitraum von zwei Jahren. Diese Ergebnisse sind konsistent mit Befunden von Roberts und DelVecchio (2000), welche eine mittlere Stabilität der Persönlichkeitseigenschaften von .59 für das Alter von 22 bis 29 Jahren fanden. Andere Untersuchungen zu den Big Five ergaben Koeffizienten bis zu .70 (Costa & McCrae, 1988) in Stichproben mit älteren Probanden, Stabilitätskoeffizienten in Stichproben mit jungen Erwachsenen liegen im Allgemeinen jedoch klar darunter. Vor allem die Faktoren Extraversion und Neurotizismus scheinen von den Veränderungen in diesem Lebensabschnitt betroffen zu sein. In der vorliegenden Studie bewegen sich die Retest-Reliabilitäten der Persönlichkeitsfaktoren demnach im Rahmen der üblichen Werte. Anzumerken bleibt, dass es nach Fraley und Roberts (2005) zum einen kein allgemein akzeptiertes Kriterium für die Höhe des Retest-Koeffizienten gibt, speziell ab welchem Wert dieser Stabilität eines Merkmals bedeutet, zum anderen der Koeffizient nichts aussagt über die der Stabilität zugrunde liegenden Prozesse.

Die im Vergleich zu den Fähigkeitskonzepten der sozialen Kompetenz höhere Retest-Reliabilität der fünf Persönlichkeitsfaktoren spricht für die Annahme, dass die Big Five im Sinne der Fünf-Faktoren-Theorie nach Costa und McCrae Basistendenzen darstellen, welche durch Umweltfaktoren nicht – oder zumindest weniger stark – beeinflusst werden als charakteristische Anpassungen, zu welchen nach dieser Theorie die Fähigkeitskonzepte der sozialen Kompetenz zu rechnen sind. Dass die Retest-Reliabilitäten absolut gesehen dennoch eher gering ausfallen, mag an den spezifischen Merkmalen der Stichprobe liegen: im jungen Erwachsenenalter sind die Eigenschaften zwar relativ stabil, aber nicht so sehr wie im mittleren oder gar späten Erwachsenenalter (Costa et al., 2000; Costa & McCrae, 1988, 1994, 2002). Hinzu kommt, dass sich die jungen Erwachsenen zwischen den beiden Messzeitpunkten in einer spezifischen Umbruchphase befanden. Die neu begonnene Ausbildung und der Eintritt ins Berufsleben sind mit relativ starken Veränderungen des Lebens verbunden. Speziell die Fähigkeitskonzepte der sozialen Kompetenz sind hiervon betroffen, gerade auch, da es sich um kaufmännische Ausbildungen handelt, bei denen die Weiterentwicklung der sozialen Kompetenz der Lernenden einen entscheidenden Teil der Ausbildung darstellt.

Validität

Die inhaltliche Gültigkeit eines Erhebungsinstruments gilt dann als gegeben, wenn das Testergebnis defintionsgemäß die interessierende Eigenschaft eines Probanden beschreibt (Kubinger & Jäger, 2003). Messen die Erhebungsinstrumente tatsächlich die zugrunde liegenden Konstrukte Persönlichkeit bzw. soziale Kompetenz?

Über die Frage, ob mit den fünf Faktoren Persönlichkeit angemessen abgebildet werden kann, scheint in der scientific community weitgehende Einigkeit zu bestehen (siehe Kapitel 3.1). Dass die MR-Skalen wiederum eine angemessene Form zur Erfassung der Big Five darstellen, erscheint ebenfalls unstrittig (siehe Kapitel 5.2.2). Die methodische Entwicklung der Skalen durch Ostendorf (1990) ist zweifellos korrekt und dabei inhaltlich beeindruckend umfassend. Die Äquivalenz der hier eingesetzten Kurzfasssung mit den Skalen nach Ostendorf wurde durch Schallberger und Venetz (1999) ausführlich aufgezeigt.

Frey und Balzer zeigten in verschiedenen Studien (Frey & Balzer, 2003a, 2003b, 2005) die interne Validität des smk auf. Die hier eingesetzten Fähigkeitskonzepte zur Sozialkompetenz bilden dabei neben den Methoden- und Personalkompetenzen nur einen Teilbereich der umfassenden Batterie zur Erhebung der Kompetenzen einer Person. Die Validität des Bereichs der sozialen Kompetenzen wurde dabei in Abgrenzung zu den beiden anderen Kompetenzbereichen sowie zum Fragebogen zu Kompetenz- und Kontrollüberzeugungen (Bornmann & Daniel, 2000) und dem Fragebogen zu generalisierten Kompetenzerwartungen von Schwarzer (1993, 2000) aufgezeigt (siehe Kapitel 5.2.1).

In der vorliegenden Studie wurde die Konstruktvalidität der beiden Konstrukte durch konfirmatorische Faktorenanalysen untersucht. Die guten Fit Indices sowie die eindeutige Faktorenstruktur bestätigen wiederum die Gültigkeit der Konstrukte sowie die interne Validität der Erhebungsinstrumente.

Die externe Validität von Persönlichkeitsfragebögen ist allgemein heftig umstritten (Lösel, 1995), davon bilden sie MR-Skalen keine Ausnahme. Es geht dabei vorrangig um die grundsätzliche Frage, ob das Konzept genereller Persönlichkeitsmerkmale sinnvoll ist. An dieser Stelle soll jedoch nicht auf die allgemeine Kritik am Trait-Konzept und die Interaktionismusdebatte eingegangen werden.

Itemschwierigkeit und Trennschärfe

Die Itemkennwerte Schwierigkeit und Trennschärfe der Fähigkeitskonzepte der sozialen Kompetenz sind nicht ideal. Die Itemschwierigkeiten sind über alle Skalen hinweg eher zu hoch, die Trennschärfen eher zu niedrig. Die Skalen weisen eine leichte Schiefe zum oberen Ende der Skala auf. Die Probanden schätzen ihre soziale Kompetenz eher hoch ein, ein Befund, der sich mit den Werten aus anderen

Studien mit dem Beurteilungsbogen smk deckt (Frey, 2004; Frey & Balzer, 2003a, 2005).

Die Itemkennwerte der fünf Faktoren der Persönlichkeit fallen etwas besser aus als die der sozialen Kompetenz, sind aber ebenfalls nicht ideal. In der Tendenz sind die Itemschwierigkeiten eher zu hoch, die Trennschärfen ein wenig zu niedrig. In der Gesamtheit bewegen sich die Werte jedoch noch im Rahmen des Akzeptierbaren.

Korrelationen

Die durchschnittliche Korrelation der fünf Faktoren liegt bei .19. Die geringste Korrelation besteht zwischen Gewissenhaftigkeit und Extraversion, die höchste zwischen emotionaler Stabilität und Extraversion. Angesichts der kleinen Korrelationen kann davon ausgegangen werden, dass die fünf Faktoren voneinander unabhängig sind, wie auch im Fünf-Faktoren-Modell postuliert.

Die durchschnittliche Korrelation der Fähigkeitskonzepte der sozialen Kompetenz liegt bei .56. Die geringste Korrelation besteht zwischen Führungsfähigkeit und Selbstständigkeit, die höchste zwischen sozialer Verantwortung und Kooperationsfähigkeit. Dieser Befund überrascht nicht, bereits in vorherigen Studien wiesen die einzelnen Fähigkeitskonzepte ähnlich hohe Korrelationen auf (Frey & Balzer, 2003b, 2005; Frey et al., 2002). Diese relativ hohen Korrelationen weisen zum einen darauf hin, dass die Fähigkeitskonzepte Facetten eines übergeordneten Konstrukts soziale Kompetenz sind (vgl. Kanning, 2006), zum anderen sind sie keine Besonderheit des Beurteilungsbogens smk. Unterdimensionen von sozialer Kompetenz weisen über alle Ansätze und Erhebungsmethoden ähnlich hohe Korrelationen auf (Bastians & Runde, 2002; Fydrich & Bürgener, 1999; Jansen & Stoop, 2001; Kanning, 2002a, 2006; Karkoschka, 1998; Riemann & Allgöwer, 1993; Schmidt, 1995).

Testökonomie

Die Ökonomie der Untersuchung ist sicherlich ein nicht zu unterschätzendes Merkmal der Studie. Selbstbeurteilungen mittels Fragebögen haben den Vorteil, dass sie innerhalb kürzester Zeit von sehr vielen Personen ausgefüllt und ausgewertet werden können, d. h. der finanzielle Aufwand und die zeitlichen Ressourcen von Probanden und Durchführenden ist gering. Angesichts des großen Stichprobenumfangs ist zudem die Vorgabe der Fragebögen via Internet sicherlich die ökonomischste Vorgehensweise. Die Äquivalenz von Internetuntersuchungen mit Paper-Pencil-Tests speziell in Bezug auf Persönlichkeitsfragebogen und dem Fragebogen zur sozialen Kompetenz wurde an anderer Stelle bereits ausführlich dargelegt (siehe Kapitel 5.3.2).

Eine ökonomischere Erfassung der sozialen Kompetenz als mit Hilfe von Fragebögen scheint es kaum zu geben, wenn auch die externe Validität dieser Form der Erhebung oft angezweifelt wird (siehe Kapitel 2.2.3). Dies geschieht jedoch auch bei anderen Formen der Erfassung sozialer Kompetenzen, so dass es diesbezüglich keine klare Präferenz zu einer bestimmten Erhebungsmethode gibt.

Die MR-Skalen werden in der vorliegenden Studie sogar in einer Kurzform eingesetzt, was sie noch ökonomischer macht. Dass dabei kaum Abstriche hinsichtlich anderer Gütekriterien gemacht werden müssen, wurde bereits an anderer Stelle ausführlich diskutiert (siehe Kapitel 3.1.6).

Festzuhalten bleibt, dass gerade das Kriterium Ökonomie ein herausragendes Merkmal der beiden eingesetzten Erhebungsinstrumente darstellt. Dabei ist auch und gerade ihr Einsatz innerhalb einer größeren Erhebung möglich, die energetisch-motivationale und emotionale Beanspruchung der Probanden wird klein gehalten. Diese Zumutbarkeit für Probanden ist ein weiterer großer Vorteil der Instrumente.

Unverfälschbarkeit

Die Einschätzung der eigenen Kompetenzen bzw. Eigenschaften setzt voraus, dass sich die betreffende Person mit sich selbst auseinander setzt, sich selbst gut kennt und sich darüber hinaus auch nicht im Sinne sozialer Erwünschtheit bewusst besser oder schlechter beurteilt. Diese Gefahr besteht speziell in Bewertungs- und Auswahlsituationen wie beispielsweise in der Personalauswahl. Dabei zeigt sich durchgehend, dass gerade auch Persönlichkeitsfragebögen einer deutlichen Verfälschungstendenz unterliegen (siehe Kapitel 3.1.3). In der vorliegenden Erhebung wurde den Probanden explizit deutlich gemacht, dass die Auswertung ihrer Angaben nicht zu einer beruflichen Bewertung und damit möglichen negativen Konsequenzen führen wird, so dass davon ausgegangen werden kann, dass die Werte der Probanden keiner bewussten Verfälschung unterliegen. Da die statistischen Auswertungen zudem nicht auf Individualdiagnostik zielen, sondern auf die Zusammenhänge der beiden großen Konstrukte, erscheint eine möglicherweise doch geringfügig vorhandene Tendenz zur sozialen Erwünschtheit nicht allzu tragisch.

7.1.2 Erhebungsform

In der vorliegenden Studie besteht die Erhebungsmethode aus Selbstberichten in Form von Fragebögen. Ist diese Art der Datenerhebung in der vorliegenden Studie angemessen?

Hogan beispielsweise vertritt folgende Ansicht zu Selbsteinschätzungsitems in Persönlichkeitsfragebögen: “The processes involved in answering inventory items are formally identical to the process underlying social interactions ... responses to personality inventories are not self-reports ... Rather, the responses reveal how the person wants to be regarded ... scale scores derived from an aggregation of item responses do not necessarily reflect underlying traits in the respondent" (Hogan, 1986, S. 2). Diese Aussage ist vor dem Hintergrund seiner Theorie zu verstehen, dass Personen ihr zugrunde liegendes Selbstverständnis in Form von Selbstpräsentationen kommunizieren. Sie streben dabei nach sozialer Aufmerksamkeit und Anerkennung durch ihr Gegenüber. Ihre Handlungen werden von ihren Mitmenschen auch immer im Hinblick auf ihre Beiträge zur sozialen Gemeinschaft mithilfe von Eigenschaftszuschreibungen bewertet. Nach Hogan sind diese Zuschreibungen als Mittel sozialer Kontrolle erwachsen und in den Big Five Dimensionen gut abgebildet. "As observers, we think and talk about other people by using trait words to evaluate others in terms of their usefulness for our social groups; trait terms mark individual differences in social competencies" (Hogan, Carpenter, Briggs & Hansson, 1984, S. 27). Letztlich sieht Hogan das Fünf-Faktoren-Modell somit als Modell sozialer Reputation.

Man kann sich darüber hinaus die Frage stellen, ob gerade bei sozialen Kompetenzen das Umfeld der Person zu Wort kommen sollte. Nach Mummendey (2003) kann jedoch die betreffende Person selbst am besten Auskunft geben, wenn es darum geht, komplexe Kompetenzen einzuschätzen. Selbstberichte werden dabei der Subjektivität von komplexem Handeln am ehesten gerecht (Frey & Balzer, 2003a). In Studien mit dem smk konnten Frey und Balzer (2003a) zudem zeigen, dass die Fremdbeurteilungen der Ausbilder und die Selbstbeurteilungen der Lehrlinge mit Werten zwischen .51 und .75 hoch miteinander korrelieren.

Im Bereich der Beurteilung der Persönlichkeit bewegen sich die Korrelationen zwischen Selbst- und Fremdratings im Schnitt bei .40 und höher (Watson, Hubbard & Wiese, 2000): Neurotizismus .46, Extraversion .52, Gewissenhaftigkeit .47, Verträglichkeit .42, Offenheit .53. Untersucht wurden Freundschaften, Liebespaare und Ehepaare, wobei Ehepaare die höchste Übereinstimmung aufwiesen, Liebespaare die zweithöchste und Freunde die geringste Übereinstimmung. Die angegebenen Werte sind dabei Durchschnittswerte über die drei untersuchten Beziehungsarten hinweg. Letztlich geht die Übereinstimmungsannahme von Selbst- und Fremdbeurteilungen auf das Konzept von Meads (1934) symbolischem Interaktionismus zurück: das Selbstkonzept eines Individuums geht hervor aus dem sozialen Feedback, weshalb Mead von einer hohen Übereinstimmung von Selbst- und Fremdkonzept ausgeht.

7.1.3 Charakteristika der Stichprobe

Die vorliegende Studie weist eine recht hohe Stichprobenmortalität bzw. Stichprobenfluktuation auf. Von den 1 663 kaufmännischen Auszubildenden des ersten Messzeitpunktes nahmen nur 174 auch am zweiten Messzeitpunkt 18 Monate später teil. Zum Teil ist diese relativ hohe Stichprobenmortalität auf den langen zeitlichen Abstand zwischen den Messzeitpunkten zurückzuführen, ein wesentlich größerer Anteil an dieser Problematik liegt jedoch in der Tatsache begründet, dass die schweizer Berufsschulen freiwillig an der Untersuchung teilgenommen hatten und diese Bereitschaft beim zweiten Messzeitpunkt deutlich abgenommen hatte. Andererseits kam eine große Anzahl an Berufsschulen neu hinzu, so dass sich dadurch eine zweite unabhängige Stichprobe von Lernenden ergab.

Ein besonderes Spezifikum aller vorliegenden Stichproben ist sicherlich das eher junge Durchschnittsalter. Arnett (2000) bezeichnet diesen Altersabschnitt in industrialisierten Gesellschaften als "emerging adulthood", ein bedeutender Abschnitt, der nicht mehr der Jugendzeit aber auch noch nicht dem Erwachsenenalter zuzurechnen sei, sich sowohl theoretisch als auch empirisch von beiden Phasen unterscheidet und mit bedeutenden Veränderungen im Privat- und Berufsleben einhergeht. Kennzeichnend für diese Zeit ist das Vorhandensein einer Fülle von Möglichkeiten – die Abhängigkeit der Kindheit ist vorbei, Verpflichtungen und Verantwortlichkeiten des Erwachsenenalters wurden noch nicht eingegangen. Ergebnisse zeigen zwar, dass Persönlichkeit an sich stabil ist (siehe Kapitel 3.2), die Phase von der späten Adoleszenz mit etwa 17 Jahren bis zum Erwachsenenalter mit etwa 35 Jahren stellt jedoch eine Zeit großer persönlicher Veränderungen dar (Carmichael & McGue, 1994; Reason, Terenzini & Domingo, 2007). Obwohl viele Studien zur Persönlichkeit mit Probanden in diesem Alter arbeiten, werden die bedeutenden Lebensereignisse in diesem Altersabschnitt wie beispielsweise der Auszug aus dem Elternhaus oder der Eintritt ins Berufsleben selten genauer diskutiert. Allerdings bestehen viele der Stichproben aus Studierenden, Auszubildende finden sich eher selten, obwohl einige Autoren den Vergleich mit anderen Gruppen als Studierenden fordern (z. B. Vaidya et al., 2002).

Die Stichprobe ist hinsichtlich der Variable Alter wie auch hinsichtlich anderer Variablen recht homogen. Die Erhebung der Big Five und der sozialen Kompetenz erfolgte, wie bereits erwähnt, im Rahmen einer grundlegenden Evaluation der schweizerischen kaufmännischen Grundbildung. Aufgrund der Auswertungen dieser Evaluation erscheint die Stichprobe auch homogen in Bezug auf Merkmale wie Erreichung spezifischer betrieblicher und schulischer Leistungsziele, Zufriedenheit mit der Ausbildung sowie Motivation hinsichtlich der schulischen wie auch der betrieblichen Ausbildung.

Anzumerken bleibt auch, dass das Geschlechterverhältnis in der Stichprobe nicht genau 50:50 beträgt, aber es entspricht mit einem Anteil von etwa zwei Drittel Frauen und einem Drittel Männern dem vorherrschenden Geschlechterverhältnis in der schweizerischen kaufmännischen Ausbildung.

Ein weiteres Spezifikum der Stichprobe ist sicherlich auch ihre Größe. Die Hauptstichprobe besteht aus über 1 600 Probanden, was auch Auswirkungen auf die statistischen Analysen mit sich bringt. Zum einen ist eine große Stichprobe natürlich wünschenswert und ein großer Pluspunkt, da auch umfangreiche Strukturgleichungsmodelle problemlos geprüft werden können. Auf der anderen Seite bringt eine derart große Stichprobe Probleme hinsichtlich des Gütekriteriums χ^2 mit sich. Der χ^2-Test ist sehr sensibel in Bezug auf die Stichprobengröße, auch kleine Abweichungen werden bei großen Stichproben signifikant. Dies zeigt sich denn auch konsequent in allen Modellprüfungen: das Kriterium χ^2 / Freiheitsgrade verfehlt in allen Modellen auf Grundlage der Hauptstichprobe den kritischen Wert für einen guten oder auch nur akzeptablen Modellfit. Dass dies aller Wahrscheinlichkeit nach auf die Stichprobengröße und nicht auf die mangelhafte Qualität der aufgestellten Modelle zurückzuführen ist, zeigen einerseits die zusätzlichen Gütekriterien RMSEA, CFI und SRMR, welche in den meisten Fällen einen guten oder zumindest akzeptablen Modellfit indizieren. Zum anderen zeigt sich in den Modellprüfungen auf Grundlage der französischsprachigen Stichprobe, die mit 208 Probanden nur einen Bruchteil des Umfangs der Hauptstichprobengröße besitzt, dass die Werte χ^2 / Freiheitsgrade bei der Prüfung der Modelle bezüglich der einzelnen Hypothesen durchaus auf akzptable bis gute Modellfits hinweisen. Aufgrund dessen erscheint es vertretbar, die Modellprüfungen an der Hauptstichprobe das Augenmerk weniger auf das Kriterium χ^2 / Freiheitsgrade zu richten, sondern verstärkt die Gütekriterien RMSEA, CFI und SRMR zur Beurteilung des Modellfits heran zu ziehen.

Aufgrund der spezifischen Merkmale der Stichprobe stellt sich die Frage nach der Generalisierbarkeit der Ergebnisse. Diese ist angesichts dieser Stichprobe sicherlich eingeschränkter als bei einer Zufallsstichprobe, die allerdings aus organisatorischen Gründen nur schwer realisierbar gewesen wäre.

7.2 Diskussion der Ergebnisse

In theoretischer Hinsicht werden zuerst die Ergebnisse der konfirmatorischen Faktorenanalysen der Big Five und der sozialen Kompetenz diskutiert. Es folgt die Diskussion der Zusammenhangsanalysen und Modellprüfungen der einzelnen Modelle sowie der Gesamtmodelle, dabei werden besonders die Ergebnisse bezüglich des Faktors Extraversion, des Fähigkeitskonzepts Führungsfähigkeit sowie die Ergebnisse der französischsprachigen Stichprobe betrachtet. Eine Analyse der Ergebnisse zu den Geschlechtsunterschieden sowie zur Modellprüfung des globalen Zusammenhangs der beiden Konstrukte Persönlichkeit und soziale Kompetenz schließt die Diskussion ab.

7.2.1 Konfirmatorische Faktorenanalysen

Die Faktorladungen der Items für den Faktor Extraversion liegen zwischen .553 und .805, für Verträglichkeit zwischen .484 und .634, für Gewissenhaftigkeit zwischen .485 und .813, für emotionale Stabilität zwischen .619 und .709 und für Kultur zwischen .586 und .924.

Die Faktorladungen der Items für das Fähigkeitskonzept Selbstständigkeit liegen zwischen .477 und .637, für Kooperationsfähigkeit zwischen .548 und .661, für soziale Verantwortung zwischen .528 und .695, für Konfliktfähigkeit zwischen .506 und .707, für Kommunikationsfähigkeit zwischen .428 und .612, für Führungsfähigkeit zwischen .494 und .641 und für situationsgerechtes Auftreten zwischen .476 und .682.

Die Höhe der Faktorenladungen ist ausreichend bis gut und die Gütekriterien der beiden konfirmatorischen Faktorenanalysen weisen auf einen akzeptablen Modellfit hin. Allein der χ^2 Wert verfehlt die Grenzwerte zu einem akzeptablen Modellfit um ein Vielfaches, was bereits diskutiert wurde (Kapitel 6.1.6.1 und 7.1.3). Insgesamt bestätigen die konfirmatorischen Faktorenanalysen die theoretischen Annahmen sowohl für das Fünf-Faktoren-Modell als auch für das Konzept der sozialen Kompetenz.

7.2.2 Zusammenhangsanalysen und Modellprüfung

Das Modell der Analyse der Zusammenhänge zwischen den fünf Faktoren der Persönlichkeit und den sieben Fähigkeitskonzepten der sozialen Kompetenz erreicht einen akzeptablen Modellfit. Eine Abweichung zu den postulierten Hypothesen ergibt sich in Bezug auf den Faktor Extraversion: der Einfluss von Extraversion auf soziale Verantwortung sowie auf Kommunikationsfähigkeit ist nicht signifikant. Dies zeigte sich ebenfalls in den Ergebnissen der Kreuzvalidierung, bei der sich darüber hinaus der Einfluss von Gewissenhaftigkeit auf soziale Verantwortung sowie von Kultur auf Selbstständigkeit als nicht signifikant erweist. Insgesamt erbringt die Kreuzvalidierung jedoch annähernd kongruente Ergebnisse.

Die Prüfung der Hypothesen an der französischsprachigen Stichprobe ergibt jedoch erhebliche Abweichungen zum Gesamtmodell der deutschsprachigen Stichprobe und der Kreuzvalidierung. Als nicht signifikant erweisen sich dabei die Einflüsse von Extraversion auf soziale Verantwortung, Kommunikationsfähigkeit und Führungsfähigkeit, von Verträglichkeit auf Kooperationsfähigkeit, soziale Verantwortung und Führungsfähigkeit, von Gewissenhaftigkeit auf Kooperationsfähigkeit und soziale Verantwortung, von emotionaler Stabilität auf Konfliktfähigkeit sowie von Kultur auf Selbstständigkeit und Führungsfähigkeit.

Bei der deutschsprachigen Stichprobe erweisen sich nur zwei der insgesamt sechzehn postulierten Regressionen als nicht signifikant, bei der Kreuzvalidierung vier. Die Hypothesenprüfung ergab bei der französischsprachigen Stichprobe jedoch elf nicht signifikante Regressionen. Angesichts dessen stellt sich die Frage nach den Gründen für derart unterschiedliche Ergebnismuster.

Ergebnisse der französischsprachigen Stichprobe

Die französischsprachige Stichprobe unterscheidet sich von den beiden deutschsprachigen Stichproben in zwei Punkten: zum einen natürlich in der Sprache und in der Kultur, zum anderen aber auch in der Größe der Stichprobe. Dass diese einen nicht unerheblichen Einfluss auf die Signifikanz der Ergebnisse hat, zeigt sich beispielsweise im χ^2 Wert und wurde bereits diskutiert (Kapitel 6.1.6.1 und 7.1.3).

Der auffälligste Unterschied zwischen den beiden Stichproben bleibt jedoch die Sprache. Die Fähigkeitskonzepte der sozialen Kompetenz lagen bereits in einer empirisch geprüften Übersetzung vor (Frey et al., 2002). Die MR-Skalen wurden für die vorliegende Untersuchung von einer geschulten Übersetzerin übersetzt, rückübersetzt und von einer zweiten unabhängigen Person geprüft, so dass von einer Äquivalenz der Versionen ausgegangen werden kann. Zur Erlangung von noch größerer Sicherheit bezüglich der Äquivalenz der Versionen könnte man den Übersetzungsprozess durch einen bilingualen Übersetzer prüfen lassen.

Die Faktorenstruktur der Big Five ist in der deutschsprachigen und französischsprachigen Stichprobe identisch[5]. Die Faktorkongruenzkoeffizienten (Abdi, 2007) betrugen für Extraversion .92, für Verträglichkeit .97, für Gewissenhaftigkeit .96, für emotionale Stabilität .99 und für Kultur .95, was als weiterer Hinweis für die kulturübergreifende Gültigkeit der Big Five gewertet werden kann. Hinsichtlich der durchschnittlichen Ausprägung der Faktoren kamen McCrae und Terracciano zu dem Ergebnis, dass sich die Persönlichkeitsprofile von französischen und von deutschen Schweizern signifikant in allen Faktoren mit Ausnahme von Verträglichkeit unterscheiden (McCrae & Terracciano, 2005). Französische Schweizer sind extravertierter aber weniger gewissenhaft, emotional weniger stabil und weniger offen für Erfahrungen. Die Ergebnisse der Studie von McCrae und Terracciano finden sich in der vorliegenden Studie jedoch nicht wieder: französischsprachige und deutschsprachige Auszubildende unterscheiden sich allein im Faktor Extraversion, hier zeigen sich deutschsprachige Lernende sogar extraver-

[5] Eine konfirmatorische Faktorenanalyse der sozialen Kompetenz wurde für die französischsprachige Stichprobe aufgrund der geringen Stichprobengröße nicht berechnet.

tierter als ihre französischsprachigen Kollegen. Die praktische Signifikanz zeigt jedoch keinen Effekt ($\omega^2 = .008$).

Französischschweizerische kaufmännische Auszubildende unterscheiden sich von deutschschweizer Auszubildenden in den Fähigkeitskonzepten der Sozialkompetenz: Lernende aus dem französischsprachigen Teil der Schweiz weisen bis auf das Fähigkeitskonzept situationsgerechtes Auftreten durchweg höhere Kompetenzwerte auf als Lernende aus dem deutschsprachigen oder italienischsprachigen Teil. Die Unterschiede sind jedoch gering und weisen hinsichtlich der praktischen Bedeutsamkeit keine bzw. nur kleine Effekte auf (D. Lang, 2005, 2006).

Die Äquivalenz der Faktorenstruktur sowie die geringen Unterschiede in den Ausprägungen der Big Five und der sozialen Kompetenz lassen es unwahrscheinlich erscheinen, dass die abweichenden Ergebnisse der Hypothesenprüfung bei der französischsprachigen Stichprobe darauf zurückzuführen sind. Es könnte sich dennoch lohnen, ein Instrument ähnlich den MR-Skalen nicht einfach zu übersetzen, sondern in der Tradition des psycho-lexikalischen Ansatzes von Grund auf neu für den französischsprachigen Raum zu entwickeln. Damit würde das gesamte Vokabular der Sprachgemeinschaft hinsichtlich der Beschreibung der Persönlichkeit analysiert werden und mit hoher Wahrscheinlichkeit ließen sich dadurch Adjektive und somit auch Items extrahieren, welche die einzelnen Faktoren der Big Five in ihrer Bedeutung treffender erfassen könnten.

Extraversion

Ein auffälliges Ergebnis zeigt sich bei der Betrachtung der Zusammenhangsanalysen des Faktors Extraversion im Gesamtmodell: die Zusammenhänge zwischen Extraversion mit sozialer Verantwortung und Kommunikationsfähigkeit erweisen sich als nicht signifikant. Dieser Befund wiederholt sich in der Kreuzvalidierung an der zweiten unabhängigen Stichprobe sowie an der französischsprachigen Stichprobe, bei der auch der Zusammenhang von Extraversion mit Führungsfähigkeit nicht signifikant erscheint. Selbst wenn man die bereits dargestellte Besonderheit der französischsprachigen Stichprobe einkalkuliert, stellt sich dieses Ergebnis doch als erklärungsbedürftig dar. Soziale Verantwortung wird neben Extraversion von Verträglichkeit und Gewissenhaftigkeit erklärt. Unter Kontrolle dieser beiden Einflüsse klärt Extraversion keine inkrementelle signifikante Varianz auf. Gleiches gilt für den Zusammenhang zwischen Extraversion und Kommunikationsfähigkeit: auch hier klärt Extraversion unter Kontrolle von Verträglichkeit keine inkrementelle signifikante Varianz auf.

Anzumerken bleibt, dass in der vorliegenden Studie nicht nach spezifischen sozialen Situationen unterschieden wird, es wird allein eine generelle Einschätzung der eigenen sozialen Kompetenz erfragt. Ten Berge und De Raad (2002) konnten jedoch aufzeigen, dass gerade der Faktor Extraversion in unterschiedlichen sozialen Situationen unterschiedlich starken Einfluss auf die soziale Kompetenz einer Person aufweist: Personen mit einer hohen Ausprägung im Faktor Extraversion können speziell mit Situationen mit sozial anspruchsvollen Aufgaben besser umgehen als introvertierte Personen. Der postulierte Einfluss des Persönlichkeitsfaktors käme in diesen spezifischeren sozialen Situationen aller Wahrscheinlichkeit nach deutlicher zum Vorschein. Eine derartige Differenzierung wurde jedoch bewusst nicht vorgenommen, da das Ziel der Untersuchung das Aufzeigen von situationsübergreifenden spezifischen Zusammenhängen zwischen den einzelnen Faktoren der Big Five und sozialer Kompetenz war.

Führungsfähigkeit bei jungen Erwachsenen

Hinsichtlich des sozialen Fähigkeitskonzepts Führungsfähigkeit kann man sich die Frage stellen, ob eine solche Fähigkeit bei jungen Erwachsenen sinnvoll erfassbar ist, zumal die Stichprobe aus Auszubildenden besteht, welche in ihrem beruflichen Umfeld noch kaum Führungserfahrung haben dürften. Das Konzept der Führungsfähigkeit mit Komponenten wie dem Erkennen von Fähigkeiten von anderen sowie deren angemessenen Einsatz, der Motivation von anderen oder der Abgabe von Verantwortung an andere existiert jedoch durchaus auch bei jungen Erwachsenen. Zum einen lässt sich Führungsfähigkeit im privaten Umfeld wie beispielsweise in Sportvereinen oder kirchlichen Freizeitgruppen erwerben, zum anderen bietet auch das berufliche Umfeld von jungen Erwachsenen, hier kaufmännischen Auszubildenden, einige Aufgaben, bei denen Führungsfähigkeit gefragt ist. Durch die Reform der schweizerischen Grundbildung müssen Lernende beispielsweise in Arbeitsgruppen in ihrer Berufsschule sogenannte Ausbildungseinheiten absolvieren, in denen gemeinsam und selbständig Projekte oder Fallstudien bearbeitet werden. Neben der Teamfähigkeit wird hierbei auch Führungsfähigkeit geschult. Führungsfähigkeit erscheint demnach durchaus auch bei jungen Erwachsenen erfassbar, was auch durch die Analyse der Items und die empirische Hypothesenprüfung des Fähigkeitskonzepts bestätigt wird.

7.2.3 Geschlechtsunterschiede

Männer und Frauen unterscheiden sich in allen fünf Faktoren der Persönlichkeit. Frauen weisen höhere Werte in den Faktoren Extraversion, Verträglichkeit, Gewissenhaftigkeit und Kultur auf, Männer haben hingegen im Faktor emotionale Stabilität höhere Werte. Diese Befunde decken sich mit existierenden Studien zu Geschlechtsunterschieden in Persönlichkeitsinventaren (Costa et al., 2001; Feingold, 1994; Rubinstein, 2005; D. Schmitt et al., 2008). Die praktische Signifikanz dieser Unterschiede erscheint jedoch bis auf den Faktor emotionale Stabilität vernachlässigenswert. Auch dies entspricht den Ergebnissen vorhergehender Studien, welche zu dem Schluss kommen, dass die Unterschiede zwischen den Geschlechtern insgesamt doch eher klein sind (Kapitel 4.3).

Hinsichtlich der sozialen Kompetenz unterscheiden sich Männer und Frauen in fünf von sieben Fähigkeitskonzepten. Frauen weisen höhere Werte in den Konzepten Selbstständigkeit, Kooperationsfähigkeit, soziale Verantwortung, Kommunikationsfähigkeit und situationsgerechtes Auftreten auf. Dies entspricht Befunden zu Geschlechtsunterschieden sowohl in Studien mit dem smk (Kapitel 5.2.1) als auch in allgemeinen Studien zu sozialer Kompetenz: Frauen weisen mit Ausnahme des Bereichs Durchsetzungsfähigkeit tendenziell höhere Werte auf (Feingold, 1994). Die Mittelwertsunterschiede sind durchweg signifikant, die Effektstärken sind allerdings gering und entsprechen in keinem Fähigkeitskonzept auch nur einem kleinen Effekt. Die Ergebnisse zu Geschlechtsunterschieden in Persönlichkeit und sozialer Kompetenz entsprechen damit zwar in der Tendenz den existierenden Befunden, weisen jedoch mit Ausnahme des Faktors emotionale Stabilität keine praktische Signifikanz auf.

Neben den Analysen der Mittelwertsunterschiede in den Big Five und der sozialen Kompetenz geht Hypothese 6 der Frage nach, ob das Geschlecht einen Einfluss auf die beiden Konstrukte hat. Es wird postuliert, dass das Geschlecht keinen signifikanten Einfluss auf Persönlichkeitsfaktoren und soziale Kompetenz hat. Die Ergebnisse des Strukturgleichungsmodells bestätigen dies: der Einfluss des Geschlechts ist zu vernachlässigen.

7.2.4 Persönlichkeit und soziale Kompetenz

Persönlichkeit zum ersten Messzeitpunkt beeinflusst signifikant soziale Kompetenz zum zweiten Messzeitpunkt. Persönlichkeit zum ersten Messzeitpunkt beeinflusst Persönlichkeit zum zweiten Messzeitpunkt nicht signifikant. Soziale Kompetenz zum ersten Messzeitpunkt beeinflusst die Persönlichkeit zum zweiten Messzeitpunkt nicht signifikant, ebenso wenig wie soziale Kompetenz zum zweiten Messzeitpunkt.

Die Hypothese, dass die Persönlichkeit Einfluss auf die soziale Kompetenz einer Person nimmt, kann somit bestätigt werden. Durch die Vorgeordnetheit des Konstrukts Persönlichkeit zum ersten Messzeitpunkt gegenüber sozialer Kompetenz zum zweiten Messzeitpunkt erfolgt hier im Gegensatz zu rein querschnittlich erhobenen Daten ein deutlicher Hinweis auf Kausalität. Das vorliegende Cross-Lag-Panel-Design erlaubt auch Aussagen darüber, ob das Konstrukt Persönlichkeit soziale Kompetenz beeinflusst oder ob der Einfluss der beiden Konstrukte umgekehrt ist. Die Ergebnisse zeigen, dass im Einklang mit den theoretischen

Annahmen eher davon auszugehen ist, dass Persönlichkeit soziale Kompetenz beeinflusst und nicht umgekehrt.

Bezüglich der Modellgüte indiziert jedoch kein einziges Gütekriterium einen akzeptablen Modellfit. Eine mögliche Erklärung besteht in der kleinen Stichprobe. Die Stichprobenmortalität war in äußeren Umständen wie der Freiwilligkeit der Teilnahme der schweizer Berufsschulen an der Evaluation begründet (siehe Kapitel 5.1). Im Zuge der Reform der kaufmännischen Grundbildung und der damit verbundenen Mehrbelastung der Schulen fehlte oft die Bereitschaft eine weitere Unterrichtsstunde zur Verfügung zu stellen, zumal die Reform von einer Vielzahl Befragungen begleitet wurde.

Die Einschränkungen bezüglich der Stichprobe sind vermutlich jedoch nicht der alleinige Grund für die mangelnde Modellgüte. Aus den Analysen der Zusammenhänge zwischen spezifischen Faktoren der Persönlichkeit und bestimmten Fähigkeitskonzepten der sozialen Kompetenz wird ersichtlich, dass diese differenzierten Zusammenhänge sehr wohl existieren. Persönlichkeit und soziale Kompetenz stellen im vorliegenden Modell Faktoren zweiter Ordnung dar. Die Faktorladungen der sozialen Kompetenz bewegen sich zwischen zum ersten Messzeitpunkt zwischen .321 und .502 (Ø .398) und zum zweiten Messzeitpunkt zwischen .374 und .471 (Ø .421). Deutlich niedriger fallen die Faktorladungen im Konstrukt Persönlichkeit aus: zum ersten Messzeitpunkt zwischen .138 und .396 (Ø .235) und zum zweiten Messzeitpunkt .007 und .623 (Ø .191). Diese Ergebnisse sind nicht überraschend: im Allgemeinen wird eine deutliche Korrelation der einzelnen Faktoren bzw. Fähigkeitskonzepte der sozialen Kompetenz angenommen, die sich auch in der vorliegenden Studie bestätigt (siehe Kapitel 6.1). Hingegen wird im Fünf-Faktoren-Modell der Persönlichkeit zwar nicht von einer strikten Orthogonalität der Persönlichkeitsfaktoren ausgegangen, jedoch von einer annähernden, die sich auch in den Ergebnissen bestätigt findet. Aufgrund dieser Problematik in Bezug auf das Konstrukt Persönlichkeit scheint das Modell des Einflusses von Persönlichkeit auf soziale Kompetenz auf dieser Ebene nicht mit akzeptabler Modellgüte darstellbar. Eine Prüfung des Modells im Cross-Lag-Panel-Design auf Ebene der einzelnen Faktoren der Persönlichkeit war in der vorliegenden Studie aufgrund der geringen Größe der Längsschnittstichprobe jedoch nicht möglich. Aus demselben Grund fehlt im vorliegenden Modell auch eine Modellierung der Traits, die alternativ die längsschnittlichen Zusammenhänge in der Persönlichkeit und der sozialen Kompetenz erklären könnten.

7.3 Ausblick

Die vorausgegangenen Analysen zeigen die Zusammenhänge zwischen den beiden Konstrukten Persönlichkeit und sozialer Kompetenz auf. Insgesamt konnten die Modelle mit ihrer Struktur und den angenommenen Effekten aufgrund des akzeptablen bis guten Modellfits beibehalten werden, die resultierenden Pfade und deren Gewichtung lassen sich theoretisch sinnvoll einordnen. Dies bedeutet allerdings nicht, dass keine alternativen Modelle auf Grundlage der Variablen existieren können. Wünschenswert wäre, die Zusammenhangsanalysen und Modellprüfungen auch längsschnittlich in einem Cross-Lag-Panel-Design zu prüfen. Ein erster Versuch auf globaler Konstruktebene gibt deutliche Hinweise für die Gültigkeit der Modelle, diesen Hinweisen sollte jedoch in weiteren Studien mit Hilfe größerer Stichproben nachgegangen werden. Mithilfe eines größeren Stichprobenumfangs und mindestens drei Messzeitpunkten wäre es zudem auch möglich, die Traits im Cross-Lag-Panel-Design mit zu modellieren.

Die Analysen wurden an einer Stichprobe von jungen Erwachsenen durchgeführt und können deshalb auch vor allem für diese Gruppe als empirisch gesichert gelten. Natürlich stellt sich die Frage der Generalisierbarkeit: Lassen sich die gefundenen Zusammenhänge auch auf die gesamte Population übertragen? Die Stabilität der empirischen Modelle weist darauf hin, dennoch sind dafür weitere Studien mit hinsichtlich des Alters heterogeneren Stichproben nötig.

Die Überprüfung der einzelnen Modelle an einer französischsprachigen Stichprobe gibt Hinweise darauf, dass die postulierten Zusammenhänge weitgehend kulturübergreifende Gültigkeit zu besitzen scheinen. Dennoch kann angesichts der Schwierigkeiten bezüglich des Gesamtmodells nicht von einer einfachen 1:1 Übertragung ausgegangen werden. Weitere differenzierte Studien sind zur Aufklärung der Gründe der mangelnden Modellgüte nötig, dabei gilt es beispielsweise den Umfang der französischsprachigen Stichprobe zu erhöhen.

Welchen praktischen Nutzen hat nun ein vertieftes Wissen über die Zusammenhänge von Persönlichkeit und sozialer Kompetenz? Ein solches Wissen ist beispielsweise im Bereich der Weiterbildung hilfreich. Der „Mythos Weiterbildung“ besagt, Weiterbildung schütze vor Arbeitslosigkeit, sichere die Unternehmensentwicklung und schaffe Voraussetzungen für wettbewerbsfähige Regionen. Die Realität zeigt jedoch eine ausgebliebene Entlastung der Arbeitslosenstatistik und ernüchternde Erfahrungen der Weiterbildungsoffensive Ostdeutschland. Insgesamt weisen die wenigen empirischen Befunde zum Nutzen der Weiterbildung auf hohe Streuverluste und mangelnde Verwertungsmöglichkeiten hin (Staudt & Kriegesmann, 1999), Führungstrainings sind beispielsweise meist zu allgemein ausgerichtet (Kriegesmann & Bestel, 1998).

Welche Lösungsversuche gibt es nun für diesen mangelhaften Nutzen von Weiterbildung? Ein beliebtes Vorgehen ist das „Springen“ auf die nächste Abstraktionsstufe: inhaltsleere Begriffe wie „überfachlich“, „Schlüssel“-, oder „Metakompetenzen“ immunisieren zwar gegen Erfolgskontrollen, stellen aber nur ein „Ausweichen auf Unverbindliches“ (Staudt & Kriegesmann, 1999, S. 51) dar, jeglicher Hinweis auf den Verwertungszusammenhang fehlt. Da Vorsteuerung, gewonnen aus Ist-Soll-Analysen und daraus abgeleiteten Lernzielen, aufwändig und arbeitsreich ist, gilt Selbstorganisation bzw. der allgemeine „Kompetenzaufbau“ als Patentrezept zur Vorbereitung auf Innovationen. Doch dies bringt keine nachhaltigen Erfolge. „Der psychotherapeutische Budenzauber erfreut sich bei den Teilnehmern einer gewissen Beliebtheit, bleibt aber weitgehend wirkungslos“ (Staudt & Kriegesmann, 1999, S. 25). Das Problem liegt darin, dass Kompetenz zum überwiegenden Teil nicht konvertierbar ist, dabei hoch individualisiert von spezifischen Persönlicheitseigenschaften beeinflusst, durch motivatorische Zusammenhänge gesteuert und vom organisatorischen Kontext abhängig. Ein globales Training der sozialen Kompetenz bewirkt deshalb in der Regel keine sichtbare Verbesserung eines stark introvertierten Mitarbeiters in konkreten spezifischen Arbeitszusammenhängen, beispielsweise im Umgang mit schwierigen Kunden in der Reklamationsabteilung eines Unternehmens. Erkenntnisse über Zusammenhänge zwischen Kompetenzen und anderen Konzepten wie Persönlichkeitseigenschaften ermöglichen dabei einen besseren Zuschnitt neuer Weiterbildungskonzepte auf die Zielgruppe. Zusammen mit einer unumgänglichen Vorsteuerung und einer Ausrichtung auf spezifische und nicht globale Kompetenzen könnte der Nutzen von Weiterbildungskonzepten gesteigert werden.

Ein zusätzlicher Anwendungsbereich des Wissens über die Zusammenhänge zwischen sozialer Kompetenz und Persönlichkeit ist die Personalauswahl (siehe Kapitel 1). Es hat sich gezeigt, dass auf der Suche nach dem sozial kompetenten Mitarbeiter das Wissen über seine Persönlichkeit erste Hinweise auf diese Kompetenz geben kann. Bereits aus einem Fragebogen zur Persönlichkeit lassen sich erste Rückschlüsse auf die Kooperations- und Kommunikationsfähigkeit oder Konfliktfähigkeit der Person ziehen.

Letztlich bleibt jedoch das Problem, dass soziale Kompetenz ein „fuzzy concept“ darstellt, welches inhaltlich vielfältig ist und von verschiedenen Forschungsrichtungen extrem unterschiedlich operationalisiert wird. Der Beurteilungsbogen smk ist dabei ein guter Ansatz zur Erfassung sozialer Kompetenz. Die Entwicklung eines sowohl inhaltlich umfassenden als auch testtheoretisch guten und zudem noch ökonomischen Instrumentariums zur Erfassung sozialer Kompetenz stellt allerdings eine Herausforderung für die Zukunft dar, welche die Erkenntnisse bezüglich des Konstrukts und seiner Zusammenhänge zur Persönlichkeit noch weiter erhellen dürfte.

Literatur

Abdi, H. (2007). RV Coefficient an Congruence Coefficient. In N. Salkind (Ed.), Encyclopedia of Measurement and Statistics. Thousand Oaks (CA): Sage.

Allemand, M., Zimprich, D. & Hertzog, C. (2007). Cross-sectional age differences and longitudinal age changes of personality in middle adulthood and old age. Journal of Personality, 75(2), 323-358.

Allik, J., Laidra, K., Realo, A. & Pullmann, H. (2004). Personality Development from 12 to 18 Years of Age: Changes in Mean Levels and Structure of Traits. European Journal of Personality, 18, 445-462.

Allport, G. W. & Odbert, H. S. (1936). Trait names, a psycholexical study. Psychological Monographs, 47(1, Whole No. 211).

Aluja, A., Garcia, O., Rossier, J. & Garcia, L. F. (2005). Comparison of the NEO-FFI, the NEO-FFI-R and an alternative short version of the NEO-PI-R (NEO-60) in Swiss and Spanish samples. Personality and Individual Differences, 38, 591-604.

Amelang, M. & Bartussek, D. (2001). Differentielle Psychologie und Persönlichkeitsforschung. Stuttgart: Kohlhammer.

Amelang, M., Schwarz, G. & Wegemund, A. (1989). Soziale Intelligenz als Trait-Konstrukt und Test-Konzept bei der Analyse von Verhaltenshäufigkeiten. Zeitschrift für Differentielle und Diagnostische Psychologie, 10(1), 37-57.

Anderson, N. & Ones, D. S. (2003). The construct validity of three entry level personality inventories used in the UK: Cautionary findings from a multiple-inventory investigation. European Journal of Personality, 17, 39-66.

Andresen, B. (1995). Risikobereitschaft (R): der sechste Basisfaktor der Persönlichkeit: Konvergenz und Konstruktexplikation. Zeitschrift für Differentielle und Diagnostische Psychologie, 16, 210-236.

Angleitner, A., Ostendorf, F. & John, O. P. (1990). Towards a taxonomy of personality descriptors in German: A psycho-lexical study. European Journal of Personality, 4, 89-118.

Ansell, E. B. & Pincus, A. L. (2004). Interpersonal perceptions of the Five-Factor Model of personality: An examination using the structural summary method for circumplex data. Multivariate Behavioral Research, 39(2), 167-201.

Antonioni, D. (1999). Relationship between the Big Five personality factors and conflict management styles. International Journal of Conflict Management, 9(4), 336-355.

Argyle, M. (1975). Soziale Interaktion. Köln: Kiepenheuer & Witsch.

Arnett, J. J. (2000). Emerging adulthood: A theory of development from the late teens through the twenties. American Psychologist, 55, 469-480.

Asendorpf, J. B. (1999). Psychologie der Persönlichkeit. Berlin: Springer.

Asendorpf, J. B. & van Aken, M. A. G. (1999). Resilient, overcontrolled and undercontrolled personality prototypes in childhood: Replicability, predictive power, and trait/type issue. Journal of Personality and Social Psychology, 815-832.

Asendorpf, J. B. & van Aken, M. A. G. (2003). Personality-relationship transaction in adolescence: Core versus surface personality characteristics. Journal of Personality, 71(4), 629-666.

Asendorpf, J. B. & Wilpers, S. (1998). Personality effects on social relationships. Journal of Personality and Social Psychology, 74, 1531-1544.

Ashton, M. C. & Lee, K. (2005). Honesty-Humility, the Big Five, and the Five-Factor Model. Journal of Personality, 73(5), 1321-1353.

Ashton, M. C., Lee, K., Perugini, M., Szarota, P., de Vries, R. E., Di Blas, L., Boies, K. & De Raad, B. (2004). A Six-Factor Structure of Personality-Descriptive Adjectives: Solutions From Psycholexical Studies in Seven Languages. Journal of Personality and Social Psychology, 86(2), 356-366.

Ashton, M. C., Lee, K. & Son, C. (2000). Honesty as the sixth factor of personality: Correlations with Machiavellianism, primary psychopathy, and social adroitness. European Journal of Personality, 14, 359-368.

Baker, S. R., Victor, J. B., Chambers, A. L. & Halverson, C. F., Jr. (2004). Adolescent Personality: A Five-Factor Model Construct Validation. Assessment, 11(4), 303-315.

Bandura, A. (1997). Self-efficacy: the exercise of control. New York: W. H. Freeman and Company.

Banks, C. (1948). Primary personality factors in women: a reanalysis. British Journal of Psychological Statist. Sect., 1, 204-118.

Barbaranelli, C. & Caprara, G. V. (1996). How many dimensions to describe personality? A comparison of Cattell, Comrey, and the big five taxonomies of personality traits. European Review of Applied Psychology/Revue Europeenne de Psychologie Appliquee, 46(1), 15-24.

Barbaranelli, C. & Caprara, G. V. (2002). Studies of the Big Five Questionnaire. In B. De Raad & M. Perugini (Eds.), Big Five Assessment (pp. 109-128). Seattle: Hogrefe & Huber.

Barrick, M. R. & Mount, M. K. (1991). The big five personality dimensions and job performance: a meta-analysis. Personnel Psychology, 44, 1-26.

Barrick, M. R., Mount, M. K. & Judge, T. (2001). Personality and performance at the beginning of the new Millenium: What we do know and where do we go next. International Journal of Selection and Assessment, 9, 8-30.

Barrick, M. R., Stewart, G. L., Neubert, M. J. & Mount, M. K. (1998). Relating team member ability and personality to work-team processes and team effectiveness. Journal of Applied Psychology, 83, 377-391.

Bartussek, D. (1991). Sechzig Jahre faktorenanalytische Persönlichkeitsforschung: Ein Überblick über vier Gesamtsysteme der Persönlichkeit. Trierer Psychologische Berichte, 18(Heft 5), 42 Seiten.

Bass, B. M. (1990). Bass and Stogdill's handbook of leadership. New York: Free Press.

Bastians, F. & Runde, B. (2002). Instrumente zur Messung sozialer Kompetenzen. Zeitschrift für Psychologie, 210, 186-196.

Bazana, P. G. & Stelmack, R. M. (2004). Stability of Personality Across the Life Span: A Meta-Analysis. In R. M. Stelmack (Ed.), On the psychobiology of personality: Essays in honor of Marvin Zuckerman (pp. 113-144). New York, NY: Elsevier Science.

Becker, B. (2003). Soziale Intelligenz im Managementkontext. Entwicklung und Evaluation eines filmgestützten Diagnostikums. Hamburg: Kovac.

Becker, P. (1989). Der Trierer Persönlichkeitsfragebogen TPF. Handanweisung. Göttingen: Hogrefe.

Becker, P. (1990). Das Trierer Inventar zur Verhaltenskontrolle (TIV). Vorform eines Testmanuals (Trierer Psychologische Berichte, 17, Heft 5). Trier: Universitaet Trier, Fachbereich I Psychologie.

Becker, P. (1995). Seelische Gesundheit und Verhaltenskontrolle. Göttingen: Hogrefe.

Becker, P. (1996a). Wie big sind die Big Five? Zeitschrift für Differentielle und Diagnostische Psychologie, 17, 209-221.

Becker, P. (1997a). Giessen-Test (GT). Zeitschrift für Differentielle und Diagnostische Psychologie, 18, 16-18.

Becker, P. (1997b). Interaktions-Angst-Fragebogen (IAF). Göttingen: Beltz.

Becker, P. (1999). Beyond the Big Five. Personality and Individual Differences, 26(3), 511-530.

Becker, P. (2000). Die „Big Two" Seelische Gesundheit und Verhaltenskontrolle: zwei orthogonale Superfaktoren höherer Ordnung? Zeitschrift für Differentielle und Diagnostische Psychologie, 21(2), 113-124.

Becker, R. E. & Heimberg, R. G. (1988). Assessment of social skills. In A. Bellack & M. Hersen (Eds.), Behavioral assessment (pp. 365-395). Oxford: Pergamon Press.

Beckmann, D., Brähler, E. & Richter, H. E. (1991). Der Giessen-Test (GT). Ein Test für Individual- und Gruppendiagnostik. Bern: Huber.

Bell, R. & Lumsden, J. (1980). Test length and validity. Applied Psychological Measurement, 4, 165-170.

Bentler, P. M. (1990). Comparative fit indexes in structural models. Psychological Bulletin, 107, 238-246.

Bergmann, B. (2003). Selbstkonzept beruflicher Kompetenz. In J. Erpenbeck & L. von Rosenstiel (Hrsg.), Handbuch Kompetenzmessung (S. 229-260). Stuttgart: Schäffer-Poeschel Verlag.

Berkel, K. (1992). Interpersonelle Konflikte. In E. Gaugler (Hrsg.), Handwörterbuch des Personalwesens (S. 1085-1094). Stuttgart: Poeschel.

Berry, D. S. & Willingham, J. K. (1997). Affective Traits, responses to conflict, and satisfaction in romatic relationships. Journal of Research in Personality, 31, 564-576.

Bierhoff, H. W. (2000). Skala der sozialen Verantwortung nach Berkowitz und Daniels: Entwicklung und Validierung. Diagnostica, 46, 18-27.

Bierhoff, H. W. (2003). Eigenverantwortung als Merkmal der Persönlichkeit. In S. Koch, J. Kaschube & R. Fisch (Hrsg.), Eigenverantwortung in Organisationen (S. 47-60). Göttingen: Hogrefe.

Blickle, G. (1996). Personality traits, learning strategies, and performance. European Journal of Personality, 10, 337-352.

Blickle, G. (1997). Argumentativeness and the facets of the Big Five. Psychological Reports, 81, 1379-1385.

Block, J. (1995). A contrarian view of the five factor approach to personality description. Psychological Bulletin, 117, 187-215.

Blumberg, H. H. (2001). The common ground of natural language and social interaction in personality description. Journal of Research in Personality. Sep, 35(3), 289-312.

Boehm, B., Asendorpf, J. B. & Avia, M. D. (2002). Replicable Types and Subtypes of Personality: Spanish NEO-PI Samples. European Journal of Personality, 16, 25-41.

Boies, K., Lee, K., Ashton, M. C., Pascal, S. & Nicol, A. A. M. (2001). The structure of the French personality lexicon. European Journal of Personality, 15, 277-295.

Bono, J. E., Boles, T. L., Judge, T. A. & Lauver, K. J. (2002). The role of personality in task and relationship conflict. Journal of Personality, 70, 311-344.

Borkenau, P., Egloff, B., Eid, M., Hennig, J., Kersting, M., Neubauer, A. C. & Spinath, F. M. (2005). Persönlichkeitspsychologie: Stand und Perspektiven. Psychologische Rundschau, 56(4), 271-290.

Borkenau, P. & Ostendorf, F. (1990). Comparing exploratory and confirmatory factor analysis: A study on the 5-factor model of personality. Personality and Individual Differences, 11(5), 515-524.

Borkenau, P. & Ostendorf, F. (1991). Ein Fragebogen zur Erfassung robuster Persönlichkeitsfaktoren. Diagnostica, 37, 29-41.

Borkenau, P. & Ostendorf, F. (1993). NEO-Fünf-Faktoren Inventar (NEO-FFI) nach Costa und McCrae. Handanweisung. Göttingen: Hogrefe.

Bornmann, L. & Daniel, H. G. (2000). Reliabilität und Konstruktvalidierung des Kurzfragebogens zu Kompetenz- und Kontrollüberzeugungen (FKK). Empirische Pädagogik, 14(4), 391-407.

Borsboom, D., Mellenbergh, G. J. & van Heerden, J. (2003). The theoretical status of latent variables. Psychological Review, 110, 203-219.

Bortz, J. & Döring, N. (1995). Forschungsmethoden und Evaluation. Berlin, Heidelberg: Springer.

Botwin, M. D. (1996). Review of the Revised NEO Personality Inventory. In J. C. Conoley & J. C. Impara (Eds.), 12th Mental Measurement Yearbook (pp. 863-868). Lincoln, NB: University of Nebraska Press.

Bouchard, T. J. J. & Loehlin, J. C. (2001). Genes, personality and evolution. Behavior Genetics, 31, 243-273.

Brähler, E., Holling, H., Leutner, D. & Petermann, F. (Hrsg.). (2002). Brickenkamp Handbuch psychologischer und pädagogischer Tests (Band 1 + 2). Göttingen: Hogrefe.

Brand, C., Egan, V. & Deary, I. J. (1994). Intelligence, personality and society: Constructivist versus essentialist possibilities. In D. K. Detterman (Ed.), Current topics in human intelligence, Theories of intelligence (pp. 29-42). Norwood, NJ: Ablex.

Bratko, D., Vukosav, Z., Zarevski, P. & Vranic, A. (2002). The relations of shyness and assertiveness traits with the dimensions of the five-factor model in adolescence. Review of Psychology, 9(1-2), 17-23.

Briggs, S. R. (1989). The optimal level of measurement for personality constructs. In D. M. Buss & N. Cantor (Eds.), Personality Psychology: Recent trends and emerging directions. (pp. 246-260). New York: Springer.

Brown, L. T. & Anthony, R. G. (1990). Continuing the search for social intelligence. Personality and Individual Differences, 11, 463-470.

Browne, M. W. & Cudeck, R. (1993). Alternative ways of assessing model fit. In K. A. Bollen & J. S. Long (Eds.), Testing structural equation models (pp. 136-162). Newbury Park, CA: Sage.

Buhrmester, D. (1996). Need fulfillment, interpersonal competence, and the development contexts of early adolescent friendship. In W. M. Bukowski, A. F. Newcomb & W. W. Hartup (Eds.), The company they keep. Friendship in childhood and adolescence (pp. 158-185). Cambridge: Cambridge University Press.

Buhrmester, D., Furman, W., Wittenberg, M. T. & Reis, H. T. (1988). Five domains of interpersonal competence in peer relationships. Journal of Personality and Social Psychology, 55, 991-1008.

Bungard, W. (1995). Team- und Kooperationsfähigkeit. In W. Sarges (Hrsg.), Managementdiagnostik (S. 405-413). Göttingen: Hogrefe Verlag.

Burisch, M. (1984). You don't always get what you pay for: Measuring depression with short and simple versus long and sophisticated scales. Journal of Research in Personality, 18, 81-98.

Burisch, M. (1997). Test length and validity revisited. European Journal of Personality, 11, 303-315.

Caprara, G. V., Barbaranelli, C., Borgogni, L. & Perugini, M. (1993). The "Big Five Questionnaire": A new questionnaire to assess the Five Factor Model. Personality and Individual Differences, 15, 281-288.

Caprara, G. V., Barbaranelli, C. & Comrey, A. L. (1995). Factor analysis of the NEO-PI Inventory and the Comrey Personality Scales in an Italian sample. Personality and Individual Differences, 18(2), 193-200.

Caprara, G. V. & Perugini, M. (1994). Personality descriped by adjectives: The generalizability of the Big Five to the Italian lexical context. European Journal of Personality, 8, 357-369.

Carmichael, C. M. & McGue, M. (1994). A longitudinal family study of personality change and stability. Journal of Personality, 62, 1-20.

Caspi, A. (1998). Personality development across the life course. In N. Eisenberg (Ed.), Handbook of child psychology, Vol. 3 Social, emotional, and personality development (pp. 311-388). New York: Wiley.

Caspi, A. & Bem, D. J. (1990). Personality continuity and change across the life course. In L. A. Pervin (Ed.), Handbook of personality: Theory and research (pp. 549-575). New York: Guilford Press.

Caspi, A. & Roberts, B. W. (1999). Personality continuity and change across the life course. In L. A. Pervin (Ed.), Handbook of personality: Theory and research (pp. 300-326). New York: Guilford Press.

Cattell, R. B. (1943). The description of personality: Basic traits resolved into clusters. Journal of Abnormal and Social Psychology, 38, 426-506.

Chapin, F. S. (1967). The Social Insight Test. Palo Alto, CA: Consulting Psychologists Press.

Chaplin, W. F., Philips, J. B., Brown, J. D., Clanton, N. R. & Stein, J. L. (2000). Handshaking, gender, personality, and first impressions. Journal of Personality and Social Psychology, 79(1), 110-117.

Chomsky, N. (1962). Explanatory Models in Linguistic. In E. Nagel, P. Suppes & A. Tarski (Eds.), Logic, Methodology and Philosophy of Science (pp. 528-555). Stanford, CA.

Chomsky, N. (1980). Rules and representations. The Behavioral and Brain Sciences, 3, 1-61.

Church, A. T. & Burke, P. J. (1994). Exploratory and confirmatory tests of the big five and Tellegen's three- and fourdimensional models. Journal of Personality and Social Psychology, 66, 93-114.

Clausen, J. A. (1993). American lives: Looking back at the children of the Great Depression. New York: Free Press.

Cloninger, C. R. (1987). A systematic method for clinical description and classification of personality variants. A proposal. Archives of General Psychiatry, 44, 573-588.

Cohen, J. (1977). Statistical power analysis for the behavioral sciences. San Diego, CA: Academic Press.

Conley, J. J. (1984). The hierarchy of consistency: A review and model of longitudinal findings on adult individual differences in intelligence, personality, and self-opinion. Personality and Individual Differences, 5, 11-26.

Conley, J. J. (1985). Longitudinal stability of personality traits: A multitrait-multimethod-multioccasion analysis. Journal of Personality and Social Psychology, 49, 1266-1282.

Costa, P. T., Busch, C. M., Zonderman, A. B. & McCrae, R. R. (1986). Correlation of MMPI factor scales with measures of the five factor model of personality. Journal of Personality Assessment, 50, 640-650.

Costa, P. T., Herbst, J. H., McCrae, R. R. & Siegler, I. C. (2000). Personality at midlife: Stability, intrinsic maturation, and response to life events. Assessment, 7, 365-378.

Costa, P. T. & McCrae, R. R. (1985). The NEO Personality Inventory Manual. Odessa, FL: Psychological Assessment Resources.

Costa, P. T. & McCrae, R. R. (1988). Personality in adulthood: A six-year longitudinal study of self reports and spouse ratings on the NEO Personality Inventory. Journal of Personality and Social Psychology, 54, 853-863.

Costa, P. T. & McCrae, R. R. (1989). NEO PI/FFI Manual Supplement. Odessa, FL: Psychological Assessment Resources.

Costa, P. T. & McCrae, R. R. (1992a). Four ways five factors are basic. Personality and Individual Differences, 13, 653-665.

Costa, P. T. & McCrae, R. R. (1992b). Revised NEO Personality Inventory and NEO Five Factor Inventory Professional Manual. Odessa, FL: Psychological Assessment Resources.

Costa, P. T. & McCrae, R. R. (1994). Set like plaster: Evidence for the stability of adult personality. In T. F. Heatherton & J. L. Weinberger (Eds.), Can personality change? (pp. 21-40). Washington, DC: American Psychological Association.

Costa, P. T. & McCrae, R. R. (2002). Looking backward: Changes in the mean levels of personality traits from 80 to 12. In D. Cervone & W. Mischel (Eds.), Advances in personality science (pp. 219-237). New York: Guilford.

Costa, P. T., McCrae, R. R. & Jónsson, F. (2002). Validity and utility of the Revised NEO Personality Inventory: Examples from Europe. In B. De Raad & M. Perugini (Eds.), Big Five Assessment (pp. 61-78). Seattle: Hogrefe & Huber.

Costa, P. T., McCrae, R. R., Zonderman, A. B., Barbano, H. E., Lebowitz, B. & Larson, D. M. (1986). Cross-sectional studies of personality in a national sample: 2. Stability in neuroticism, extraversion, and openness. Psychology and Aging, 1, 144-149.

Costa, P. T., Terraccioano, A. & McCrae, R. R. (2001). Gender differences in personality traits across cultures: Robust and surprising findings. Journal of Personality and Social Psychology, 81(2), 322-331.

De Fruyt, F. & Furnham, A. (2000). Advances in the assessment of the Five-Factor Model. Psychologica Belgica, 40(2), 51-75.

De Fruyt, F. & Mervielde, I. (1996). Personality and interests as predictors of educational streaming and achievement. European Journal of Personality, 10, 405-425.

De Fruyt, F., Mervielde, I., Hoekstra, H. A. & Rolland, J. P. (2000). Assessing adolescents' personality with the NEO PI-R. Assessment, 7(4), 329-346.

De Hoogh, A. H. B., Den Hartog, D. N. & Koopman, P. L. (2005). Linking the big five-factors of personality to charismatic and transactional leadership; perceived dynamic work environment as a moderator. Journal of Organizational Behavior, 26(7), 839-865.

De Raad, B. (1998). Five big, Big Five issues: Rationale, content, structure, status, and cross-cultural assessment. European Psychologist, 3(2), 113-124.
De Raad, B. (2000). The Big Five Personality Factors: The Psycholexical Approach to Personality. Göttingen: Hogrefe & Huber.
De Raad, B. & Hofstee, W. K. B. (1993). A circumplex approach to the five factor model: A facet structure of trait adjectives supplemented by trait verbs. Personality and Individual Differences, 15, 493-505.
De Raad, B. & Perugini, M. (2002a). Big Five factor assessment: Introduction. In B. De Raad & M. Perugini (Eds.), Big Five assessment (pp. 1-26). Seattle: Hogrefe & Huber.
De Raad, B. & Perugini, M. (Eds.). (2002b). Big five assessment. Ashland, OH: Hogrefe & Huber Publishers.
De Raad, B. & Van Heck, G. L. (Eds.). (1994). The fifth of the big five [Special Issue]. European Journal of Personality, 8(4).
Depue, R. A. (1995). Neurobiological factors in personality and depression. European Journal of Personality, 9, 413-439.
Depue, R. A. & Collins, P. F. (1999). Neurobiology of the structure of personality: Dopamine, facilitation of incentive motivation, and extraversion. Behavioral and Brain Sciences, 22, 491-569.
DeYoung, C. G. (2006). Higher-Order Factors of the Big Five in a Multi-Informant Sample. Journal of Personality and Social Psychology, 91(6), 1138-1151.
DeYoung, C. G., Quilty, L. C. & Peterson, J. B. (2007). Between facets and domains: 10 aspects of the Big Five. Journal of Personality and Social Psychology, 93(5), 880-896.
Diener, E., Larsen, R. J. & Emmons, R. A. (1984). Person X Situation interactions: Choice of situations and congruence response models. Journal of Personality and Social Psychology, 47, 580-592.
Dierk, J.-M., Sommer, G. & Heinrigs, S. (2002). Soziale Kompetenz und das Circumplexmodell interpersonalen Verhaltens. Zum Zusammenhang der Konstrukte. Zeitschrift für Differentielle und Diagnostische Psychologie, 23(1), 67-81.
Digman, J. M. (1989). Five robust trait dimensions: Development, stability and utility. Journal of Personality, 57, 195-214.
Digman, J. M. (1990). Personality structure: Emergence of the five-factor model. In M. R. Rosenzweig & L. W. Porter (Eds.), Annual Review of Psychology, 41 (pp. 417-440). Palo Alto: Annual Reviews.
Digman, J. M. (1997). Higher-order factors of the Big Five. Journal of Personality and Social Psychology, 73, 1246-1256.
Digman, J. M. & Inouye, J. (1986). Further specification of the five robust factors of personality. Journal of Personality and Social Psychology, 50, 116-123.
Digman, J. M. & Takemoto-Chock, N. K. (1981). Factors in the natural language of personality: Re-analysis, comparison, and interpretation of six major studies. Multivariate Behavioral Research, 16, 149-170.
Dijkstra, M. T. M., van Dierendonck, D., Evers, A. & De Dreu, C. K. W. (2005). Conflict and well-being at work: The moderating role of personality. Journal of Managerial Psychology, 20(2), 87-104.
Donnellan, M. B., Oswald, F. L., Baird, B. M. & Lucas, R. E. (2006). The Mini-IPIP Scales: Tiny-Yet-Effective Measures of the Big Five Factors of Personality. Psychological Assessment, 18(2), 192-203.

Dudley, N. M., Orvis, K. A., Lebiecki, J. E. & Cortina, J. M. (2006). A Meta-Analytic Investigation of Conscientiousness in the Prediction of Job Performance: Examining the Intercorrelations and the Incremental Validity of Narrow Traits. Journal of Applied Psychology, 91(1), 40-57.

Eagly, A. H. (1987). Sex differences in social behavior: A social-role interpretation. Hillsdale, NJ: Erlbaum.

Eggert, D. (1974). Eysenck-Persönlichkeits-Inventar. Göttingen: Hogrefe.

Eisenberg, N., Miller, P. A., Schaller, M., Fabes, R. A., Fultz, J., Shell, R. & Shea, C. (1989). The role of sympathy and altruistic personality traits in helping: A re-examination. Journal of Personality, 57, 41-68.

Epstein, S. (1993). Entwurf einer integrativen Persönlichkeitstheorie. In S. H. Filipp (Hrsg.), Selbstkonzeptforschung. Probleme, Befunde, Perspektiven (S. 15-46). Stuttgart: Klett-Cotta.

Erikson, E. H. (1971). Identität und Lebenszyklus. Frankfurt/M.

Erpenbeck, J. (1997). Selbstgesteuertes, selbst organisiertes Lernen. In A. Qualifikations-Entwicklungs-Management (Hrsg.), Kompetenzentwicklung '97: Berufliche Weiterentwicklung in der Transformation – Fakten und Visionen (S. 309-316). Münster: Waxmann.

Erpenbeck, J. (2002). Kompetenzmessung, Kompetenzentwicklung und berufliche Bildung. Vortrag im Zentrum für emprische pädagogische Forschung, Landau.

Erpenbeck, J. & von Rosenstiel, L. (2003). Handbuch Kompetenzmessung. Stuttgart: Schäffer-Poeschel Verlag.

Euler, D. & Reemtsma-Theis, M. (1999). Sozialkompetenzen? Über die Klärung einer didaktischen Zielkategorie. Zeitschrift für Berufs- und Wirtschaftspädagogik, 95, 168-198.

Eysenck, H. J. (1991). Dimensions of personality: 16, 5 or 3? – Criteria for a taxonomic paradigm. Personality and Individual Differences, 12, 773-790.

Eysenck, H. J. & Eysenck, S. B. G. (1968). The manual to the Eysenck-Personality Inventory. San Diego: Educational and Industrial Testing Service.

Fahrenberg, J., Hampel, R. & Selg, H. (2001). FPI-R. Das Freiburger Persönlichkeitsinventar. Göttingen: Hogrefe.

Fan, X., Thompson, B. & Wang, L. (1999). Effects of sample size, estimation method, and model specification on structural equation modeling fit indexes. Structural Equation Modeling, 6, 56-83.

Feingold, A. (1990). Gender differences in effects of physical attractiveness on romantic attraction: A comparison across five research paradigms. Journal of Personality and Social Psychology, 59, 981-993.

Feingold, A. (1994). Gender differences in personality: A meta-analysis. Psychological Bulletin, 116, 429-456.

Fiske, D. W. (1949). Consistency of the factorial structures of personality ratings from different sources. Journal of Abnormal Social Psychology, 44, 329-344.

Ford, M. E. (1985). The concept of competence: Themes and variations. In H. A. Marlowe & R. B. Weinberg (Eds.), Competence development (pp. 3-49). Springfield: Thomas Publishers.

FormyDuval, D. L., Williams, J. E. & Bassett, J. F. (2002). A "Big Five" scoring system for the Adjective Check List. In B. De Raad & M. Perugini (Eds.), Big Five Assessment (pp. 411-434). Seattle: Hogrefe & Huber.

FormyDuval, D. L., Williams, J. E., Patterson, D. J. & Fogle, E. E. (1995). A "Big Five" Scoring System for the Item Pool of the Adjective Checklist. Journal of Personality Assessment, 65(1), 59-76.

Fraley, R. C. & Roberts, B. W. (2005). Patterns of Continuity: A Dynamic Model for Conceptualizing the Stability of Individual Differences in Psychological Constructs Across the Life Course. Psychological Review, 112, 60-74.

Frank, E. & Frey, D. (2002). Theoretische Modelle zu Kooperation, Kompetition und Verhandeln bei interpersonalen Konflikten. In D. Frey & M. Irle (Hrsg.), Theorien der Sozialpsychologie (S. 120-155). Bern: Huber.

Frey, A. (1999). Erzieherinnenausbildung gestern – heute – morgen. Konzepte und Modelle zur Ausbildungsevaluation. Landau: Verlag Empirische Pädagogik.

Frey, A. (2003). Kompetenzentwicklung und deren Diagnose in unterschiedlichen Ausbildungsberufen – eine berufspädagogische Notwendigkeit. In K. Jennewein (Hrsg.), Kompetenzentwicklung in Unternehmensprozessen. Baden-Baden: Nomos.

Frey, A. (2004). Die Kompetenzstruktur von Studierenden des Lehrerberufs. Eine internationale Studie. Zeitschrift für Pädagogik, 50(6), 903-925.

Frey, A. & Balzer, L. (2003a). Beurteilungsbogen zu sozialen und methodischen Kompetenzen – smk99. In J. Erpenbeck & L. von Rosenstiel (Hrsg.), Handbuch Kompetenzmessung (S. 323-335). Stuttgart: Schäffer-Poeschel Verlag.

Frey, A. & Balzer, L. (2003b). Soziale und methodische Kompetenzen – der Beurteilungsbogen smk: Ein Messverfahren für die Diagnose von sozialen und methodischen Kompetenzen. Empirische Pädagogik, 17(2), 148-175.

Frey, A. & Balzer, L. (2005). Der Beurteilungsbogen smk: Ein Messverfahren für die Diagnose von sozialen und methodischen Fähigkeitskonzepten. In A. Frey, R. S. Jäger & U. Renold (Hrsg.), Kompetenzdiagnostik – Theorien und Methoden zur Erfassung und Bewertung von beruflichen Kompetenzen (S. 31-56). Landau: Verlag Empirische Pädagogik.

Frey, A., Balzer, L., Renold, U. & Nenniger, P. (2002). Reform der kaufmännischen Grundausbildung. Instrumente der Evaluation. Landau: Verlag empirische Pädagogik.

Furnham, A. F. (1997). Knowing and Faking One's Five-Factor Personality Score. Journal of Personality Assessment, 69(1), 229-243.

Fydrich, T. & Bürgener, F. (1999). Ratingskala für Soziale Kompetenz. In J. Margraf & K. Rudolf (Hrsg.), Soziale Kompetenz – Soziale Phobie. Anwendungsfelder, Entwicklungslinien, Erfolgsaussichten (S. 81-96). Baltmannsweiler: Schneider Hohengehren.

Gaudron, J. P. (2000). The effects of computer anxiety on self-description with a computerized personality inventory. European Review of Applied Psychology/Revue Europeenne de Psychologie Appliquee, 50(4), 431-436.

Geertz, C. (1973). The interpretation of cultures. New York: Basic Books.

Goldberg, L. R. (1978). Language and personality: Developing a taxonomy of personality – descriptive terms. A progress report and research proposal. 1201 Oak Street, Eugene, Oregon: University of Oregon and Institute for Measurement of Personality.

Goldberg, L. R. (1981). Language and individual differences: The search for universals in personality lexicons. In L. Wheeler (Ed.), Review of personality and social psychology (pp. 141-165). Beverly Hills, CA: Sage.

Goldberg, L. R. (1990). An alternative "Description of personality": The Big-Five factor structure. Journal of Personality and Social Psychology, 59, 1216-1229.

Goldberg, L. R. (1992). The development of markers of the Big-Five factor structure. Psychological Assessment, 4, 26-42.
Goldberg, L. R. (1999). A broad-bandwith, public domain, personality inventory measuring the lower-level-facets of several five-factor models. In I. Mervielde, I. J. Deary, F. De Fruyt & F. Ostendorf (Eds.), Personality Psychology in Europe (pp. 7-28). Tilburg, The Netherlands: Tilburg University Press.
Goldberg, L. R. (2003). International Personality Item Pool. A Scientific Collaboratory for the Development of Advanced Measures of Personality Traits and other Individual Differences. Verfügbar unter: http://ipip.ori.org/. [05.07.2005]. [Website]. Verfügbar unter: http://ipip.ori.org/ [05.07.05].
Goldberg, L. R. & Kilkowski, J. (1985). The prediction of semantic consistency in self descriptions: characteristics of persons and of terms that affect consistency of responses to synonym and antonym pairs. Journal of Personality and Social Psychology, 48, 82-98.
Goldfried, M. R. & D'Zurilla, T. J. (1969). A behavioral-analytic model for assessing competence. In C. D. Speilberger (Ed.), Current topics in clinical and communitiy psychology (pp. 151-196). New York: Academic Press.
Gosling, S. D., Rentfrow, P. J. & Swann, W. B. (2003). A very brief measure of the Big Five personality domains. Journal of Research in Personality, 37, 504-528.
Gough, H. G. (1990). Testing for leadership with the California Psychological Inventory. In K. E. Clark & M. B. Clark (Eds.), Measures of leadership (pp. 355-379). West Orange, NJ: Leadership Library of America.
Gough, H. G. & Heilbrun, A. B. (1980). The Adjective Check List Manual. Palo Alto, CA: Consulting Psychologist Press.
Gough, H. G. & Heilbrun, A. B. (1983). The adjective check list manual (rev. ed.). Palo Alto, CA: Consulting Psychologists Press.
Graziano, W. G. & Eisenberg, N. (1997). Agreeableness: a dimension of personality. In R. Hogan, J. A. Johnson & S. Briggs (Eds.), Handbook of personality psychology (pp. 795-824). San Diego, CA: Academic Press.
Graziano, W. G., Jensen Campbell, L. A. & Finch, J. (1997). The self as mediator between personality and adjustment. Journal of Personality and Social Psychology, 73, 392-404.
Graziano, W. G. & Tobin, R. M. (2002). Agreeableness: Dimension of personality or social desirability artifact? Journal of Personality, 70(5), 695-727.
Graziano, W. G. & Ward, D. (1992). Probing the Big Five in adolescence: Personality and adjustment during a developmental transition. Journal of Personality, 60, 425-439.
Greenspan, S. I. & Gransfield, J. M. (1992). Reconsidering the construct of mental retardation: implications of a model of social competence. American Journal on menatl retardation, 96, 442-553.
Greif, S. (1997). Soziale Kompetenzen. In D. Frey & S. Greif (Hrsg.), Sozialpsychologie. Ein Handbuch in Schlüsselbegriffen (S. 312-320). München: Psychologie Verlags Union.
Greve, W. (Hrsg.). (2000). Psychologie des Selbst. Weinheim: Psychologie Verlags Union.
Grob, U. & Maag Merki, K. (2001). Überfachliche Kompetenzen. Theoretische Grundlegung und empirische Erprobung eines Indikatorensystems. Bern: Peter Lang.
Guilford, J. P. (1959). Personality. New York: McGraw-Hill.
Guldin, A. & Schuler, H. (1997). Konsistenz und Spezifität von AC-Beurteilungskriterien: Ein neuer Ansatz zur Konstruktvalidierung des Assessment Center-Verfahrens. Diagnostica, 43 (2), 230-254.

Guttman, L. (1954). A new approach to factor analysis: The radex. In P. A. Lazarsfeld (Ed.), Mathematical thinking in social sciences (pp. 258-348). Glencoe, IL: Free Press.

Guzzo, R. A. (1996). Fundamental considerations about work groups. In M. A. West (Ed.), Handbook of Work Group Psychology (pp. 3-24). Chichester: Wiley.

Haan, N., Millsap, R. & Hartka, E. (1986). As time goes by: Change and stability of personality over fifty years. Psychology and Aging, 1, 220-232.

Hackman, J. R. (1987). The design of work teams. In J. W. Lorsch (Ed.), Handbook of Organizational Behavior (pp. 315-342). Englewood Cliffs, NJ: Prentice-Hall.

Hampson, S. E. & Goldberg, L. R. (2006). A First Large Cohort Study of Personality Trait Stability Over the 40 Years Between Elementary School and Midlife. Journal of Personality and Social Psychology, 91(4), 763-779.

Hank, P. & Schwenkmezger, P. (1996). Computer-assisted versus paper-and-pencil-based self monitoring. In J. Fahrenberg & M. Myrtek (Eds.), Ambulatory Assessment. Göttingen: Hogrefe.

Hartig, J. (1999). Zur Äquivalenz von Internetuntersuchungen und konventionellen psychologischen Untersuchungsformen. Arbeiten aus dem Institut der J. W. Goethe-Universität, Heft 1999/10.

Hartig, J., Jude, N. & Rauch, W. (2003). Entwicklung und Erprobung eines deutschen Big-Five-Fragebogens auf Basis des International Personality Item Pools (IPIP40). Arbeiten aus dem Institut der J. W. Goethe-Universität, Heft 2003/1.

Helson, R., Jones, C. & Kwan, V. S. Y. (2002). Personality change over 40 years of adulthood: Hierarchical linear modeling analyses of two longitudinal samples. Journal of Personality and Social Psychology, 83, 752-766.

Henderson, S., Byrne, D. G. & Duncan-Jones, P. (1981). Neurosis and the social environment. New York: Academic Press.

Hendriks, A. A. J., Hofstee, W. K. B. & De Raad, B. (1999). The Five Factor Personality Inventory (FFPI). Personality and Individual Differences, 27, 307-325.

Hendriks, A. A. J., Hofstee, W. K. B. & De Raad, B. (2002). The Five-Factor Personality Inventory: Assessing the Big Five by means of brief and concrete statements. In B. De Raad & M. Perugini (Eds.), Big Five Assessment (pp. 79-108). Seattle: Hogrefe & Huber.

Henss, R. (1995). Das Fünf-Faktoren-Modell der Persönlichkeit bei der Beurteilung von Gesichtern. Report Psychologie, 20, 28-39.

Herzberg, P. Y. & Brahler, E. (2006). Assessing the Big-Five Personality Domains via Short Forms: A Cautionary Note and a Proposal. European Journal of Psychological Assessment, 22(3), 139-148.

Hinsch, R. & Pfingsten, U. (2002). Gruppentraining sozialer Kompetenzen (GSK): Grundlagen, Durchführung, Materialien. Weinheim: Beltz.

Hofmann, K. & Kubinger, K. D. (2001). Herkömmliche Persönlichkeitsfragebogen und objektive Persönlichkeitstests im „Wettstreit“ um (Un-)Verfälschbarkeit. Report Psychologie, 26, 298-304.

Hofstee, W. K. B., De Raad, B. & Goldberg, L. R. (1992). Integration of the Big Five and circumplex approaches to trait structure. Journal of Personality and Social Psychology, 63, 146-163.

Hofstee, W. K. B., Kiers, H. A., De Raad, B., Goldberg, L. R. & Ostendorf, F. (1997). A comparison of Big-Five structures of personality traits in Dutch, English, and German. European Journal of Personality, 11, 15-31.

Hogan, J. & Ones, D. S. (1997). Conscientiousness and integrity at work. In R. Hogan, J. A. Johnson & S. Briggs (Eds.), Handbook of personality psychology (pp. 849-870). San Diego, CA: Academic Press.

Hogan, R. (1983). A socionanalytic theory of personality. In M. M. Page (Ed.), 1982 Nebraska Symposium on Motivation: Personality – Current Theory and Research (pp. 55-89). Lincoln: University of Nebraska Press.

Hogan, R. (1986). Hogan Personality Inventory manual. Minneapolis, MN: National Computer Systems.

Hogan, R., Carpenter, B. N., Briggs, S. R. & Hansson, R. O. (1984). Personality assessment and personnel selection. In J. J. Bernardin & D. A. Bownas (Eds.), Personality assessment in organizations (pp. 21-52). New York: Praeger.

Holland, J. L. (1985). Self-Directed Search – 1985 edition. Odessa, FL: Psychological Assessment Resources.

Hooker, K. & McAdams, D. P. (2003). Personality and Adult Development: Looking Beyond the OCEAN. Journals of Gerontology: Series B: Psychological Sciences and Social Sciences, 6, 311f.

Horowitz, L. M., Strauß, B. & Kordy, H. (1994). Inventar zur Erfassung Interpersonaler Probleme – Deutsche Version (IIP-D). Weinheim: Beltz.

Hossiep, R. & Paschen, M. (1998). Bochumer Inventar zu berufsbezogenen Persönlichkeitsbeschreibung (BIP). Hogrefe-Verlag.

Hough, L. M. (1992). The "big Five" personality variables – construct confusion: Description versus prediction. Human Performance, 5, 139-155.

Hough, L. M. (1997). The millennium for personality psychology: New horizons or good ole daze. Applied Psychology: An International Review, 47(2), 233-261.

Hu, L. & Bentler, P. M. (1998). Fit indices in covariance structure analysis: Sensitivity to underparameterized model misspecification. Psychological Methods, 3, 424-453.

Hurtz, G. M. & Donovan, J. J. (2000). Personality and job performance: The Big Five revisited. Journal of Applied Psychology, 85, 869-879.

Jackson, T., Soderlind, A. & Weiss, K. E. (2000). Personality traits and quality of relationships as predictors of future loneliness among American college students. Social Behavior and Personality, 28(5), 463-470.

Jäger, R. S. & Petermann, F. (Hrsg.). (1995). Psychologische Diagnostik: ein Lehrbuch. Weinheim: Psychologie Verlags Union.

Jang, K. L., McCrae, R. R., Angleitner, A., Riemann, R. & Livesley, W. J. (1998). Heritability of facet-level traits in a cross-cultural twin sample: support for a hierarchical model of personality. Journal of Personality and Social Psychology, 74, 1556-1565.

Jansen, P. G. W. & Stoop, B. A. M. (2001). The dynamics of assessment center validity: results of a 7-year study. Journal of Applied Psychology, 86 (4), 741-753.

Jensen Campbell, L. A., Graziano, W. G. & Hair, E. C. (1996). Personality and relationships as moderators of interpersonal conflict in adolescence. Merrill-Palmer Quarterly, 42(1), 148-164.

Jensen-Campbell, L. A., Gleason, K. A., Adams, R. & Malcolm, K. T. (2003). Interpersonal Conflict, Agreeableness, and Personality Development. Journal of Personality, 71(6), 1059-1085.

Jensen-Campbell, L. A. & Graziano, W. G. (2001). Agreeableness as a moderator of interpersonal conflict. Journal of Personality, 69(2), 323-362.

John, O. P. (1990). The Big Five factor taxonomy: dimensions of personality in the natural language and in questionnaires. In L. A. Pervin (Ed.), Handbook of personality: Theory and research (pp. 66-100). New York: Guilford Press.

John, O. P., Angleitner, A. & Ostendorf, F. (1988). The lexical approach to personality: A historical review of trait-taxonomic research. European Journal of Personality, 2, 171-205.

John, O. P., Donahue, E. M. & Kentle, R. L. (1991). The Big Five Inventory Versions 4a and 5. Berkeley, CA: University of California, Institute of Personlaity and Social Research.

John, O. P. & Srivastava, S. (1999). The big Five trait taxonomy: History, measurement, and theoretical perspectives. In L. A. Pervin & O. P. John (Eds.), Handbook of personality: Theory and research (pp. 102-138). New York: Guilford Press.

Johnson, A. M., Vernon, P. A., Harris, J. A. & Jang, K. L. (2004). A Behavior Genetic Investigation of the Relationship Between Leadership and Personality. Twin Research, 7(1), 27-32.

Judge, T. A., Bono, J. E., Ilies, R. & Gerhardt, M. W. (2002). Personality and leadership: A qualitative and quantitative review. Journal of Applied Psychology, 87, 765-780.

Judge, T. A. & Cable, D. M. (1997). Applicant personality, organizational culture, and organizational attraction. Personnel Psychology, 50, 359-394.

Judge, T. A., Colbert, A. E. & Ilies, R. (2004). Intelligence and leadership: A quantitative review and test of theoretical propositions. Journal of Applied Psychology, 89, 542-552.

Judge, T. A., Heller, D. & Mount, M. K. (2002). Five-factor model of personality and job satisfaction: A meta-analysis. Journal of Applied Psychology, 87, 530-541.

Kanning, U. P. (2002a). Soziale Kompetenz – Definition, Strukturen und Prozesse. Zeitschrift für Psychologie, 210, 154-163.

Kanning, U. P. (2002b). Soziale Kompetenzen von Polizeibeamten. Polizei & Wissenschaft, 3, 18-30.

Kanning, U. P. (2003). Diagnostik sozialer Kompetenzen. Göttingen, Bern, Toronto, Seattle: Hogrefe.

Kanning, U. P. (2006). Development and validation of a German-language version of the Interpersonal Competence Questionnaire (ICQ). European Journal of Psychological Assessment, 22(1), 43-51.

Kanning, U. P. & Holling, H. (2001). Struktur, Reliabilität und Validität des NEO-FFI in einer Personalauswahlsituation. Zeitschrift für Differentielle und Diagnostische Psychologie, 22, 239-247.

Kanning, U. P. & Holling, H. (2004). Potentialbeurteilung. In E. Gaugler, W. A. Oechsler & W. Weber (Hrsg.), Handwörterbuch des Personalwesens. Stuttgart: Schäffer-Poeschel.

Karkoschka, U. (1998). Validität eignungsdiagnostischer Verfahren zur Messung sozialer Kompetenz. Frankfurt a. M.: Lang.

Karney, B. R., Bradbury, T. N., Fincham, F. D. & Sullivan, K. T. (1994). The role of negative affectivity in the association between attributions and marital satisfaction. Journal of Personality and Social Psychology, 66, 413-422.

Kato, T. (2003). Styles of handling interpersonal conflict, personality, and mental health in undergraduate students. Japanese Journal of Social Psychology, 18(2), 78-88.

Kauffeld, S. (2000). Das Kasseler Kompetenz-Raster (KKR) zur Messung der beruflichen Handlungskompetenz. In Arbeitsgemeinschaft Qualifikations-Entwicklungs-Management (Hrsg.), Flexibilität und Kompetenz: Schaffen flexible Unternehmen kompetente und flexible Mitarbeiter? (S. 33-48). Münster: Waxmann.

Kauffeld, S. (2005). Fachliche und überfachliche Weiterbildung: Welche Investitionen zahlen sich für die berufliche Handlungskompetenz aus? In A. Frey, R. S. Jäger & U. Renold (Hrsg.), Kompetenzdiagnostik – Theorien und Methoden zur Erfassung und Bewertung von beruflichen Kompetenzen (S. 57-75). Landau: Verlag Empirische Pädagogik.

Kauffeld, S. & Grote, S. (2000a). Persönlichkeit und Kompetenz. In Arbeitsgemeinschaft Qualifikations-Entwicklungs-Management (Hrsg.), Flexibilität und Kompetenz: Schaffen flexible Unternehmen kompetente und flexible Mitarbeiter? (S. 187-196). Münster: Waxmann.

Kauffeld, S. & Grote, S. (2000b). Sozialkompetenz als Schlüssel zur erfolgreichen Bewältigung von Optimierungsaufgaben? – Zur Bedeutung der Kompetenzfacetten. In Arbeitsgemeinschaft Qualifikations-Entwicklungs-Management (Hrsg.), Flexibilität und Kompetenz: Schaffen flexible Unternehmen kompetente und flexible Mitarbeiter? (S. 49-73). Münster: Waxmann.

Kauffeld, S. & Grote, S. (2000b). Persönlichkeit und Kompetenz. In Arbeitsgemeinschaft Qualifikations-Entwicklungs-Management (Hrsg.), Flexibilität und Kompetenz: Schaffen flexible Unternehmen kompetente und flexible Mitarbeiter? (S. 187-196). Münster: Waxmann.

Kauffeld, S., Grote, S. & Frieling, E. (2003). Das Kassler-Kompetnz-Raster (KKR). In J. Erpenbeck & L. von Rosenstiel (Hrsg.), Handbuch Kompetenzmessung (S. 261-282). Stuttgart: Schäffer-Poeschel Verlag.

Kern, H. & Müller, S. (1980). Personenbeurteilungen in Real- und Filmsituationen: Ein Methodenvergleich. DIagnostica, 26, 32-49.

Klages, L. (1926). Die Grundlagen der Charakterkunde. Leipzig: Bart.

Kleinmann, M. (1997). Assessment-Center. Göttingen: Verlag für Angewandte Psychologie.

Kleven, A. & Jenssen, M. A. (2001). Personality as a predictor of team performance: A meta-analysis / Personlighet som prediktor for teamprestasjon: En meta-analyse. Tidsskrift for Norsk Psykologforening, 38(1), 16-23.

Kline, P. (1987). Factor analysis and personality theory. European Journal of Personality, 1, 21-36.

Kline, P. & Barrett, P. (1983). The factors in personality questionnaires among normal subjects. Advances in Behaviour Research and Therapy, 5, 141-202.

Kohnstamm, G. A., Halverson, C. F. J., Mervielde, I. & Havill, V. L. (Eds.). (1998). Parental description of child personality: Developmental antecedents of the Big Five? Hillsdale, NJ: Erlbaum.

Kriegesmann, B. & Bestel, S. (1998). Unternehmensgründungen aus außeruniversitären Forschungseinrichtungen – Eine empirische Bestandsaufnahme zu Stand, Potentialen und institutionellen Rahmenbedingungen. In E. Staudt (Hrsg.), Berichte aus der angewandten Innovationsforschung, 173. Bochum.

Kubinger, K. D. (1993). Testtheoretische Probleme der Computerdiagnostik. Zeitschrift für Arbeits- und Organisationspsychologie, 37, 130-137.

Kubinger, K. D. & Jäger, R. S. (2003). Schlüsselbegriffe der Psychologischen Diagnostik. Weinheim: Beltz.

Kurdek, L. A. (1997). Relation between neuroticism and dimensions of relationship commitment: Evidence from gay, lesbian, and heterosexual couples. Journal of Family Psychology, 11, 109-124.

Laireiter, A.-R. & Thiele, C. (1995). Psychologische Soziodiagnostik: Tagebuchverfahren zur Erfassung sozialer Beziehungen, sozialer Interaktionen und sozialer Unterstützung. Zeitschrift für Differentielle und Diagnostische Psychologie, 16, 125-151.

Lang, D. (2005). Arbeitsbericht zur Befragung nach dem 1. Messzeitpunkt, Evaluation der kaufmännischen Grundbildung. Landau: Zentrum für empirische pädagogische Forschung.

Lang, D. (2006). Arbeitsbericht zur Befragung nach dem 3. Messzeitpunkt, Evaluation der kaufmännischen Grundbildung. Landau: Zentrum für empirische pädagogische Forschung.

Lang, F. R., Lüdtke, O. & Asendorpf, J. B. (2001). Testgüte und psychometrische Äquivalenz der deutschen Version des Big Five Inventory (BFI) bei jungen, mittlalten und alten Erwachsenen. Diagnostica, 47(3), 111-121.

Langford, P. H. (2003). A one-minute measure of the Big Five? Evaluating and abridging Shafer's (1999) Big Five markers. Personality and Individual Differences, 35(5), 1127-1140.

Latham, G. P., Saari, L. M., Pursell, E. D. & Campion, M. A. (1980). The Situational Interview. Journal of Applied Psychology, 4, 422-427.

Leary, T. (1957). Interpersonal diagnosis of personality. New York: Ronald Press.

Lewis, M. (1997). Altering fate: Why the past does not predict the future. New York: Guilford Press.

Lewis, M. (2001). Models of development. In D. Cervone & W. Mischel (Eds.), Advances in personality science (pp. 153-176). New York: Guilford press.

Lievens, F. & Conway, J. M. (2001). Dimensions and Exercise Variance in Assessment Center Scores: a large-scale evaluation of Multitrait-Multimethod studies. Journal of Applied Psychology, 86 (6), 1202-1222.

Lissmann, U. (2002). Beurteilung und Beurteilungsprobleme bei Portfolios. In R. S. Jäger (Hrsg.), Von der Beobachtung zur Notengebung (S. 299-345). Landau: Verlag Empirische Pädagogik.

Littig, K. E. & Saldern, M. v. (1989). Fragebogen Kooperation und Wettbewerb (FKW 4-8). Weinheim: Beltz.

Littlepage, G. E., Schmidt, G. W., Whisler, E. W. & Frost, A. G. (1995). An input-output analysis of influence and performance in problem-solving groups. Journal of Personality and Social Psychology, 69, 877-889.

Loehlin, J. C. (1992). Genes and environment in personality development. Newbury Park, CA: Sage.

Loehlin, J. C., McCrae, R. R., Costa, P. T. & John, O. P. (1998). Heritabilities of common and measurment-specific components of the Big Five personality factors. Journal of Research in Personality, 32, 431-453.

Lopes, P. N., Salovey, P. & Straus, R. (2003). Emotional intelligence, personality, and the perceived quality of social relationships. Personality and Individual Differences, 35(3), 641-658.

Lösel, F. (1995). Persönlichkeitsdaten (Tests). In R. S. Jäger & F. Petermann (Eds.), Psychologische Diagnostik (pp. 362-379). Weinheim: Beltz.

Lounsbury, J. W., Tatum, H., Gibson, L. W., Park, S. H., Sundstrom, E. D., Hamrick, F. L. & Wilburn, D. (2003). The development of a big five adolescent personality inventory. Journal of Psychoeducational Assessment, 21(2), 111-133.

Maag Merki, K. & Grob, U. (2005). Überfachliche Kompetenzen: Zur Validierung eines Indikatorensystems. In A. Frey, R. S. Jäger & U. Renold (Hrsg.), Kompetenzdiagnostik – Theorien und Methoden zur Erfassung und Bewertung von beruflichen Kompetenzen. Landau: Verlag Empirische Pädagogik.

Mabe, P. A. & West, S. G. (1982). Validity of self-evaluation of ability: a review and meta-analysis. Journal of Applied Psychology, 67, 280-296.

Marlowe, H. A. (1986). Social intelligence: Evidence for multidimensionality and construct independence. Journal of Educational Psychology, 78, 52-58.

Mattejat, F. & Scholz, M. (1994). Das Subjektive Familienbild – Leipzig-Marburger Familientest (SFB). Göttingen: Hogrefe.

Matthews, G., Zeidner, M. & Roberts, R. (2003). Emotional Intelligence: Science and Myth. Cambridge, MA: The MIT Press.

Mayer, J. D., Salovey, P. & Caruso, D. (2001). The Mayer-Salovey-Caruso Emotional Intelligence Test (MSCEIT). Toronto: Multi-Health Systems.

McClelland, D. C. (1973). Testing for competence rather than for intelligence. American Psychologist, 28, 1-14.

McCrae, R. R. (1989). Why I advocate the Five-Factor Model: Joint Factor Analysis of the NEO-PI with other instruments. In D. M. Buss & D. D. Cantor (Eds.), Personality Psychology (pp. 237-245). New York: Springer-Verlag.

McCrae, R. R. (1990). Traits and trait names: How well is Openness represented in natural languages? European Journal of Personality, 4, 119-129.

McCrae, R. R. (1994). Openness to experience: expanding the boundaries of Factor V. European Journal of Personality, 8, 251-272.

McCrae, R. R. (2001). Trait psychology and culture: Exploring intercultural comparisons. Journal of Personality, 69, 819-846.

McCrae, R. R. & Costa, P. T. (1983). Joint factors in self-reports and ratings: neuroticism, exraversion, and openness to experience. Personality and Individual Differences, 4, 245-255.

McCrae, R. R. & Costa, P. T. (1987). Validition of the Five Factor Model of Personality across instruments and observers. Journal of Personality and Social Psychology, 66, 574-583.

McCrae, R. R. & Costa, P. T. (1989). The structure of interpersonal traits: Wiggins's circumplex and the five-factor model. Journal of Personality and Social Psychology, 56(4), 586-595.

McCrae, R. R. & Costa, P. T. (1990). Personality in adulthood. New York: Guilford.

McCrae, R. R. & Costa, P. T. (1996). Toward a new generation of personality theories: Theoretical contexts for the five-factor model. In J. S. Wiggins (Ed.), The Five Factor Model of personality: Theoretical perspectives. New York: Guilford.

McCrae, R. R. & Costa, P. T. (1997). Personality trait structure as a human universal. American Psychologist, 52, 509-516.

McCrae, R. R. & Costa, P. T. (1999). A five-factor theory of personality. In L. A. Pervin & O. P. John (Eds.), Handbook of personality: Theory and research (pp. 139-153). New York: Guilford Press.

McCrae, R. R. & Costa, P. T. (2003). Personality in adulthood: A five-factor theory perspective. New York: Guilford.

McCrae, R. R., Costa, P. T. & Busch, C. M. (1986). Evaluating comprehensiveness in personality systems: The California Q-Set and the five-factor model. Journal of Personality, 54, 430-446.

McCrae, R. R., Costa, P. T., Ostendorf, F., Angleitner, A., Hrebickova, M., Avia, M. D., Sanz, J., Sanchez-Bernardos, M. L., Kusdil, M. E., Woodfield, R., Saunders, P. R. & Smith, P. B. (2000). Nature over nurture: Temperament, personality, and life span development. Journal of Personality and Social Psychology, 78, 173-186.

McCrae, R. R., Jang, K. L., Livesley, W. J., Riemann, R. & Angleitner, A. (2001). Sources of structure: Genetic, environmental, and artificial influences on the covariation of personality traits. Journal of Personality, 69, 511-535.

McCrae, R. R. & John, O. P. (1992). An introduction to the Five-Factor Model and its applications. Journal of Personality, 60, 175-215.

McCrae, R. R. & Terracciano, A. (2005). Personality profiles of cultures: Aggregate personality traits. Journal of Personality and Social Psychology, 89(3), 407-425.

McFall, R. M. & Marston, A. R. (1970). An experimental investigation of behavioral rehearsal in assertive training. Journal of Abnormal Psychology, 76, 295-303.

McGue, M., Bacon, S. & Lykken, D. T. (1993). Personality stability and change in early adulthood: A behavioral genetic study. Developmental Psychology, 29, 96-109.

Mead, G. H. (1934). Mind, self, and society. Chicago: University of Chicago Press.

Meichenbaum, D., Butler, L. & Gruson, L. (1981). Toward a conceptual model of social competence. In J. D. Wine & M. D. Smye (Eds.), Social competence (pp. 36-60). New York: Guilford.

Mervielde, I. & De Fruyt, F. (1999). Construction of the Hierarchical Personality Inventory for Children (HiPIC). In I. Mervielde, F. De Fruyt & F. Ostendorf (Eds.), Personality Psychology in Europe (pp. 107-127). Tilburg: Tilburg University Press.

Millbrook, J. M., Farrell, A. D. & Curran, J. P. (1986). Behavioral components of social skills: A look at subject and confederate behaviors. Behavioral Assessment, 8, 203-220.

Miller, D. T. & Turnbull, W. (1986). Expectancies and interpersonal processes. Annual Review of Psychology, 37, 233-256.

Mlacic, B. & Goldberg, L. R. (2007). An analysis of a cross-cultural personality inventory: The IPIP Big Five factor markers in Croatia. Journal of Personality Assessment, 88(2), 168-177.

Mlacic, B. & Ostendorf, F. (2005). Taxonomy and structure of Croatian personality-descriptive adjectives Taxonomie und Struktur kroatischer persoenlichkeitsdeskriptiver Adjektive. European Journal of Personality, 19(2), 117-152.

Moberg, P. J. (2001). Linking conflict strategy to the five-factor model: Theoretical and empirical foundations. International Journal of Conflict Management, 12(1), 47-68.

Mohammed, S. & Angell, L. C. (2003). Personality heterogeneity in teams: Which differences make a difference for team performance? Small Group Research, 34, 651-677.

Mohammed, S., Mathieu, J. E. & Bartlett, L. B. (2002). Technical-administrative task performance, leadership task performance, and contextual performance: Considering the influence of team- and task-related composition variables. Journal of Organizational Behavior, 23, 795-814.

Molleman, E., Nauta, A. & Jehn, K. A. (2004). Person-job fit applied to teamwork. A multilevel approach. Small Group Research, 35, 515-539.

Mooradian, T. A. & Nezlek, J. B. (1996). Comparing the NEO-FFI and Saucier's Mini-Markers as measures of the Big Five. Personality and Individual Differences, 21, 213-215.
Moskowitz, D. S. & Zuroff, D. C. (2004). Flux, pulse, and spin: Dynamic additions to the personality lexicon. Journal of Personality and Social Psychology, 86, 880-893.
Moss, F. A., Hunt, T., Omwake, K. T. & Ronning, M. M. (1927). Social Intelligence Test. Washington, D. C.: Center for Psychological Service, George Washington University.
Moss, S. A. & Ngu, S. (2006). The Relationship Between Personality and Leadership Preferences. Current Research in Social Psychology, 11(6), 70-91.
Motowidlo, S. J., Dunnette, M. D. & Carter, G. W. (1990). An alternative selection procedure: The low-fidelity simulation. Journal of Applied Psychology, 75, 640-647.
Mount, M. K., Barrick, M. R. & Stewart, G. L. (1998). Five-Factor Model of personality and performance in jobs involving interpersonal interactions. Human Performance, 11(2-3), 145-165.
Mücke, D. (2002). Persönlichkeitseigenschaften. In W. Scholl & H. Sydow (Hrsg.), Mobilitaet im Jugend- und Erwachsenenalter. Eine fuenfjaehrige Laengsschnittstudie zu Mobilitaetsformen, Fahrzeugvorlieben, Freizeit- und Risikoverhalten und deren Abhaengigkeit von Umwelt- und Technikeinstellungen, Werten und Persoenlichkeit (S. 35-77). Münster: Waxmann.
Mummendey, H. D. (2003). Die Fragebogen-Methode. Göttingen.
Munafò, M. R., Clark, T. G., Moore, L. R., Payne, E., Walton, R. & Flint, J. (2003). Genetic polymorphism and personality in healthy adults: A systematic review and meta-analysis. Molecular Psychiatry, 8, 471-484.
Muthén, L. K. & Muthén, B. O. (1998-2005). Mplus User's Guide. Los Angeles, CA: Muthén & Muthén.
Neill, J. A. & Jackson, D. N. (1976). Minimum redundancy analysis. Educational and Psychological Measurement, 36, 123-134.
Neuman, G. A. & Wright, J. (1999). Team effectiveness: Beyond skills and cognitive ability. Journal of Applied Psychology, 84, 376-389.
Neyer, F. J. & Asendorpf, J. B. (2001). Personality-relationship transactions in young adulthood. Journal of Personality and Social Psychology, 81, 1190-1204.
Nolen-Hoeksema, S. (1987). Sex differences in unipolar depression. Psychological Bulletin, 101, 259-282.
Norman, T. (1963). Toward an adequate taxonomy of personality attributes: Replicated factor structure in peer nomination personality ratings. Journal of Abnormal and Social Psychology, 66, 574-583.
Norman, T. (1967). 2,800 personality trait descriptors: Normative operating characteristics for a university population (Tech. Rep.). Ann Arbor, MI: Department of Psychological Science, University of Michigan.
Nunnally, J. C. (1967). Psychometric theory. New York: McGraw Hill.
O'Connor, B. P. (2002). A quantitative review of the comprehensiveness of the five-factor model in relation to popular personality inventories. Assessment, 9(2), 188-203.
Ogasawara, H. (2001). Standard errors of fit indices using residuals in structural equation modeling. Psychometrika, 66, 421-436.
Ones, D. S., Mount, M. K., Barrick, M. R. & Hunter, J. E. (1994). Personality and job performance: A critique of the Tett, Jackson, & Rothstein (1991) meta-analysis. Personnel Psychology, 47, 147-156.

Ostendorf, F. (1990). Sprache und Persönlichkeitsstruktur. Zur Validität des Fünf-Faktoren-Modells der Persönlichkeit. Regensburg: Roderer.

Ostendorf, F. & Angleitner, A. (1994a). A comparison of different instruments proposed to measure the Big Five. European Review of Applied Psychology, 44(1), 45-53.

Ostendorf, F. & Angleitner, A. (1994b). The five-factor taxonomy: Robust dimensions of personality description. Psychologica Belgica, 34(4), 175-194.

Ostendorf, F. & Angleitner, A. (2004). NEO-Persönlichkeitsinventar (revidierte Form, NEO-PI-R) nach Costa und McCrae. Göttingen: Hogrefe.

O'Sullivan, M. & Guilford, J. P. (1966). Six factor tests of social intelligence, Manual of instructions and interpretations. Unpublished manuscript. Beverly Hills, California: Sheridan Psychological Services, Inc.

Oswald, F. L., Carr, J. Z. & Schmidt, A. M. (2001). The Medium and the Message: Dual Effects of Supervision and Web-based testing on Measurement Equivalence for Ability and Personality Measures. Paper presented at the 16th Annual Conference of the Society for Industrial and Organizational Psychology (SIOP), San Diego, CA.

Pascheka, S. (2001). Konflikte verstehen und kooperativ handeln. Marburg: Tectum Verlag.

Paulhus, D. L. & Martin, C. L. (1988). Functional flexibility: A new approach to interpersonal flexibility. Journal of Personality and Social Psychology, 55, 88-101.

Paunonen, S. V., Ashton, M. C. & Jackson, D. N. (2001). Nonverbal assessment of the Big Five personality factors. European Journal of Personality, 15, 3-18.

Pawlik, K. (1968). Dimensionen des Verhaltens. Bern: Huber.

Peabody, D. (1987). Selecting representative trait adjectives. Journal of Personality and Social Psychology, 52, 59-71.

Peabody, D. & De Raad, B. (2002). The substantive nature of psycholexical personality factors: A comparison across languages. Journal of Personality and Social Psychology, 83(4), 983-997.

Peabody, D. & Goldberg, L. R. (1989). Some determinants of factor structures from personality-trait descriptors. Journal of Personality and Social Psychology, 57, 552-567.

Peeters, M. A. G., Rutte, C. G., van Tuijl, H. F. J. M. & Reymen, I. M. M. J. (2006). The Big Five Personality Traits and Individual Satisfaction With the Team. Small Group Research, 37(2), 187-211.

Peeters, M. A. G., Van Tuijl, H. F. J. M., Rutte, C. G. & Reymen, I. M. M. J. (2006). Personality and Team Performance: A Meta-Analysis. European Journal of Personality, 20(5), 377-396.

Perugini, M. & Leone, L. (1996). Construction and validation of a short adjectives checklist to measure Big five (SACBIF). European Journal of Psychological Assessment, 12(1), 33-42.

Pervin, L. A. (1994). A critical appraisal of current trait theory. Psychological Inquiry, 5, 552-567.

Pervin, L. A., Cervone, D. & John, O. P. (2005). Persönlichkeitstheorien. München: Ernst Rheinhardt Verlag.

Peters, A. & Winzer, H. (2003). Emotional Competency Inventory (ECI). In J. Erpenbeck & L. von Rosenstiel (Hrsg.), Handbuch Kompetenzmessung (S. 539-542). Stuttgart: Schäffer-Poeschel Verlag.

Petillon, H. (1980). Soziometrischer Test für 3.-7. Klassen (ST 3-7). Weinheim: Beltz.

Piedmont, R. L. & Aycock, W. (2007). An historical analysis of the lexical emergence of the Big Five personality adjective descriptors. Personality and Individual Differences, 42(6), 1059-1068.

Piedmont, R. L. & Weinstein, H. P. (1993). Predicting supervisor ratings of job performance using the NEO Personality Inventory. Journal of Psychology, 128, 255-265.

Plomin, R., DeFries, J. C. & McClearn, G. E. (1990). Behavioral genetics: A primer. New York, NY: W. H.

Plomin, R., DeFries, J. C., McClearn, G. E. & Rutter, M. (1999). Gene, Umwelt und Verhalten: Einführung in die Verhaltensgenetik. Bern: Huber.

Pruitt, D. G. (1998). Social conflict. In D. T. Gilbert & S. T. Fiske (Eds.), The handbook of social psychology (pp. 470-503). Boston: McGraw Hill.

Pulkkinen, L. & Kokko, K. (2000). Identity development in adulthood: A longitudinal study. Journal of Research in Personality, 34, 445-470.

Rahim, M. A. (1983). A measure of styles of handling conflict. Academy of Management Journal, 26, 368-376.

Rahim, M. A. (1992). Managing conflict in organizations. Westport, CT: Praeger.

Rammsayer, T. (1998). Extraversion and dopamine. European Psychologist, 3, 37-50.

Rammstedt, B. (2007). Welche Vorhersagekraft hat die individuelle Persoenlichkeit für inhaltliche sozialwissenschaftliche Variablen? Mannheim: Zentrum fuer Umfragen, Methoden und Analysen.

Rammstedt, B., Holzinger, B. & Rammsayer, T. H. (2004). Zur Äquivalenz der Papier-Bleistift- und einer computergestützten Version des NEO-Fünf-Faktoren-Inventars (NEO-FFI). Diagnostica, 50, 88-97.

Rammstedt, B. & John, O. P. (2007). Measuring personality in one minute or less: A 10-item short version of the Big Five Inventory in English and German. Journal of Research in Personality, 41(1), 203-212.

Rammstedt, B., Koch, K., Borg, I. & Reitz, T. (2004). Entwicklung und Validierung einer Kurzskala für die Messung der Big-Five-Persönlichkeitsdimensionen in Umfragen. ZUMA-Nachrichten, 28. Jg.(55, November 2004), 5-28.

Rauch, W., Hartig, J. & Moosbrugger, H. (2002). Untersuchungen zur Äquivalenz der internetbasierten und Paper-Pencil-Vorgabe eines deutschen Big-Five-Fragebogens aus dem International Personality Item Pool. Paper presented at the Vortrag auf dem 43. Kongress der Deutschen Gesellschaft für Psychologie in Berlin vom 22. bis 26. September 2002.

Reason, R. D., Terenzini, P. T. & Domingo, R. J. (2007). Developing social and personal competence in the first year of college. Review of Higher Education, 30, 271-299.

Reetz, L. (1990). Zur Bedeutung der Schlüsselqualifikationen in der Berufsausbildung. In L. Reetz & T. Reitmann (Hrsg.), Schlüsselqualifikationen: Fachwissen in der Krise? Dokumentation eines Symposiums in Hamburg (S. 16-35). Hamburg: Feldhaus.

Riemann, R. (1997). Persönlichkeit: Faehigkeiten oder Eigenschaften? Lengerich: Pabst.

Riemann, R. & Allgöwer, A. (1993). Eine deutsche Fassung des „Interpersonal Competence Questionnaire" (ICQ). Zeitschrift für Differentielle und Diagnostische Psychologie, 14(3), 153-163.

Riggio, R. E., Messamer, J. & Throckmorton, B. (1991). Social and academic intelligence: Conceptually distinct but overlapping constructs. Personality and Individual Differences, 12, 695-702.

Roberts, B. W. & Caspi, A. (2001). Personality development and the person-situation debate: It's a déjà vu all over again. Psychological Inquiry, 12, 104-109.

Roberts, B. W. & Caspi, A. (2003). The cumulative continuity model of personality development: Striking a balance between continuity and change in personality traits across the life course. In R. M. Staudinger & U. Lindenberger (Eds.), Understanding human development: Livespan psychology in exchange with other disciplines (pp. 183-214). Dordrecht, the Netherlands: Kluwer Academic.

Roberts, B. W. & DelVecchio, W. F. (2000). The rank-order consistency of personality from childhood to old age: A quantitative review of longitudinal studies. Psychological Bulletin, 126, 3-25.

Roberts, B. W., Robins, R. W., Trzesniewski, K. H. & Caspi, A. (2004). Personality trait development in adulthood. In J. L. Mortimer & M. Shanahan (Eds.), Handbook of the life course (pp. 579-595). New York: Plenum Press.

Roberts, B. W. & Walton, R. (2004). Patterns of mean-level change in personality traits across the life course: A meta-analysis of longitudinal studies. Unpublished manuscript. University of Illinois, Urbana Champaign.

Roberts, B. W., Wood, D. & Smith, J. L. (2005). Evaluating Five Factor Theory and social investment perspectives on personality trait development. Journal of Research in Personality, 39(1), 166-184.

Robins, R. W., Fraley, R. C., Roberts, B. W. & Trzesniewski, K. H. (2001). A longitudinal study of personality change in young adulthood. Journal of Personality, 69, 617-640.

Rolland, J. P. (1996). Décrire la personnalité: La structure de second-ordre dans la perspective des Big Five [Describing personality: The second-order structure from Big Five perspective]. Pratiques Psychologiques, 4, 35-47.

Rolland, J. P. (2002). The cross-cultural generalizability of the Five-Factor model of personality. In J. Allik & R. R. McCrae (Eds.), The Five-Factor model of personality across cultures (pp. 7-28). New York, NY, US: Kluwer Academic/Plenum Publishers.

Rosenstiel, L. v. (1992). Entwicklung von Werthaltungen und interpersonaler Kompetenz – Beiträge der Sozialpsychologie. In K.-H. Sonntag (Hrsg.), Personalentwicklung in Organisationen. Psychologische Grundlagen, Methoden und Strategien (S. 83-105). Göttingen: Hogrefe.

Rost, D. H. & Hanses, P. (2000). Selbstkonzept. In D. H. Rost (Hrsg.), Hochbegabte und hochleistende Jugendliche. Neue Ergebnisse aus dem Marburger Hochbegabtenprojekt (S. 211-278). Münster: Waxmann.

Rost, J. (2004). Lehrbuch Testtheorie – Testkonstruktion. Bern: Huber.

Rubinstein, G. (2005). The big five among male and female students of different faculties. Personality and Individual Differences, 38(7), 1495-1503.

Runde, B., Bastians, F., Kluge, S. & Wübbelmann, K. (1999). ISIS – Interaktives System zur Erfassung Sozialer Kompetenzen. Entwicklung und erste Evaluation. In G. Krampen, H. Zayer, W. Schönpflug & G. Richardt (Hrsg.), Beiträge zur Angewandten Psychologie. 20. Kongress für Angewandte Psychologie des BDP (S. 72-75). Bonn: Deutscher Psychologen Verlag GmbH.

Rüttinger, B. & Sauer, J. (2000). Konflikt und Konfliktlösen: kritische Situationen erkennen und bewältigen. Leonberg: Rosenberger.

Salas, E., Sims, D. E. & Burke, C. S. (2005). Is there a "Big Five" in Teamwork? Small Group Research, 36(5), 555-599.

Salgado, J. F. (1997). The Five-Factor model of personality and job performancein the European Community. Journal of Applied Psychology, 82, 30-43.

Salgado, J. F. (1998). Manual técnico del IP/5F. [Technical manual for the IP/5F]. Santiago de Compostela, Spain: Tórculo.

Salgado, J. F. (2003). Predicting job performance using FFM and non-FFM personality measures. Journal of Occupational and Organizational Psychology, 76(3), 323-346.

Salgado, J. F. & Moscoso, S. (2003). Internet-based personality testing: Equivalence of measures and assesses' perceptions and reactions. International Journal of Selection and Assessment, 11(2-3), 194-205.

Salovey, P. & Mayer, J. D. (1989-1990). Emotional Intelligence. Imagination, Cognition and Personality, 9, 185-211.

Sarason, I. G., Levine, H. M., Basham, R. B. & Sarason, B. R. (1983). Assessing social support: The Social Support Questionnaire. Journal of Personality and Social Psychology, 44, 127-139.

Saucier, G. (1994). Mini-markers: a brief version of Goldberg's unipolar Big Five Markers. Journal of Personality Assessment, 63, 506-516.

Saucier, G. (1998). Replicable Item-Cluster Subcomponents in the NEO Five-Factor Inventory. Journal of Personality Assessment, 70(2), 263-276.

Saucier, G. (2003). Factor structure of English-language personality type-nouns. Journal of Personality and Social Psychology, 85(4), 695-708.

Saucier, G., Georgiades, S., Tsaousis, I. & Goldberg, L. R. (2005). The Factor Structure of Greek Personality Adjectives. Journal of Personality and Social Psychology, 88(5), 856-875.

Saucier, G. & Goldberg, L. R. (2001). Lexical studies of indigenous personality factors: Premises, products, and prospects. Journal of Personality, 69(6), 847-880.

Saucier, G. & Goldberg, L. R. (2002). Assessing the Big Five: Applications of 10 psychometric criteria to the development of marker scales. In B. De Raad & M. Perugini (Eds.), Big Five Assessment (pp. 29-58). Seattle: Hogrefe & Huber.

Saucier, G., Hampson, S. E. & Goldberg, L. R. (2000). Cross-language studies of lexical personality factors. In S. E. Hampson (Ed.), Advances in personality psychology (pp. 3-36). New York, NY: Psychology Press.

Saucier, G. & Ostendorf, F. (1999). Hierarchical components of the Big Five personality factors: A cross-language replication. Journal of Personality and Social Psychology, 76, 613-627.

Schallberger, U. & Venetz, M. (1999). Kurzversionen des MRS-Inventars von Ostendorf (1990) zur Erfassung der fünf „grossen" Persönlichkeitsfaktoren. Unveröffentlichtes Manuskript. Psychologisches Institut der Universität Zürich, Zürich.

Schermelleh-Engel, K., Moosbrugger, H. & Müller, H. (2003). Evaluating the Fit of Structural Equation Models: Tests of Significance and Descriptive Goodness-of-Fit Measures. Methods of Psychological Research Online, 8(2), 23-74.

Schlosberg, H. S. (1952). The description of facial expressions in terms of two dimensions. Journal of Experimental Psychology, 44, 229-237.

Schmidt, F. L. & Hunter, J. E. (1998). The Validity and Utility of Selection Methods in Personnel Psychology: Practical and Theoretical Implications of 85 Years of Research Findings. Psychological Bulletin, 124(2), 262-274.

Schmidt, J. A., Wagner, C. C. & Kiesler, D. J. (1999). Covert reactions to big five personality traits: The Impact Message Inventory and the NEO-PI-R. European Journal of Psychological Assessment, 15, 221-232.

Schmidt, J. U. (1995). Psychologische Meßverfahren für soziale Kompetenzen. In B. Seyfried (Hrsg.), Stolperstein Sozialkompetenz. Was macht es so schwierig, sie zu erfassen, zu fördern und zu beurteilen. (S. 117-135). Bielefeld: Bertelsmann.

Schmitt, D., Realo, A., Voracek, M. & Allik, J. (2008). Why can't a man be more like a woman? Sex differences in Big Five personality traits across 55 cultures. Journal of Personality and Social Psychology, 94(1), 168-182.

Schmitt, N., Gooding, R. Z., Noe, R. A. & Kirsch, M. (1984). Meta-analyses of validity studies published between 1964 and 1982 and the investigation of study characteristics. Personnel Psychology, 37, 407-422.

Schmitt Rodermund, E. & Vondracek, F. W. (2002). Occupational dreams, choices and aspirations: adolescents' entrepreneurial prospects and orientations. Journal of Adolescence, 25, 65-78.

Schneider, R. J., Ackermann, P. L. & Kanfer, R. (1996). To "act wisely in human relations". Exploring the dimensions of social competence. Personality and Individual Differences, 21, 469-481.

Scholz, G. & Schuler, H. (1993). Das nomologische Netzwerk des Assessment Centers: eine Metaanalyse. Zeitschrift für Arbeits- und Organisationspsychologie, 37(2), 73-85.

Schroeder, M. L., Wormworth, J. A. & Livesley, W. J. (1992). Dimensions of personality disorder and their relationship to the Big Five dimensions of personality. Psychological Assessment, 4, 47-53.

Schuerger, J. M., Zarrella, K. L. & Hotz, A. S. (1989). Factors that influence the temporal stability of personality by questionnaire. Journal of Personality and Social Psychology, 56, 777-783.

Schuler, H. (1992). Das Multimodale Einstellungsinterview. Diagnostica, 38, 1-20.

Schuler, H. (Hrsg.). (2001). Lehrbuch der Personalpsychologie. Göttingen: Hogrefe.

Schuler, H. (2002). Emotionale Intelligenz – ein irreführender und unnötiger Begriff. Zeitschrift für Personalpsychologie, 1, 138-140.

Schuler, H. & Barthelme, D. (1995). Soziale Kompetenz als berufliche Anforderung. In B. Seyfried (Hrsg.), „Stolperstein" Sozialkompetenz: was macht es so schwierig, sie zu erfassen, zu fördern und zu beurteilen? (S. 76-116). Bielefeld: Bertelsmann.

Schuler, H., Diemand, A. & Moser, K. (1993). Filmszenen. Entwicklung und Konstruktvalidierung eines neuen eignungsdiagnostischen Verfahrens. Zeitschrift für Arbeits- und Organisationspsychologie, 37, 3-9.

Schuler, H. & Stehle, W. (Hrsg.). (1992). Assessment Center als Methode der Personalentwicklung. Göttingen Stuttgart: Verlag für Angewandte Psychologie.

Schwadorf, H. (2003). Berufliche Handlungskompetenz. Eine theoretische Klärung und empirische Analysen in der dualen Erstausbildung. Stuttgart: IBW.

Schwarzer, R. (1993). Stress, Angst und Handlungsregulation. Stuttgart: Kohlhammer.

Schwarzer, R. (2000). Stress, Angst und Handlungsregulation. Stuttgart: Kohlhammer.

Seyfried, B. (1995). Team und Teamfähigkeit. In B. Seyfried (Hrsg.), Stolperstein Sozialkompetenz. Was macht es so schwierig sie zu erfassen, zu fördern und zu beurteilen. (S. 15-31). Bielefeld: Bertelsmann.

Shafer, A. B. (1999a). Brief bipolar markers for the Five Factor Model of Personality. Psychological Reports, 84, 1173-1179.

Shafer, A. B. (1999b). Relation of the Big Five and Factor V subcomponents to Social Intelligence. European Journal of Personality, 13(3), 225-240.

Shantz, C. U. & Hartup, W. W. (Eds.). (1992). Conflict in childhood and adolescent development. New York: Cambridge University Press.

Sheese, B. E. (2006). Social relations and personality in young adulthood: Stability and change over a 14-week interval. Dissertation Abstracts International: Section B: The Sciences and Engineering, 67(3-B).

Silva, F., Avia, M. D., Sanz, J., Martinez-Arias, R., Grana, M. L. & Sanchez-Bernardos, M. L. (1994). The Five Factor Model I: Contributions to the structure of the NEO-PI. Personality and Individual Differences, 17, 741-753.

Silvera, D. H., Martinussen, M. & Dahl, T. I. (2001). The Tromso Intelligence Scale. A self report measure of social intelligence. Scandinavian Journal of Psychology, 42, 313-319.

Six, B. (1995). Durchsetzung. In W. Sarges (Hrsg.), Managementdiagnostik (S. 400-405). Göttingen: Hogrefe Verlag.

Skatsche, R., Brandau, J. & Ruch, W. (1982). Die Entwicklung einer multidimensionalen Testbatterie zur diagnostischen Erfassung des Konstruktes Selbstsicherheit (Assertivität). Zeitschrift für klinische Psychologie, 11, 292-314.

Smith, G. T., McCarthy, D. M. & Anderson, K. G. (2000). On the sins of a short-form development. Psychological Assessment, 12, 102-111.

Smith, M. A. & Canger, J. M. (2004). Effects of supervisor "big five" personality on subordinate attitudes. Journal of Business and Psychology, 18(4), 465-481.

Soldz, S. & Vaillant, G. E. (1999). The Big Five personality traits and the life course: A 45-year longitudinal study. Journal of Research in Personality, 33(2), 208-232.

Sonntag, K.-H. (1989). Trainingsforschung in der Arbeitspsychologie. Berufsbezogene Lernprozesse bei veränderten Tätigkeitsinhalten. Bern: Huber.

Sonntag, K.-H. & Schäfer-Rauser, U. (1993). Selbsteinschätzung beruflicher Kompetenzen bei der Evaluation von Bildungsmaßnahmen. Zeitschrift für Arbeits- und Organisationspsychologie, 37, 163-171.

Sowarka, B. H. (1995). Soziale Intelligenz und soziale Kompetenz. In W. Sarges (Hrsg.), Managementdiagnostik (S. 365-382). Göttingen: Hogrefe.

Srivastava, S., John, O. P., Gosling, S. D. & Potter, J. (2003). Development of personality in early and middle adulthood: Set like plaster or persistent change? Journal of Personality and Social Psychology, 84, 1041-1053.

Staudt, E. & Kriegesmann, B. (1999). Weiterbildung: Ein Mythos zerbricht. In A. Qualifikations-Entwicklungs-Management (Hrsg.), Kompetenzentwicklung '99. Aspekte einer neuen Lernkultur (S. 17-59). Münster: Waxmann.

Steel, G. D., Suedfeld, P., Peri, A. & Palinkas, L. A. (1997). People in high latitudes: The "Big Five" personality characteristics of the circumpolar sojourner. Environment and Behavior, 29, 324-347.

Steiger, J. H. (1990). Structural model evaluation and modification: An interval estimation approach. Multivariate Behavioral Research, 25, 173-180.

Sternberg, R. J., Conway, B. E., Ketron, J. L. & Bernstein, M. (1981). People's conceptions of intelligence. Journal of Personality and Social Psychology, 41, 37-55.

Sternberg, R. J. & Smith, L. (1985). Social intelligence and decoding skills in non-verbal communication. Social Cognition, 3, 168-192.

Stumpf, H., Angleitner, A., Wieck, T., Jackson, D. N. & Beloch-Til, H. (1985). Deutsche Personality Research Form (PRF). Göttingen: Hogrefe.

Suh, E., Diener, E. & Fujita, F. (1996). Events and subjective well-being: Only recent events matter. Journal of Personality and Social Psychology, 70, 1091-1102.

Sullivan, H. S. (1953). The interpersonal theory of psychiatry. New York: Norton.

Suls, J., Martin, R. & David, J. P. (1998). Person-environment fit and its limits: Agreeableness, neuroticism, and emotional reactivity to interpersonal conflict. Personality and Social Psychology Bulletin, 24, 88-98.

Szirmák, Z. & De Raad, B. (1994). Taxonomy and structure of Hungarian personality traits. European Journal of Personality, 8, 95-117.

Tellegen, A. (1993). Folk concepts and psychological concepts of personality and personality disorder. Psychological Inquiry, 4, 122-130.

Tellegen, A. & Waller, N. G. (1987). Re-examining basic dimensions of natural language trait descriptors. Paper presented at the 95th annual convention of the American Psychological Association, New York, August 28-September 1, zitiert nach Ostendorf & Angleitner, 1994.

ten Berge, J. M. F. (1986). Rotation to perfect congruence and the cross-validation of component weights across populations. Multivariate Behavioral Research, 21, 41-64.

Ten Berge, M. A. & De Raad, B. (2002). The structure of situations from a personality perspective. European Journal of Personality, 16(2), 81-102.

Terracciano, A. (2003). The Italian version of the NEO PI-R: Conceptual and empirical support for the use of targeted rotation. Personality and Individual Differences, 35 (8), 1859-1872.

Tett, R. P. & Burnett, D. D. (2003). A personality trait based interactionist model of job performance. Journal of Applied Psychology, 88, 500-517.

Tett, R. P., Jackson, D. N. & Rothstein, M. (1991). Personality measures as predictors of job performance: A meta-analytic review. Personnel Psychology, 44, 703-742.

Tewes, U., Rossmann, P. & Schallberger, U. (Hrsg.). (2000). Hamburg-Wechsler-Intelligenztest für Kinder III (HAWIK-III). Göttingen: Hogrefe.

Thorndike, E. L. (1920). Intelligence and its uses. Harpers Magazine, 40, 227-235.

Tracey, T. J. G. & Rounds, J. (1997). Circular structure of vocational interests. In R. Plutchik & H. R. Conte (Eds.), Circumplex models of personality and emotion (pp. 183-201). Washington, DC: American Psychological Association.

Trapnell, P. D. (1994). Openness versus intellect: A lexical left turn. European Journal of Personality, 8, 273-290.

Trapnell, P. D. & Wiggins, J. S. (1990). Extension of the Interpersonal Adjective Scales to include the big five dimensions of personality. Journal of Personality and Social Psychology, 59, 781-790.

Trouton, A., Spinath, F. M. & Plomin, R. (2002). Twins Early Development Study (TEDS): A multivariate, longitudinal genetic investigation of language, cognition and behavior problems in childhood. Twin Research, 5, 444-448.

Tupes, E. C. & Christal, R. C. (1961). Recurrent personality factors based on trait ratings. Technical Report No. ASD-TR-61-97. Lackland Air Force Base, Texas: U. S. Air Force.

Tupes, E. C. & Christal, R. C. (1992). Recurrent personality factors based on trait ratings. Journal of Personality, 60, 225-252.

Tuten, T. R. (1997). Electronic Methods of collecting survey data: A review of 'e-research'. ZUMA-Arbeitsbericht, 97/09.

Twenge, J. (2002). Birth cohort, social change, and personality: The interplay of dysphoria and individualism in the 20th century. In D. Cervone & W. Mischel (Eds.), Advances in personality science (pp. 196-218). New York: Guilford.

Tziner, A., Meir, E., Dahan, M. & Birati, A. (1994). An investigation of the predictive validity and economic utility of the assessment center for the high-management level. Canadian Journal of Behavioural Science, 26(2), 228-245.

Ullrich, R. & Ullrich de Muynck, R. (1999). Selbstwertstörung und soziale Phobie. In R. Ullrich & R. Ullrich de Muynck (Hrsg.), Soziale Kompetenz – Soziale Phobie (S. 99-128). Hohengehren: Schneider.

Ullrich, R. & Ullrich, R. (1977). Der Unsicherheitsfragebogen. Testmanual und Anleitung für den Therapeuten. München: Pfeiffer.

Vaidya, J. G., Gray, E. K., Haig, J. & Watson, D. (2002). On the temporal stability of personality: Evidence for differential stability and the role of life experiences. Journal of Personality and Social Psychology, 83, 1469-1484.

van der Zee, K. I. (2003). Sinn und Unsinn des Konzepts der Emotionalen Intelligenz / The sense and non-sense of the concept of emotional intelligence. Zeitschrift fur Personalpsychologie, 2(2), 78-80.

Viken, R. J., Rose, R. J., Kaprio, J. & Koskenvuo, M. (1994). A developmental genetic analysis of adult personality: Extraversion and neuroticism from 18 to 59 years of age. Journal of Personality and Social Psychology, 66, 722-730.

Viswesvaran, C. & Ones, D. S. (2000). Measurement error in "Big Five factors" personality assessment: Reliability generalization across studies and measures. Educational and Psychological Measurement. Apr, 60(2), 224-235.

Vyrost, J. & Kyselogva, M. (2006). Personality correlates of social intelligence. Studia Psychologica, 48(3), 207-212.

Wagner, C. C., Kiesler, D. J. & Schmidt, J. A. (1995). Assessing the interpersonal transaction cycle: Convergence of action and reaction interpersonal circumplex measures. Journal of Personality and Social Psychology, 69, 938-949.

Wallbott, H. G. (1995). Ausdruck und Eindruck. In W. Sarges (Hrsg.), Managementdiagnostik (S. 394-399). Göttingen: Hogrefe Verlag.

Waller, N. G. (1999). Evaluating the structure of personality. In R. Cloninger (Ed.), Personality and psychopathology (pp. 155-197). Washington, DC: American Psychiatric Association.

Watson, D. (1988). Intraindividual and interindividual analyses of positive and negative affect: Their relation to health complaints, perceived stress, and daily activities. Journal of Personality and Social Psychology, 54, 1020-1030.

Watson, D., Hubbard, B. & Wiese, D. (2000). Self-other agreement in personality and affectivity: The role of acquaintainceship, trait visibility, and assumed similarity. Journal of Personality and Social Psychology, 78, 546-558.

Weinberg, J. (1996). Kompetenzlernen. Quem Bulletin, 1, 3-6.

Weinert, F. E. (2001a). Concept of competence: A conceptual clarification. In D. S. Rychen & L. H. Salganik (Eds.), Defining and selecting key competencies (pp. 45-65). Bern: Hogrefe & Hogrefe Publishers.

Weinert, F. E. (2001b). Concept of Competence: A conceptual clarification. In D. S. Rychen & L. H. Salganik (Eds.), Defining and Selecting Key Competencies (pp. 45-66). Seattle: Hogrefe & Huber.

West, M. A., Borrill, C. S. & Unsworth, K. L. (1998). Team effectiveness in organizations. International Review of Industrial and Organizational Psychology, 13, 1-48.

White, R. W. (1959). Motivation reconsidered: The concept of competence. Psychological Review, 66, 297-333.

Wiggins, J. S. (1979). A psychological taxonomy of trait-descriptive terms: The interpersonal domain. Journal of Personality and Social Psychology, 37, 395-412.

Wiggins, J. S. (1995). Interpersonal Adjective Scales: Professional Manual. Odessa, FL: Psychological Assessment Resources.

Wiggins, J. S. & Trapnell, P. D. (1996). A dyadic-interactional perspective on the five-factor model. In J. S. Wiggins (Ed.), The five-factor model of personality: theoretical perspectives (pp. 88-162). New York: Guilford Press.

Wiggins, J. S. & Trapnell, P. D. (1997). Personality structure: The return of the Big Five. In R. Hogan, J. A. Johnson & S. R. Briggs (Eds.), Handbook of personality psychology (pp. 737-765). San Diego, CA: Academic Press.

Wiggins, J. S. & Trobst, K. K. (2002). The interpersonal adjectives scales: Big five version (IASR-B5). In B. de Raad (Ed.), Big five assessment (pp. 264-276). Ashland, OH: Hogrefe & Huber Publishers.

Wolf, B. (2001). Effektstärkenmaße. In D. H. Rost (Hrsg.), Handwörterbuch pädagogische Psycholgie (S. 96-102). Weinheim: Beltz PVU.

Wolf, B. (im Druck). Effektstärkenmaße. In D. H. Rost (Hrsg.), Handwörterbuch pädagogische Psycholgie (S. 96-102). Weinheim: Beltz PVU.

Woods, S. A. & Hampson, S. E. (2005). Measuring the Big Five with single items using a bipolar response scale. European Journal of Personality, 19, 373-390.

Yamagata, S., Suzuki, A., Ando, J., Ono, Y., Kijima, N., Yoshimura, K., Ostendorf, F., Angleitner, A., Riemann, R., Spinath, F. M., Livesley, W. J. & Jang, K. L. (2006). Is the Genetic Structure of Human Personality Universal? A Cross-Cultural Twin Study From North America, Europe, and Asia. Journal of Personality and Social Psychology, 90(6), 987-998.

Zuckerman, M. (1991). Psychobiology of personality. Cambridge, England: Cambridge University Press.

Tabellenverzeichnis

Abbildungsverzeichnis

Danksagung

An dieser Stelle möchte ich einigen Personen danken, die mich bei der Realisierung der vorliegenden Arbeit unterstützt haben.

Ich danke meinem Betreuer Herrn Prof. Dr. Reinhold S. Jäger für seine freundliche Unterstützung. Als Leiter des Zentrums für empirische pädagogische Forschung sorgte er zudem für die notwendigen guten Arbeitsbedingungen.

Danken möchte ich auch meinem Kollegen und guten Freund Christoph Mengelkamp für die kritische Durchsicht der Arbeit. Mit ihm teilte ich nicht nur Freud und Leid der Erstellung einer Dissertation, sondern auch lange Zeit dasselbe Büro.

Mein besonderer Dank gilt meinem Partner Volkmar, der tapfer die unvermeidlichen Nebenwirkungen einer berufsbegleitenden Promotion mit mir durchgestanden hat und immer für mich da ist.

Landau, im April 2009 Daniela Lang